DAS OBJEKT, DAS ZU VIEL WUSSTE

Dominik Finkelde

Das Objekt, das zu viel wusste

Eine Einführung in die Philosophie nach Lacan

(Vorlesungen)

2., korrigierte Auflage

VERLAG TURIA + KANT
WIEN–BERLIN

Bibliografische Information Der Deutschen Bibliothek
Die Deutsche Bibliothek verzeichnet diese Publikation in der Deutschen Nationalbibliografie; detaillierte bibliografische Daten sind im Internet über http://dnb.ddb.de abrufbar.

Bibliographic Information published by Die Deutsche Bibliothek
Die Deutsche Bibliothek lists this publication in the Deutsche Nationalbibliografie; detailed bibliographic data are available on the internet at http://dnb.ddb.de.

ISBN 978-3-98514-047-3

A – 1010 Wien, Schottengasse 3A/5/DG 1
Büro Berlin: D-10827 Berlin, Crellestraße 14 / Remise
info@turia.at | www.turia.at

Am Ende von Fellinis *La Dolce Vita* trifft eine übernächtigte Partygesellschaft auf Fischer, die im Morgengrauen einen großen Rochen im Netz aus dem Meer ziehen. Alle schauen vergnügt auf das Tier, das den Blick erwidert. Lacan beschreibt die Augen des Rochen in *Seminar VII* als Ort einer Fissur. Die Figur des Marcello kommentiert sie mit den Worten:

„*E questo insiste a guardare.*“

Inhalt

Vorrede:
Erkenntnis und Psychotheologie

Das vorliegende Buch beruht auf einer überarbeiteten Vorlesung aus dem Wintersemester 2018/2019, die als allgemeine „Einführung in die Philosophie" nach Jacques Lacan gehalten wurde. Bei der Durchsicht (und beeinflusst durch zwei Konferenzen) ergaben sich Erweiterungen der Thematik. Fragen, die u.a. die Verbindung der Philosophie der Psychoanalyse zur Tradition der Erkenntnistheorie betrafen, traten hervor und prägten die im Prozess der Überarbeitung sich herausgestaltenden Thesen des Buches. Eine der zentralsten davon betrifft das Verhältnis von Geist und Welt und besagt, dass dieses durch psychotheologische Momente beeinflusst ist.

Speziell die Philosophie der Psychoanalyse in der Tradition von Freud, Lacan, Laplanche, Santner, aber auch deren Kombination mit der Subjektphilosophie des Deutschen Idealismus, wie von Žižek, Dolar und Zupančič präsentiert, widmet sich dieser Thematik. Aus diesem Grund spielen in der vorliegenden Einführung in die Philosophie Theoreme dieser Traditionen eine zentrale Rolle. Dabei geht es weniger um die Darlegung multipler Debatten, in denen apriorische (Kant), prozessteleologische (Hegel), semantische (Davidson/Quine) oder holistisch-pragmatische (Rorty) Erkenntnisbedingungen thematisiert werden, um nur einige zu nennen. Sondern es geht um den Einfluss immer metaphysisch bleibender Anrufungsstrukturen, die den menschlichen Geist gerade vor einer verfehlten Klärung der Beziehung zur ihn umgebenden Welt und Wirklichkeit betreffen. Als enigmatische Appelle haben diese Strukturen immer schon ihren Anteil an dem, was man eine *„epistemische Verschmierung"* inmitten der Grenze zwischen Geist und Welt nennen könnte. Deshalb verbirgt sich im Erkennen, stark vereinfacht gesagt, unsere solipsistisch verzerrte Verwaltung dessen, was in der Grenze zwischen Geist und Welt nicht aufgeht.

Besonders Eric Santner muss hier erwähnt werden. Der Begriff der „Psychotheologie" ist seiner Studie über Franz Rosenzweig und Sigmund Freud aus dem Jahr 2001 entlehnt und auch auf seine Forschungen zum „Fall Schreber" wird im Zusammenhang mit der Wirkkraft symbolischer Anrufungen in Subjektivierungsprozessen wiederholt Bezug genommen (Santner 2010, 2018).

Was genau unter der Rede einer Psychotheologie der Erkenntnis bzw. einer Erkenntnistheologie nach Lacan zu verstehen ist und welche Rolle ihr bei der Einführung in Grundfragen der Philosophie zukommt, wird in den folgenden Vorlesungen versucht darzulegen. Das Unbewusste, wie es von Freud theoretisch grundgelegt wurde, spielt dabei eine zentrale Rolle. Es erweist sich nicht nur als eine psychoanalytische Kategorie, sondern – Freuds Religionskritik zum Trotz – sowohl als eine theologische als auch, über Freud hinaus und auf Forschungen der so genannten Ljubljana-Lacan-Schule zugehend, als eine epistemologische.

Da jeder genealogische Subjektivierungsprozess, in dessen Verlauf ein menschlicher Organismus sich in einer Welt von Fakten verortet, nie alles im Organismus jedes Einzelnen / jeder Einzelnen auf seinem Weg in einen intersubjektiven Erfahrungsraum zu subjektivieren fähig ist, „flockt" notwendig – wie bei einer Reaktion in der Kolloidchemie – ein Rest aus den Prozessen heraus. Er widersetzt sich jeder Äquivalenz eines Allgemeinen und damit auch einer klaren Ordnung der Geist-Welt Beziehung, wie sie immer wieder in philosophischen Debatten von der Antike bis zur Gegenwart gesucht wird. Gerade deshalb aber prägt das Unbewusste die Spannung von Geist und Welt sozusagen hinter der ‚Schaltzentrale' unserer kognitiven und sozial-pragmatischen Fähigkeiten und ruft uns Menschen in die uns eigene Nische der uns umgebenden Wirklichkeit. Unsere sozial-pragmatischen und kognitiven Fähigkeiten garantieren die Ordnung unserer Erfahrungsräume, haben aber keinen unmittelbaren Einfluss auf unsere Berufungsstruktur zur Welt, d.h. den singulären Modus unseres Welt- bzw. Wirklichkeitsbezugs. Dieser ist wesentlich, wie hier nur abrisshaft angedeutet werden kann, durch das Unbewusste mitverbürgt. Letzteres darf nicht als ein substantielleres Selbst *am Grunde unserer Individualität* ausgelegt werden; es ist derjenige Teil, der keinen Teil eines Allgemeinen z.B. im intersubjektiven Raum des Gebens und Nehmens von Gründen auf sich vereinen kann. Auch deshalb ist es, das Unbewusste, die Quelle immer auch neuer und nicht-metabolisierbarer Überschüsse, die in unsere Geist-Welt Beziehung hineinragen und unerwartete Erfahrungen von Fremdheit in unserem Selbst- wie in unserem Welt-Verhältnis provozieren können. Diese Dynamik inhäriert allen Berechnungsketten einer sozialen Ordnung des Allgemeinen und Notwendigen zum Trotz sowohl in der philosophietheoretischen Auslegung von Fakten als auch in der philosophiepraktischen Auslegung eines guten Lebens.

Aus diesem Grund mögen wir dann vielleicht eines Nachts im Ehebett um drei Uhr morgens aufwachen und eine verstörende Irritation in der Vergewisserung unseres Ortes hier und jetzt erleben, an dem wir wie in einer Lücke des Allgemeinen unserer Genese liegen. Oder wir finden uns plötzlich wie Daniel Paul Schreber nach dem symbolischen Akt seiner Ernennung zum Senatspräsidenten am Oberlandesgericht Dresden in einer Welt zoroastrischer Götter. Im ersten Fall mag es uns dazu bringen, beim Verlassen des Bettes in eine sich anders uns zuneigende Welt zu treten. Im zweiten Fall mögen wir dazu verdammt sein, Gefangene fremder Mächte zu bleiben, die uns in *ihre* Geist-Welt Beziehung einsperren.

Was diese extremen und doch der Realität menschlicher Welten entstammenden Beispiele verdeutlichen, ist der schlichte Umstand, dass Menschen nur dann in eine Welt von Fakten treten, wenn sie zu deren Erkenntnis und Rezeption nicht nur im Erlernen symbolischer Formen diverse Hintergrundannahmen für weltanschauliche Subjektivierungsprozesse verinnerlichen. Entscheidend sind darüber hinaus Mehrwerte produzierende Anrufungen durch ErzieherInnen und Institutionen symbolischer Prägekraft. Diese formen in immer auch libidinösen und genusspolitischen Übertragungsprozessen den heranwachsenden Organismus, so dass dieser in der Konfrontation mit dem *Rätsel der bzw. des Anderen* und dem Rätsel von Disziplinarmächten etablierter Ordnungen ein eigenes Unbewusstes ausbildet. Letzteres ist der Teil, der keinen Anteil hat. Es ist das verborgene dritte und immer epistemisch verschmierte Element in der Dichotomie zwischen Geist und Welt.

In klassischen Debatten der Epistemologie ist diese hier umrissene Thematik meines Erachtens nicht hinreichend berücksichtigt. Auch die folgenden Vorlesungen können nur einen Einstieg dazu präsentieren und andeuten, dass Fragen der Erkenntnis in einer an Lacan ausgerichteten Philosophie am Thema der Erkenntnistheologie bzw. einer Psychotheologie der Erkenntnis nicht vorbeikommen. Dass bis heute ein Großteil philosophischer Fachliteratur jenseits der engen Grenzen der Philosophie der Psychoanalyse dieses unbestimmt-bestimmte Etwas, das Freud das Unbewusste, Franz Rosenzweig das „Selbst“ und Žižek das „Subjekt, das im Subjekt mehr ist als es selbst“ nennen, nicht thematisiert, ist wenig nachvollziehbar. Erste Wegspuren einer theorischen Verankerung des Unbewussten im Zentrum der Philosophie waren bereits im 19. Jahrhundert in den Werken von Friedrich W. J. Schelling, Eduard von Hartmann und Arthur Schopenhauer gelegt (Nicholls/Liebscher 2010), d.h. lange bevor Sigmund Freud der theoretische Durchbruch gelang. Fragen der Erkenntnis werden in ihrer theoretischen Durchdringung immer noch, zugespitzt gesagt, primär auf allgemeine Begriffs- und Urteilsbestimmung von Fakten inmitten eines Raums der Vernunft (Brandom, 2004; McDowell, 1994), oder in Theorierahmen überzähliger Sinnfelder (Gabriel 2016) oder Objekt-orientierter Ontologien (Harman 2018; De Landa 2017) reduziert. Dabei vernachlässigen sie das Entscheidendste: das Andere im Ich als Nullpunkt seines prädikativen Gehalts, das in die Geist-Welt Beziehung ragt. In bestimmten Situationen ist es fähig, aufgrund lückenhafter Identifikation, das Weltverhältnis regelrecht von innen nach außen zu verkehren. Beispiele solcher Verkehrungen gibt es viele. Sie sind in Religion, Politik, Kunst und Wissenschaft anzutreffen (Finkelde 2015; 2016). Subjektverhältnisse dieser Art mit Begründungen zu durchleuchten geht nur, wenn das Geist-Welt Verhältnis nicht durch allgemeine Begriffsbestimmungen (holistischer, semantischer, sinnfeldtheoretischer, oder objekt-orientierter Art… etc.) erschöpft wird. Der nicht-metabolisierbare Überschuss, die Überzähligkeit des individuell erkennenden Organismus, muss mitberücksichtigt werden.

Dieser Überschuss könnte im Sinne des amerikanischen Philosophen Willard V. O. Quine als eine generelle „Unbestimmtheit der Übersetzung" bzw. als eine immer die Überdeterminierung von Gründen mit Bezug auf Fakten von sich in „Räumen der Vernunft" befindenden epistemischen Organismen, wie wir Menschen es sind, erklärt werden (Quine 1986, §16). Aber darum geht es Freud und Lacan nicht. Es geht ihnen nicht um Unbestimmtheiten der Übersetzung von kulturell und ontologisch inkommensurablen „Übersetzungsmanualen" (Quine 1992, 51) und der Frage, warum der Glaube an eine bijektive Referenz von Wort und Gegenstand, mit Quine gesagt, Unsinn sei. Es geht ihnen vielmehr um eine Unbestimmtheit des „gesunden Menschenverstandes", der aufgrund seiner Nicht-Anteilhabe am Allgemeinen nicht anders als immer schon psychotheologisch in die Geist-Welt Beziehung eingegriffen hat. Oder anders gesagt: Keine uns Menschen betreffende Wirklichkeit kann ohne die Unbestimmtheit von Anrufung durch Andere inmitten überdeterminierter Fakten und deren phantasmatischer Bindung in das, was „der Fall" ist, erstehen. Der Vorteil dieser Erweiterung der Philosophie durch die Psychotheologie hilft uns einsehen, warum es einzelnen Individuen gelingt, auf der Ebene ihrer Unbestimmtheit eine neue Welt gegen die bisher gültige mit ihren prädikativen Strukturen des Allgemeinen aufkommen zu lassen. Bei zeitgenössischen Autorinnen und Autoren, die jüngere Debatten unter Schlagworten wie „Neuer Realismus" (Gabriel, Ferraris), „Spekulativer Realismus" (Harman, Meillassoux), „Neuer Materialismus" (Barad, Bennett), und „Hermeneutischer Realismus" (Koch) geprägt haben, ist diese Frage, wie erwähnt, nicht reflektiert. In den folgenden Vorlesungen soll dies geschehen. Sie sind wie folgt strukturiert.

Nach einigen in der „Einleitung" dargelegten Bemerkungen zum symbolischen Status von Subjektivität, in denen die Rede von einer „ersten" und biologischen Natur des Menschen nur aus der Genese einer sozial vermittelten „zweiten" symbolischen Natur retrospektiv erklärbar wird, widmet sich der zweite Vorlesungsblock dem Einfluss von Negativität als eine die Geist-Welt Beziehung entscheidend prägende Kategorie. In drei Analysen wird die Abhängigkeit von Subjekten zu normativen Kontexten und aus diesen Kontexten auf sie einströmende Anrufungen offengelegt. Subjektivität erweist sich hierin durch minimale Traumata in ihrer ontogenetischen Entwicklung ebenso geprägt wie von enigmatischen Signifikanten, die aus den Prägekräften politischer Institutionen von Geburt an auf den Organismus eindringen und ihn auf die Bahn einer immer auch mit Phantasieexzessen geprägten Berufung bringen. Diese Berufung prägt die Geist-Welt Beziehung, lange bevor ein Individuum mit Begründungen sich in einem sozialen Raum vernunftbegabter Tiere lokalisiert. Theorien zum epistemischen Status enigmatischer Signifikanten werden ebenso thematisiert, wie Immanuel Kants und Sigmund Freuds Analysen zu den Illusions- bzw. Einbildungskräften der Psyche, welche die Ausgestaltung von Erfahrungsräumen bedingen. Anschließend und vor dem Hintergrund jüngerer Forschungen der sogenannten Ljubljana-Lacan-Schule wird auf Hegels Verständnis von Negativität Bezug genommen. Hier wird zu zeigen sein, inwieweit das Verhältnis von Subjekten zu Fakten und Tatsachen als eine durch Nicht-Koinzidenz geprägte Korrelation zwischen Wissen und Wahrheit aufzufassen ist. Die Welt des Faktischen erweist sich als mit sich uneins, da Subjekte – als epistemische Quellen objektiver Sachverhalte – um Mangelformationen ihrer eigenen Selbstbeziehung kreisen, gerade dadurch aber auch in teils psychotisch wirkenden Phantasieschüben neue Welten performativ zu begründen vermögen.

Der dritte Vorlesungsblock mit dem Titel „Der Mensch und die symbolische Ordnung" schließt daran mit einer Auslegung von Lacans Graph des Begehrens an und dient der Beantwortung der Frage, warum Subjektivität nicht ohne die Rastlosigkeit überdeterminiert bleibender Anrufungen in ein Selbstverhältnis treten kann. Das vierte Kapitel fügt den dargelegten Inhalten Einsichten aus Žižeks Kommentaren zu „erhabenen Objekten der Ideologie" hinzu. Was diese Objekte auszeichnet, ist eine paradoxale Vermischung von Bedeutungsfülle und Bedeutungsmangel, ohne den der von der Philosophie in verschiedenen Kontexten evozierte „Raum des Gebens und Nehmens von Gründen" nicht existieren könnte. Wortführer, Meister und Propheten spielen in den Grundlegungen dieser Räume eine entscheidende Rolle. Als personalisierte Zentren von Übertragungsprozessen sind sie in der Lage zur Etablierung von Fakten eine Art existenzieller Liebe bei ihren Anhängerinnen und Anhängern zu evozieren, als auch plötzlich von denselben zu Hassobjekten aufgrund einer unverzeihlichen Irreführung zu werden.

Der letzte Teil der Vorlesung stellt Lacans Begriff eines pathologischen Genießens, Jouissance genannt, ins Zentrum der Analyse von Geist und Welt. Ohne ein Abhängigkeitsverhältnis zum Genuss, wie er alle symbolischen Wesen inmitten von sie umgebenden symbolischen Formen betrifft, könnten diese gar nicht erst zustande kommen. Erfahrungen konstituieren sich vor dem Hintergrund von Begehrens-, Genuss- und Verdrängungsstrukturen, die zeitgleich mit ihrer eigenen Instabilität und Inkonsistenz ringen.

I. Einleitung

1. Vorlesung

I

Im Alltag begegnen wir Subjekten und Subjekttypen in einer nahezu erschreckenden Vielfalt. Eine Möglichkeit, diese zu erklären, ist die Breite unterschiedlicher, ideologisch-kultureller Anrufungen, die Identitätsausbildungen prägen. Da gibt es z.B. den Priester, der sich in der Nachfolge Christi sieht (hier verkörpert durch Don Camillo Abb.1). Aber es gibt ebenso den Bororo-Mann (Abb. 2), der sich mit einem Papagei verbrüdert findet. Und es gibt Quantenphysiker (hier A. Einstein und N. Bohr, Abb. 3), die aus dem Apparat ihrer Fachwissenschaft auf ihre Umwelt schauen und (in der Regel) weder verstehen, was ein Papagei noch irgendein Christus mit dem Verhältnis eines Subjekts zu dessen Wirklichkeit zu tun haben mag. Diesen drei hier nur exemplarisch genannten Subjekttypen liegt in ihrer Verschiedenheit eine Spannbreite des Psychischen zugrunde, die ihrerseits konstitutiv auf diversen Formen des Genussstrebens ausgerichtet ist. Denn alle drei Subjekte schwimmen regelrecht in libidinösen Strukturen, d.h. erotisch-psychischen Motivationsformen, die sich wie eine klebrige Masse durch alle symbolischen Ordnungen, in denen diese leben, zieht. Der katholische Priester wird sich beispielsweise für einen „Glaube und Vernunft“ verbindenden Geistlichen halten und den Animismus eines Bororo als überwundene Form der Esoterik verwerfen. Eine protestantische Pastorin mag wiederum

ihrerseits den katholischen Geistlichen als voraufklärerischen Christen verurteilen, da er an die Transsubstantiation in der Messe glaubt; also an die Realpräsenz-Werdung Christi in der Hostie. Und ein Physiker wird eventuell die Protestantin als Hochstaplerin ansehen, die eigentlich besser wissen müsste als der Katholik, was für eine Mythengeschichte das Christentum sei.

Diese drei Subjekt-Typen sind alle Subjekte ideologischer Anrufungen, da sie sich in der Regel als autonom in den je eigenen Symbolprozessen erfahren. Aus diesem Grund sind sie auch, sinnbildlich gesprochen, ‚Antworten' verschiedenster Appelle, die aus gesellschaftlichen Institutionen kommend auf den menschlichen Verstand, aber eben auch auf das Unbewusste unter diesem, oder besser gesagt inmitten dieses Verstandes einwirken. Der Priester und die Pastorin sind Antworten auf die Anrufungen Christi, der Bororo-Mann ist Antwort auf die wie auch immer zu verstehenden Appelle seiner Stammeskultur, und die erwähnten Physiker sehen sich herausgerufen durch die Wahrheit der Wissenschaft, der sie schlicht und einfach dienen müssen. Denn welche Wahrheit könnte schöner sein als jene, speziell wenn sie heute in den sogenannten „hard sciences" unter dem Banner des Naturalismus steht. Aber bereits Hilary Putnam hat in diesem Zusammenhang treffend auf den ideologischen Charakter des Naturalismus-Begriffs hingewiesen. Die Begeisterung sich mit diesem Label zu etikettieren, erinnere ihn an die Gefolgschaft, mit der in vergangenen Zeiten Wissenschaftlerinnen und Wissenschaftler sich unter den Begriff „Genosse Stalin" stellten (Putnam 2012, 109-110).

Alle genannten Individuen (Priester, Pastorin, Bororo, Physiker) werden folglich mehr oder weniger ihr Weltverhältnis als legitimen Zugriff auf die sie umgebende Wirklichkeit sehen, ohne damit zwangsläufig anerkannte Standards wissenschaftlicher Wirklichkeitserkenntnis in Frage gestellt zu sehen. Den Begründer einer strukturalistischen Psychoanalyse, Jacques Lacan, interessierten diese Prozesse von Subjektwerdung durch Anrufungen aller Art, weil er u.a. als Arzt mit einer psychiatrischen Fachausbildung durch seine Arbeit in der Pariser Klinik *Centre hospitalier Sainte-Anne* erkannte, was passiert, wenn es zu Komplikationen in Anrufungsprozessen der Subjektgenese kommt. Sie beginnen von frühester Kindheit an und sind auch im hohen Alter noch nicht abgeschlossen, da „Berufungen", wie sie von symbolischen Prägekräften ausgehen, nie aufhören, normative und enigmatische Botschaften auszusenden. Die genannten Prägekräfte, die auf unsere Psyche einwirken, können die Familie sein, der Sportverein, die Universität, aber auch die Richterin, vor die wir eines Tages im Laufe einer Scheidung gebracht werden. Selbst die Psychoanalytikerin, der wir vielleicht eines Tages begegnen, nachdem unsere Welt aus irgendeinem völlig beliebigen Grund von jetzt auf jetzt auseinandergebrochen ist, gehört der Welt der Institutionen an. Der Verweis auf den Freud'schen Begriff des Unbewussten, auf den wir wiederholt zurückkommen werden, erweist sich in diesen Prozessen als zentral, da ideologische Anrufungen das Verhältnis des Subjekts zu sich selbst, aber speziell auch zu seinem Unbewussten betreffen. Sie sind mit unseren intimsten Sehnsüchten, Phantasien und idealisierten Selbstbildern verwoben.

Beispielsweise kann – wie wir alle sicher schon einmal erfahren haben – ein Werbeplakat in der U-Bahn auf uns einwirken und einen Eindruck auf uns machen, ohne dass wir bewusst bemerken, wie wir gerade durch eine Botschaft angerufen wurden. Unsere Innerlichkeit erweist sich anhand eines solch trivialen Beispiels von Anrufung als immer schon von einem Anderen, einem uns Fremden invadiert, das einem semantischen Feld entstammt, das uns – weil es überdeterminiert ist – spätestens seit der Geburt umgibt und unaufhörlich überfordernd aber auch beruhigend auf uns einwirkt. Gründe dafür können ein in der Philosophiegeschichte vielkommentierter inhärenter Mangel am Selbst und/oder eine fundamentale Exzentrizität der geistigen Eigenschaften des Menschen sein. Der Begriff der „Überdetermination" meint in diesem Zusammenhang, dass jede Rezeption von Wirklichkeit eine Selektionsleistung unseres Verstandes darstellt, deren Selektionskriterien wir oftmals selbst nicht hinreichend grundlegen können. Bewusstsein ist immer mit Wirklichkeit konfrontiert, die kleiner ist als die Menge ihrer Teile. Zwischen Erkenntnisakt und Erkenntnisobjekt liegt stets eine Differenz, ohne dass Bewusstsein diese wie in einem Heftordner mit dem Titel „Die Welt" bzw. „Die Wirklichkeit und mein Verhältnis zu ihr" bestimmen kann. Dieser Umstand mag auch die eingangs dargestellte Vielheit an Subjekt-Variationen erklären; sie geht demnach zurück auf die Fülle von Differenzen, die sich zwischen Objekten und den Orten, in denen sie zu Teilelementen von Erfahrungsclustern werden, auftun und auf uns einströmen. Sie können nicht einer homologen Wirklichkeitsform unterworfen werden und so eine *rein logische* Subjektformationsformel begründen.

Die gerade erwähnte inhärente Fremdheit im Ich/Ego, für die Freuds Begriff des Unbewussten steht, begleitet den Menschen über die Spanne seines Lebens. Und das ist gut so. Sie betrifft nicht nur uns selbst als Subjekte, sondern auch diverse uns umgebende Kulturbereiche. Denn so, wie im Subjekt immer schon ein Mehr ist, das sein Selbstverhältnis übersteigt, so ist auch in der uns umgebenden sozio-kulturellen Matrix gesellschaftlicher Verhältnisse immer mehr als sie selbst: ungebändigte Signifikanten, die mal aktiviert, mal stillgestellt, aber nie alle zeitgleich und perfekt verwaltet werden können.

Speziell Slavoj Žižeks Analysen, die er in mehr als 50 Büchern präsentiert hat, sind im Kontext der hier aufgerissenen Themen erhellend. Sie zeigen, dass unser Verständnis von uns und der uns umgebenden Wirklichkeit durch kollektiv verbürgte Virtualitäten, Idealisierungen und verdrängte Paradoxien geprägt ist, die unser gesellschaftliches Umfeld, in dem wir passiv leben und uns aktiv mit Praktiken beteiligen, mitbetrifft. Dabei sind wir sowohl die Nutznießer dieser Virtualitäten wie auch ihre Energiespender. In diesen Virtualitäten zu leben produziert ein Unbehagen, das seinerseits die Existenzbedingung für sprach- und symbolbegabte Wesen, wie wir Menschen es sind, bildet. Und nicht selten kann dieses Unbehagen uns so überkommen, dass wir – ähnlich wie Neo in seinem Brutkasten in einer berühmten Szene des ersten *Matrix*-Films – aus diesem Brutkasten ausbrechen wollen.

Der *Matrix*-Geschichte zufolge wurde Neo eine Computersimulation der ihn umgebenden Wirklichkeit in sein neuronales Nervensystem eingespielt, um seine Körperenergie für fremde Zwecke abzusaugen. Damit präsentierten die Geschwister Wachowski eine aktualisierte Version von Marx' Entfremdungstheorie. Proletariern wurde Marx zufolge dasselbe

Schicksal zuteil: der Lebensenergie wie eine Duracell-Batterie durch fremde Mächte (Kapitalisten) beraubt zu werden und darüber hinaus diesen Umstand nicht durchschauen zu können.

Ein jeder Geldschein, egal in welcher Währung, veranschaulicht diese Virtualität, die unsere Körper als Objekte erster Natur wie eine zweite Natur umgibt. Er tut es durch den abgedruckten symbolischen Zahlenwert, der durch die Stabilität einer (zumeist abgeblendeten) Vertragsbeziehung mit anderen Mitgliedern einer Gemeinschaft garantiert wird. Dieser ist nicht mit hundert Brötchen vergleichbar, die ich für den Geldschein kaufen kann. Die Brötchen haben Gebrauchswert in empirischer Reinform. Sie sind essbar.

Der Geldschein verkörpert keine empirische Reinform, denn als solche wäre er nur Papier. Das hindert ihn nicht, trotz seiner virtuellen Inhaltsbedingung, einen empirischen Effekt zu zeitigen: nämlich den Kauf von hundert Brötchen zu ermöglichen. Wenn jedoch in der kollektiven Übereinstimmung eines Glaubens an die Inkarnation des Wertes in dieses Papierstück Zweifel auftauchen, dann erfährt die kollektive Phantasie eine Irritation. Das kann schlagartig geschehen. Plötzlich möchte eine Bäckerin lieber den Geldschein abwerten, weil eventuell der Mehllieferant seinerseits eine Abwertung mit Bezug auf eine bestimmte Menge Mehl vornimmt. Im alltäglichen Umgang mit dem Geldschein spielt eine solche mögliche Welt instabilen Warentausches jedoch keine Rolle. Dort hantieren wir – wenn die Fiktion funktioniert – mit absoluter Selbstverständlichkeit eines Wertes in seiner substantiellen Reinform. Ich muss der Verkäuferin in einem Kaufhaus nicht erst versprechen, dass der Geldschein Wert-Substanz verkörpert, die unabhängig von seinem Papier-Sein tatsächlich intrinsisch in ihm zu finden ist. Und weil das so ist, bin ich auch nicht erleichtert, wenn der Tausch gelingt. Ein immer auch unbewusst ablaufender Sozialvertrag hält vorerst alle irritierenden Einflüsse von der Zirkulation von Waren und Wertpapieren auf Distanz.

II

Um diese Art von Mechanismen kollektiver Virtualitäten, die eine Gesellschaft bzw. einen Kulturraum so als Bereich ausgelagerter Glaubens- und Begründungsformen prägen, dass darin sich autonom zu ihren Erkenntnissen von Fakten und Tatsachen verhaltende Individuen zur Geltung kommen, wird es in den folgenden Vorlesungen immer wieder gehen. Statt von einem Geldschein könnte man auch von der Autorität eines Finanzsystems sprechen, oder vom Glauben in einen Rechtsstaat, oder vom Glauben in die Physik oder den zeitgenössischen Naturalismus. Gerade wir Menschen können als symbolische Wesen, was kein Tier kann: kollektiv verbürgte symbolische Ordnungen, als Bedingungen unserer Erkenntniskräfte bis zum Exzess, bis zum absurdesten Glaubenswahnsinn aufrechterhalten. Und speziell die sogenannten „Ideologien des 20. Jahrhunderts" haben solche virtuellen Höchstleistungen bewiesen. Aber es hieße nicht zu begreifen, was gemeint sei, wenn man den Umgang mit Symbolen bzw. das soziale Leben in der unbewussten Virtualität von Praktiken und Überzeugungen für „nur virtuell" hielte. Man darf darin kein ideologisches Fehlgehen menschlicher Erkenntniskräfte sehen, das von den Naturwissenschaften, den *hard sciences*, entweder grundgelegt oder mit ihrem Verständnis von Objektivität und Wahrheit überwunden werden könne. Die modal robustesten Wissenschaften sind Teil der virtuellen Welten, weil ihre Genese von Weltanschauungen geprägt ist und schon der Begriff „Naturalismus" eine solche verkörpert. Unser alltäglicher Umgang mit ihnen in Form von Symbolen, Memen, verinnerlichten Begriffen, Hoffnungen und Theorien ist – und das ist die Pointe des zuvor Gesagten – virtuell und empirisch zugleich. Durch virtuelle Kräfte mitgestaltete Welten schaffen empirische Realität vom Geldschein bis zur atomphysikalischen Nebelkammer, die wir in keinem Bereich der Tierwelt entdecken.

Ein Hund kann mir sehr wohl ein Zeichen geben, dass er Hunger hat. Er läuft beispielsweise zu seinem Fressnapf und wartet darauf, dass ich ihn fülle. Was er jedoch nicht kann, ist, mir zu signalisieren, dass sein Hunger sinnbildlich so groß wie der Fressnapf ist. Um dies zu tun, müsste er den Fressnapf als Symbol oder – besser gesagt – als Signifikanten für etwas, das nicht der Fressnapf ist, verwenden: für das Konzept „Hunger". Das erweist sich als unmöglich. Der Hund kann keine – metaphysisch ausgedrückt – „Transsubstantiation" vollziehen, das heißt keinen transsubstantiellen Eigenschaftstausch, an dessen Ende folgende Gleichung stünde: großer leerer Fressnapf = großer Hunger. Könnte er dies, wäre er mit einem Schlag in den Bereich der Sprache eingetaucht und von nun an über viele Symbole hinweg in einem Austausch mit mir. Alle möglichen Dinge wären potentielle Medien der Kommunikation. Der Fressnapf als Signifikant hätte selbst unendliche Sinndimensionen, die er in multiplen Kontexten verkörpern könnte. Aber wie gesagt, von solchen Signifikantenwelten ist der erwähnte Hund – wie jedes Tier – aufgrund seiner epistemischen Armut ausgeschlossen. Er kann Zeichen verstehen und Zeichen geben, aber Signifikanten sind als Träger abstrakter Konzepte mehr als Zeichen.

Die Richterin, die eventuell eines Tages dem Verfahren Ihrer Ehescheidung vorsitzt, mag die schlimmste Richterin aller Zeiten sein. Sobald sie ihre Richterrobe anzieht und das Urteil im Namen des Volkes verkündet, ist es vollkommen egal, ob sie schlecht oder gut ist. Sie vertritt als schlimmste aller möglichen Richterinnen in dieser Welt ein Allgemeines, das sich in ihrer partikulären Person raumzeitlich verkörpert: das Gesetz. Würden wir Menschen dagegen aufbegehren und z.B. die Virtualität des Symbolischen aus den uns empirisch prägenden Fakten abziehen, dann würde sich unsere Welt tatsächlich so schlagartig auflösen, wie es psychisch kranke Menschen erleiden müssen. Die Welt ist nicht mehr, jedenfalls nicht so, wie sie noch vor Kurzem als stabiler Rahmen der eigenen Ich-Funktion wahrgenommen wurde. Hierarchien von Bedeutungsclustern würden in diesem Fall zusammen mit Begehrensstrukturen, die sie produzieren, kollabieren und Genussbedingungen des Sozialvertrags vertrocknen.

In Phasen von Liebeskummer haben sicher die meisten von uns bereits diese Formen eines phantasmatischen Realitätsverlusts erfahren. Es gibt Bäume, Straßen, Häuser und Autos und alles ist ‚noch da'; aber wie entleert und sinnlos, so als könnte das, was Kant das transzendentale Ich der reinen Apperzeption nennt, nicht mehr ungestört seine Aufgabe ausführen: die sinnlichen Eindrücke aus der Umwelt von einem Ich aus zu einem lebenswerten Raum der Erfahrung aufzubauen. Koordinaten, die den Alltag zum Alltag machen, sind in diesem Fall entweder verschoben oder ganz verloren, so dass aus dem Bett zu steigen schon zu einer schwierigen Aufgabe wird.

Wir sind folglich genau dann psychisch gesund, wenn wir Teil unbewusster Symbol- und Handlungsprozesse sind, die uns den alltäglichen Umgang mit Priestern, Richterinnen, Nebelkammern, Sitten und Normen als die uns betreffende Normalität ermöglichen. Daher ist es mehr als naiv zu behaupten, dass wir heute – im Zeitalter der liberal-kapitalistischen Demokratie bzw. auf die zeitgenössische Philosophie bezogen, im Hochzeitalter des Naturalismus – in einem unideologischen Zeitalter lebten. Der Glaube vom Ende der Ideologien verbreitete sich nach 1989, als zeitgleich mit dem Ausschneiden des Hammer-und-Sichel-Emblems aus Nationalflaggen, nicht nur die marxistisch-leninistische Einheit von Arbeiter- (Hammer) und Bauernklasse (Sichel) als beendet galt, sondern mit dem real existierenden Sozialismus die letzte bewusst verklärte Weltanschauung auf Erden überwunden schien (Fukuyama 1992).

Aber das ist offenkundig falsch und die gegenteilige Überzeugung heute ihrerseits ein Gemeinplatz. Auf jeder Ebene unseres Alltags schwimmen wir als Subjekte ideologischer Anrufung in einer Matrix von Bestimmungen, die uns zu einer zweiten Natur geworden sind, ohne dass wir diese in ihren multiplen Begründungsnetzwerken grundlegend rechtfertigen bzw. kognitiv umfassen könnten. Dafür sind die Netzwerke, die uns mitbegründen und um uns herum vorgeben, „was der Fall ist“, zu komplex und exzentrisch mit anderen Begründungsclustern verwoben. Die erwähnte zweite Natur, die unserer ersten Natur, d.h. unserem biologischen Körper aufsitzt und uns zu Wesen symbolischer Zeichenwelten macht, kann man sich nicht eng genug in einer Symbiose mit unserem

Körper vorstellen. Die erwähnte Szene aus dem ersten *Matrix*-Film bringt diese Situation auf den Punkt. Die schleimartige Nährflüssigkeit, die Neo in seinem Brutkasten umgibt, ist Teil seiner selbst. In der Matrix ist er diese *Einheit aus Zweiheit*. Auch deshalb ist es für uns Menschen unmöglich, die zweite Natur wie ein Kleid abzustreifen, da unser biologischer Tierkörper nur in der Abgrenzung zum zweiten, symbolischen Körper als Kontrast hervortritt.

Die Philosophie der Psychoanalyse behandelt diese defizitäre Vereinigung der zwei Naturen des Subjekts, die als schmerzhafter Widerspruch zwischen biologischem und symbolischem Körper erlebt wird. Sie offenbart, warum beide Naturen sich nicht problemlos vereinen können. Diese Einsicht hat die Philosophie der Psychoanalyse erst auf den Weg ihrer wissenschaftlichen Erkenntnisse gebracht. Wenn unser biologischer Körper diverse symbolische Rollen nicht mehr subjektivieren kann (die Mutter-Rolle, die Rolle eines Meisterkochs oder Popstars), entsteht ein Unbehagen von Subjektivität in ihrer eigenen Formstruktur. In solchen Leidenssituationen versuchen Menschen, ähnlich wie Neo im *Matrix*-Film, aus einer Anrufungs- und Weltstruktur, die ihren symbolischen Körper wie einen unangenehmen und erdrückenden Schleim umgibt, auszubrechen.

III

Ideologie ist den Prämissen der Philosophie der Psychoanalyse zufolge also kein *falsches* Weltbild, sondern die Bedingung dafür, dass uns ein mit anderen Symbolwesen geteilter Bereich der Erfahrung zugänglich wird. Dieser ist immer ein „Intra-Bereich"; er ist ein uns mit Begründungen, Phantasien, Idealen und Maximen umgebender Ort, der nicht an die Grundstrukturen der Wirklichkeit (wie auch immer diese aussehen mögen) durch unerschütterlich festgelegte Taxonomien gebunden ist. In diesen Bereich injizieren wir als Gegenleistung unseres Existenz-, Erkenntnis- und Genussrechts ununterbrochen unsere Energien in Form von Arbeit, Steuern, Imaginationen, Maximen etc. Ideologie ist folglich Bedingung unserer Existenz, ohne in der Regel als eine solche erkannt werden zu dürfen. Erst die unbewusste Struktur von Fakten reduziert epistemischen Stress und ermöglicht es, uns wie von einem scheinbar homogenen Bereich der Erfahrung umgeben zu erleben. Ideologie ist die Art und Weise, wie wir zu Subjekten in einem Medium werden, das uns in der Regel das Fragen abnimmt, wie die Dinge „tatsächlich" oder Fakten „an sich" sind.

Einem berühmten Ausspruch Lacans zufolge hängt alles davon ab, wie ein Subjekt sich zum Symbolischen positioniert, von dem es bestimmt ist, ohne ganz in dieser Bestimmung aufzugehen (Lacan 1990, 106). „Dieser Platz [im Symbolischen] ist das, wovon abhängt, ob jemand zu Recht oder Unrecht *Pedro* heißt" (ebd., 107). Das Symbolische steht hier – stark vereinfacht ausgedrückt – für herrschende Normen, die sprachlich vermittelt inmitten von etablierten Praktiken und historisch gewachsenen Begriffen und Sitten einen Kulturraum durchdringen und so u.a. diverse Phantasien administrieren. Wie das Wasser in einem Schwamm durchdringt es Ecken und Enden der erfahrbaren Welt und besetzt damit ähnliche Eigenschaften, wie das, was Lacan „den großen Anderen" nennt.

Das Subjekt entscheidet bewusst und unbewusst zugleich, was es an den Rand seines Wahnsinns bringen kann bzw. was es gegenüber dem großen Anderen, der immer auch persönlichen und anonymen Metastruktur seiner Subjektivität, leisten möchte. Wir sind es, die entscheiden, was wir für unser eigenes Selbstbild anerkennen; aber wir sind es leider auch wiederum nicht, da ein Fremdes in uns schon Voranannahmen über uns getroffen hat, bevor wir als autonome Vernunftwesen auf den Plan reflexiver Selbstbeziehung treten.

Der deutsche Faschismus im zwanzigsten Jahrhundert ist in diesem Kontext meiner Ausführungen ein herausragendes Ereignis in der Geschichte geteilter Phantasien, die im Symbolischen mitwirken. Er zeigt, dass eine symbolische Ordnung radikal in eine kollektive Psychose abrutschen kann. Und auch wenn alle ahnen, dass diese symbolische Ordnung, dass dieser große Andere fehlgeht, dass er korrupt ist und hohl, mag es eine kollektive Unsicherheit im Urteil genau über diesen Umstand geben, die dann einem tatsächlichen Wechsel von Machtverhältnissen im Wege steht.

Der große Andere als Bedingung der Möglichkeit etablierter Normativität ist zwar *virtuell*, aber das bedeutet nicht, dass er auch *illusionär* ist. Das Papier, auf dem „100 Euro" steht, ist virtuell, aber dennoch keine Illusion, wenn es mir zum Kauf von 100 Brötchen dient. Wir Menschen bewegen uns immer auf der Ebene einer unbewussten Realität, die schon lange als kohärent deklariert wurde, bevor wir überhaupt als Teilnehmerinnen eines Regelwerkes mit unseren Zweifeln und Veränderungsvorschlägen darin auftauchen. Der große Andere kann sogar problemlos abwesend sein und dennoch eine kollektiv-kopflose Struktur am Leben erhalten, weil alle Angst haben, dass – wenn der große Andere ganz abgedankt hätte – alles schlimmer wird. Die Person Adolf Hitlers im Berliner Führerbunker kurz vor seinem Selbstmord steht exemplarisch für einen solchen abwesenden großen Anderen. Der Film *Der Untergang* aus dem Jahr 2004 (Regie: Oliver Hirschbiegel) inszeniert dieses Szenario beeindruckend. Wir befinden uns im April des Jahres 1945. Der Krieg ist hoffnungslos verloren und dennoch gehen Befehle hin und her, werden Dokumente abgestempelt, Todesurteile ausgesprochen und vollzogen. Der Führer als Musterbeispiel des großen Anderen ist seit Tagen in einer Bunkeranlage von der Außenwelt abgeschnitten, aber seine Befehle schwirren noch durch den Äther der deutschen Administration.

Hier treffen wir mustergültig auf einen symbolischen Staatskörper, der an seinen Extremitäten wie im Todeskampf zappelt und doch nicht einsehen kann, dass er nach klinischen Maßstäben bereits tot ist. Der Staat gleicht einem „walking dead“. Er verdrängt bis zuletzt die Realität seines aktuellen Untergangs.

Alle Revolutionen, auch diejenige von 1989, veranschaulichen Zusammenbrüche virtueller Welten, die über Jahrzehnte empirische Fakten in multiplen Begründungsnetzwerken getragen haben. Der Staat der DDR glaubte noch auf den Fluren seiner Administration, dass gute Gründe sein Existenzrecht verbürgten. Aber seine BürgerInnen auf den Straßen wussten, dass er bereits verstorben war. Lust und Begehren, am kollektiven Projekt des Sozialvertrags weiterzubauen, waren abhanden gekommen.

In Situationen wie diesen wird dann die Revolution zum Kampf um die Virtualität in der Realität und um die Frage, wer kann dem anderen seinen symbolischen Tod beweisen, wenn tatsächlich noch diverse politische Körperteile (Befehlsinstanzen, Administration, Jurisdiktion) existieren? Die Macht des Virtuellen darf hier nie unterschätzt werden, da es für den Menschen keine empirische Realität gäbe, die nicht vom Virtuellen aufrechterhalten würde. Auch die uns in Zentraleuropa umgebende Demokratie stellt vor diesem Hintergrund eine virtuelle Narration dar, die, genau wie ein totalitäres Regime, durch Medien, Gewerkschaften, Kirchen, Zivilgesellschaften darauf achten muss, dass die Dissonanzen im Meinungs- und Phantasiegeflecht nicht allzu weit auseinandergehen, wie wir es zurzeit in den USA erleben. Wenn das geschieht, kann ein Gemeinwesen sich in den schlimmsten Fällen nicht mehr über „Fakten" verständigen, aber nicht, weil wir in einem Zeitalter von „post-truth-politics" leben, sondern weil Beurteilungsprämissen als Bedingungen eines allgemeinen Raums des Gebens und Nehmens von Gründen nicht mehr geteilt werden. Demokratien sind nicht weniger als totalitäre Regime vor dem Wahn des Symbolischen bewahrt, und zwar weil dieser Wahn Teil des Symbolischen ist. Er bestimmt unsere Sprach- und Vernunftkraft, treibt uns an und peinigt uns. Auch deshalb ist der Mensch das Wesen, das noch der hohlsten Autorität verfallen kann. Diese Tendenz, sich einer Autorität des Anderen zu überantworten, speist sich aus einem dem Subjekt eingeschriebenen „Mangel an Sein" (Lacan 1997, 283), der es permanent zu Kompensation, zur Suche nach einer Identitätsfülle drängt. Die Tilgung des existenziellen Defizits kann dann beispielsweise auch in einem charismatischen Führer gefunden werden, oder in einem Kulturraum mit exzessiven Phantasien und Versprechungen.

Die sozial-gesellschaftliche Lebenswelt ist hier als semantisches Feld von Begründungen und Bedeutungen verstanden, das den Mangel im Menschen beheben möchte, um selbst Stabilität ausprägen zu können. Sie ist, wie eine berühmte Zeichnung von einer paradoxen Treppe des niederländischen Zeichners M.C. Escher verdeutlicht, eine Schleife des Begehrens, die treppauf, treppab, nicht abgeschlossen werden kann; eine Suche nach innerer Kohärenz und Stabilität, die sich nie erfüllt und doch phantasmatisch als erfüllbar verteidigt werden muss.

In Analogie dazu bildet auch die sozial-gesellschaftliche Lebenswelt ein Konglomerat historisch vermittelter symbolischer Formen, das um einen nicht symbolisierbaren, traumatischen Kern, einen inneren Antagonismus zirkuliert. Träte dieser Kern an die Oberfläche kollektiver Erkenntnisformen, geriete die bequeme Selbstverständlichkeit der Anwendung virtueller Bedeutungsstrukturen in Gefahr. Und das betrifft Demokratien wie totalitäre Gemeinwesen gleichermaßen. Ein jeder Staat muss sich auf allen Ebenen seiner Funktionen absolut ernst nehmen. Sobald er das aufgrund der Einsicht in sein virtuelles Theater nicht tut, gerät er in Gefahr, durch einen kollektiven Phantasieverlust sein Ordnungsmonopol abzugeben.

Mythen und Narrative aber auch politische Rituale (wie Bach-Konzerte im Parlament am Holocaust-Gedenktag) etablieren um diesen traumatischen Kern im Zentrum politischer Lebenswelt ein scheinbar stabiles Netz von Autorität, in dem wir, Subjekte, uns wiederkennen sollen. Diese Autorität ist auf einem Mangel an Legitimität, sprich immer schon auf einer Erkrankung der eigenen Kultur und Tradition aufruhend, eine Tradition, die nie gesund war. Kultur als Raum politischer Wirklichkeit ist daher auch der sich ständig verfehlende Prozess, Immanenz mit Transzendenz zu versöhnen. Subjekt-Sein in Bereichen der Erfahrung, in einem wie auch immer politisch und sozial geprägten Gemeinwesen, beschreibt Slavoj Žižek daher auch als einen Prozess ständigen Ringens, die verschiedenen Identifikationen und Appelle zu verarbeiten, die an das Subjekt von Geburt an gesellschaftlich herangetragen werden. Die uns umgebende Gesellschaft im Hoheitsbereich einer bestimmten Kultur und Tradition ist „Matrix“ in Reinform, die unsere Identitätsmodelle zum Zweck ihrer eigenen Erhaltung speist. Dabei sind wir immer schon mehr Teil dieser Matrix, als wir selbst an uns erkennen können, weil sie als ein teils unintelligibler, nicht einsehbarer Außenraum unserer intrinsischen Identitäts- und Erkenntniseigenschaften unser Wir-selbst-Sein als auch unser Anders-Werden mitbestimmt. Wir stehen nicht einfach den Tatsachen gegenüber, sondern sind vor dem Hintergrund der erwähnten unbewussten Struktur in Tatsachen als deren Teilelemente erkenntnistheoretisch eingeschrieben. Fakten haben uns angerufen und tun es weiterhin – vom Kruzifix in der Einwanderungsbehörde bis zum iPhone im Apple-Store. Wir verkörpern in den uns umgebenden Logiken der Welten, die unsere Subjektivität notwendig intrinsisch vorprägen, einen paradoxalen Selbsteinschluss und Selbstausschluss, einen Syllogismus, der seine eigene Widerlegung produziert und als Bertrand „Russell's Paradox“ bekannt wurde.

Wenn wir uns dann am Abend ins Bett legen, betreten wir im Schlaf nicht nur einen virtuellen Raum der Träume, sondern wir befreien uns auch von den Virtualitäten, die den Alltag um uns herum, um unsere Identität regiert und bestimmt haben. Wir verarbeiten unser Selbstverhältnis mit einer sich austobenden Einbildungskraft. Sie ist nicht mehr dem unterworfen, was Freud „Sekundärprozesse“ nennt – also Formalbedingungen von Logik, argumentativer Kohärenz und Rationalität. Stattdessen regieren „Primärprozesse“ unser mentales Erleben. Das Ergebnis sind Traumvisionen, die wir alle kennen. Im Schlaf dekomponiert das Ego des Alltags sich langsam und verarbeitet die virtuellen Welten desselben. Unsere Psyche spinnt um fragmentierte Tagesreste ein Bilderrätsel (Rebus), an dessen Ursprung sich Lacan zufolge wie in einem kernlosen Gewebe ein unbestimmtes Begehren verbürgt. Freud spricht vom „Nabel des Traums" (Freud 1982, Bd. II, 503), einer unergründbaren Verdichtung im Zentrum unserer Traumwelten, die nicht entziffert werden kann. Aber, und das ist die leitende These dieses Buches, das sich Lacans Psychotheologie der Erkenntnis widmet: Diese virtuellen Welten des Traums korrelieren mit den Wirklichkeiten, die wir als anti-individualistische Subjekte jeden Tag neu subjektivieren. Oder anders gesagt: Unsere Träume bilden eine Komplementärstruktur zu den virtuellen Welten, die unsere zweiten, d.h. symbolischen Naturen jeden Tag von neuem im Alltag durchleben. Schließlich sind diese symbolischen Rollen nur deshalb lebbar, weil wir ein Drittel des Tages damit verbringen, ihre Einflüsse auf unseren Körper und auf unser Selbstverhältnis nach bisher nicht durchschaubaren Gesetzen zu verarbeiten. Die symbolischen Rollen unseres Alltags erweisen sich für unser Traum-Ich als Hologramm eines Anderen in uns, so wie unsere Träume ihrerseits Hologramme für unsere Ich-Funktion im Alltag sind. Diese Komplementärstruktur von unseren Träumen und den virtuellen Welten des Alltags zu analysieren, hilft uns verstehen, inwiefern es keine klar ziehbare Grenze zwischen Träumen und Wachen gibt. Vielmehr leben wir Menschen in Formen der *Nicht-Wachheit* (Finkelde 2020), die sich im Alltag durch die unbewusste Struktur der uns umgebenden Fakten und Praktiken verbirgt. Philosophen des deutschen Idealismus, auf die wir im Folgenden immer wieder eingehen, thematisierten die Virtualität der Realität in dem benannten Sinne bereits in Ansätzen. Sie wussten um die Fragilität von Sachverhalten, aufgrund ihrer intrinsischen Erscheinungs- und Differenzform. Denn schließlich liegt im Begriff der „Erscheinung", wie ihn Kant geprägt hat, eine der bedeutendsten Einsichten des deutschen Idealismus: diejenige, dass Schein und Wahrheit sich nicht ausschließen.

II. Im Kampf mit dem Negativen

1. Trauma, Anrufung und enigmatische Signifikanten

2. Vorlesung

I

Freuds Psychoanalyse ist mit der Entfaltung einer Theorie des Unbewussten verbunden und wenn auch die unbewusste seelische Aktivität kein Theorem ist, das er als erster entdeckte, so gab es doch bis zur Veröffentlichung der *Traumdeutung* (1899/1900) keine Theorie, die so präzise das Unbewusste in den Fokus einer – sowohl die Grundlagen der Psychophysik als auch die der Semiotik berücksichtigenden – Analyse nahm.

Freuds entscheidender Durchbruch lag jedoch in einer auf den ersten Blick kontraintuitiven Erkenntnis: der Entdeckung, dass die Eigenschaften unbewusster seelischer Aktivität des Menschen mechanischer und sogar maschinenartiger Natur sind. Die Rede von einer mechanischen Aktivität lässt sich am besten mit Bezug auf Ticks oder absurd erscheinenden Verhaltensweisen veranschaulichen, die uns prägen und nicht mit einer mentalen Verursachungskette unserer Willensakte zu erklären sind. Das kann der ganz unschuldige Tick einer bestimmten Körperhaltung oder der einer bestimmten Gestik (wie das Die-Brille-Zurechtrücken) oder eine Mundwinkel-Haltung sein. Aber es kann auch die extreme Zwangsstörung sein, die den Betroffenen zwingt, immer wieder an bestimmte Dinge zu denken oder sich viel zu oft am Tag die Hände mit Desinfektionsgel einreiben zu müssen. Der Betreffende weiß, dass diese Handlungen absurd und irrational sind und doch zwingt ihn eine physiopsychische Energie dazu, es wieder und wieder zu tun. Mit Nietzsche gesagt erfährt hier das Subjekt sein Ich gerade nicht als „die Bedingung des Prädikats ‚denke'. Es denkt: aber, dass dies ‚es' gerade jenes alte berühmte ‚Ich' sei, ist [...] keine ‚unmittelbare Gewissheit'. Es gehört nämlich nicht zum Vorgang [des Denkens] selbst" (Nietzsche 1988, 31). Selbstreflexion und Selbstbeobachtung können diesen unbewussten Wiederholungsmechanismus nicht immer unter Kontrolle bringen.

Wir alle erkennen solche Ticks sowohl an uns selbst, als auch – was uns leichter fällt – bei anderen Menschen. Oftmals sind sie normal, manchmal komisch, selten belastend und ganz selten extrem. Ticks dieser Art sind Teil unserer Unterhaltungskultur, weshalb Helden der Populärkultur sie mustergültig als Eigenschaften verkörpern. TV-Serien wie *Dexter*, *Monk*, *Psycho* (die Serie) oder Filme wie *Halloween* I-V stellen Mechanismen innerpsychischer Kräfte ins Zentrum ihrer Geschichten, die nicht unter Kontrolle gebracht werden können. Und in nahezu allen Fällen *genießen* die dargestellten Zwangsneurotiker ihre Störungen. Dexter, der als Forensiker bei der Polizei von Miami arbeitet und in seiner Freizeit Selbstjustiz übt, kann ähnlich wie die von Freud analysierten Patienten, die unter traumatischen Erlebnissen von Fronterfahrungen im Ersten Weltkrieg leiden (Freud 1982, Bd. III), nicht von Wiederholungsschleifen in seiner Psyche und damit von seinen Handlungszwängen ablassen. Dexter ist aufgrund eines Kindheitstraumas ein getriebener Mörder, wobei etwas Anderes in ihm als Kollateralschaden der traumatischen Erfahrung das Zersägen und Zerschneiden seiner Opfer in den Racheakten seiner Selbstjustiz genießt.

Eine der wichtigsten Entdeckungen Freuds bestand in der Erkenntnis, dass man sich beim Versuch der Analyse der Insistenz unbewusster Symptome nicht einfach mit einer Deutung nähern kann, die streng innerhalb des Registers der Bedeutung und der praktischen Einheit des Lebens innerhalb eines Erfahrungsraums der Vernunft bleibt. Denn das Insistieren eines Ticks ist unempfänglich für die Frage: „Warum tust du diese seltsamen Handlungen?" Wenn jemand wie Dexter wiederholt nachts schweißgebadet von einem Albtraum aufwacht, dann kann man diesem Menschen nicht sagen: „Trink ein Glas warme Milch und beruhige dich." Man kann ihm auch nicht sagen: „Beachte deine Albträume nicht." Ebenso erfolglos ist der Hinweis auf die Absurdität zwangsneurotischen Händewaschens. Der oder die Betroffene weiß um die Absurdität der Handlungen. Und doch kann er/sie dieses Wissen nicht so in eine mentale Verursachung wandeln, dass die zwangsneurotischen Handlungsabläufe sich qua besseren Wissens, oder – mit Jürgen Habermas gesagt – unter dem „Zwang des besseren Arguments" auflösen. Propositionales Wissen führt nicht zur Übersetzung in eine Willenshandlung. Aus diesem Grund kann man behaupten, dass die Geburt der Psychoanalyse an die Erkenntnis von Bewusstseinslücken gebunden ist, die als „Ersatz für etwas anderes, was unterblieben ist" (Freud 1982, Bd. I 279) nicht vergessen werden können. Bereits der frühe Freud analysierte die Verhältnisse im Rahmen einer von ihm entwickelten Theorie der Latenz in seinen *Studien über Hysterie* (1895, mit Josef Breuer). Dort entdeckte er zuerst, inwiefern die „Symptombildung [...] ein Ersatz für etwas anderes [ist]", etwas, das unterblieben ist. „Gewisse seelische Vorgänge hätten sich normalerweise so weit entwickeln sollen, dass das Bewusstsein Kunde von ihnen erhielte. Das ist nicht geschehen, und dafür ist aus den ungebrochenen, irgendwie gestörten Vorgängen, die unbewusst bleiben mussten, das Symptom hervorgegangen" (ebd., 279). Seit 1895, d.h. seit seiner im Austausch mit Wilhelm Fließ entstandenen Schrift *Entwurf einer Psychologie* ist Freud auf der Suche nach dem „Sinn der Symptome" (ebd., 258-272). Als Träger einer auf den ersten Blick scheinbar „sinnlose[n] Idee" muss er, der Sinn, in einer „vergangene[n] Situation aufzufinden" sein. Denn in dieser war der Sinn, der das Bewusstsein mit einer Lücke versah, als „Idee gerechtfertigt und die Handlung [der Verdrängung] zweckentsprechend" (ebd., 270).

Wie im analog strukturierten Traum zeigt sich folglich auch im Symptom der Mangel einer Übersetzungsleistung. Oder anders gesagt: Es gibt keine Symptome ohne epistemische Reste, von denen her sie ihre Energie erfahren – was nicht heißt, dass alle epistemischen Reste in den die Geist-Welt Beziehung betreffenden Kognitionsprozessen immer Symptome auslösen müssen. Wenn Symptome durch dasjenige definiert sind, was „nicht zum Bewusstsein durchgedrungen" ist (ebd., 278), dann untermalt Freud nicht nur, dass es kein symptomfreies Bewusstsein geben kann, sondern auch, dass Symptome nicht einfach auf der Ebene kognitiver Einsichtskraft überwunden werden können. Der Körper übernimmt in den genannten Fällen aus schwer zugänglichen psycho-physischen Kraftquellen die Führung über das Bewusstsein und bringt sich so in einzelnen Fällen selbst in Gefahr.

Psychisch Gesunde machen im Alltag analoge Erfahrungen, wofür zumindest ein Symptom, das allen Menschen zuteilwird, als ultimativer Beweis steht: unser Träumen. Ein nicht-semantischer Rest entkommt der Hoheitsinstanz unseres Bewusstseins und kann Freud zufolge nur mit Hilfe eines Diskurses gebunden werden, der versucht, sich der psychophysischen „Dimension der Symbolisierung" (Santner 2010, 40) unterhalb der Ebene der kognitiven Intentionalität anzunähern. Das will heißen: diesem nicht-semantischen Kern kann man sich nur indirekt nähern. Dies geschieht beispielsweise in der Analyse von Träumen, oder in dem, was der Patient / die Patientin so vor sich hinfaselt, wenn sie / er frei assoziativ ins Reden kommt. Mit Nietzsche gesagt: Das „es" im „es denkt" soll hervortreten, nicht das „Subjekt ‚Ich' [...] als Bedingung des Prädikats ‚denke'" (Nietzsche 1988, 31). Was verdrängt und ungebunden sinnvoll in der Psyche herumgeistert, gleicht eben keiner Selbsttäuschung, die prinzipiell auf die Frage „Warum weißt du nicht, was mit dir los ist?" ansprechbar bleibt. Freud selbst legt nahe, dass die menschliche Psyche von Motivationen gelenkt und bestimmt ist, auf die das einzelne Subjekt gerade keine Antwort haben *darf*. Ein Selbstschutz der Psyche ist hier verbürgt. Es ist also nicht nur so, dass wir unter der Bedingung unseres Subjektstatus niemals Herr im eigenen Hause unseres Bewusstseins sein können. Die Psychoanalyse sagt mehr. Wir dürfen nicht Herr in diesem Haus sein. Eine Form von Nicht-Sein, oder präziser: von Bewusstseinsabsenz ist unserem Bewusstsein notwendig eingeschrieben.

II

Lacan analysiert die von Freud aufgewiesenen Theorien mit dem Instrumentarium des linguistischen und anthropologischen Strukturalismus seiner Zeit. Er kommt so zu der These, dass die unbewusste seelische Aktivität *um* und *mit Hilfe von* Signifikanten organisiert ist. Sie sind als Datenpakete Teilelemente inferentieller Bedeutungsnetzwerke und als Bausteine unserer zweiten Natur sowohl in unsere biologischen Körper eingelassen als auch außerhalb von diesem in seiner Mitwelt allpräsent: in Zeitungen, Ampeln, Werbeplakate, Gedenkstätten etc. Instanzen symbolischer Prägung wie diese legen Bedeutungen, Werte und Normen innerhalb von kollektiven Netzwerken Grund. Gerade deshalb sind unsere seelischen Aktivitäten, wie erwähnt, immer auch Symptomträger eines Anderen, der enigmatisch bleibt. Sie zeigen ihre Effekte, z.B. in Träumen. Aber das heißt im Umkehrschluss nicht, dass sie sich in voll ausgebildete Bedeutungen, Glaubensinhalte, Zwecke oder propositionale Einstellungen entziffern lassen.

Das Unbehagen an diesem Insistieren eines Anderen im Körper kann, wie erwähnt, libidinöse Dimensionen beinhalten. Wir, bzw. etwas in uns (das Andere, das Fremde, das, was in uns mehr ist, als wir selbst), erfährt dann einen paradoxen, weil unseren pragmatischen Lebensinteressen entgegenstehenden Genuss am Leiden der Nichtintegration des geistlosen Produzierens. Dieser Genuss, von Lacan Jouissance genannt (dazu später mehr), steht quer zu unserem durch Antike, Renaissance und Aufklärung geprägten humanistischen Menschenbild. Dort steht das vernunftbegabte Tier für die geordnete Hierarchie seiner Seelenkräfte und nicht für ein verborgenes, sadomasochistisches Genießen seiner Ticks. Wie gesagt, sah Freud diesen Genuss am Leiden u.a. bei „Unfallneurotiker[n]“ (Freud 1982, Bd. III, 241), im Verhalten von mit Traumata aus dem Ersten Weltkrieg gepeinigten Patienten (Freud 1947), wie auch in diversen Formen von Abwehrreaktionen gegenüber den positiven Tendenzen einer Therapie und in verschiedenen Formen des Masochismus am Werk (Freud 1982, Bd. III 341-369). Dass Patienten in Träumen sich wieder und wieder mit Schreckenserfahrungen konfrontierten, widersprach seinem Lustprinzip als Homöostase-Prinzip. Es legt nahe, dass die Psyche durch Orte der Nicht-Verarbeitung aus einer als normal erfahrenen Geist-Welt Beziehung fallen kann, dieselben Orte der Nicht-Verarbeitung aber gleichzeitig als generelle Bedingungen von Subjektivität verstanden werden müssen.

III

Der frühe Freud hat in seiner im Austausch mit Wilhelm Fließ verfassten *Entwurfsschrift* von 1895 unter dem Einfluss der Psychophysik seiner Zeit (vertreten u.a. durch H. v. Helmholtz, G. Fechner und W. Wundt) das Gehirn als Schaltstelle energetisch-libidinös aufgeladener Gehirnströme ausgelegt (Freud 1962a).

Dabei kam er zu der Erkenntnis, dass die interne Baustruktur des Gehirns als Schnittstelle zwischen innerkörperlichen und außerkörperlichen Reizen gar nicht ohne die Konstitution eines Unbewussten als Schattenstruktur der Ich-Funktion auskommen könne. Denn so wie jeder Organismus eine Grenze braucht, die ihm die Individuation ermöglicht, braucht auch das Ich als mentale und immer auch ephemer bleibende

Erfahrung des Selbstseins eine solche im Verhältnis zu diversen von außen und von innen einströmenden Reizen, Eindrücken, Gedanken, Assoziationen und Phantasien. Die Thesen erfahren im VII. Kapitel der *Traumdeutung* eine Konkretion, in dem Freud das berühmte Modell der Psyche als eine Abfolge von Gedächtnisschichten beschreibt. Zwischen diesen finden sukzessive Niederschriften statt, die in Prozessen gegenseitiger Überschreibungen erst einen Bereich der Erfahrung eröffnen (Freud 1986, Bd. II, 512-524). Im Gegensatz zur modernen Neurowissenschaft lag Freuds primäres Interesse für den menschlichen Geist als Verschiebebahnhof aber in der Konzentration auf die Frage, wie die Energieströme mit Übertragungen *in Symbolisierungsprozessen* zu verknüpfen sind. Die Psychoanalyse konzentriert sich auf die symbolische Bezogenheit, in der sich die Ich-Funktion in ihrer Genese verortet bzw. auf die virtuellen und empirischen Welten, die Erfahrungsräume für Selbst-, Fremd- und Wahrheitsbedingungen eröffnen. Und da die Psyche sich verorten *muss*, stellen sich in dieser Bezogenheit weniger Fragen der Lokalisierung neuronaler Gehirnregionen, die für bestimmte z.B. semantische, emotionale oder sensomotorische Fähigkeiten zuständig sind, sondern Fragen von Autorität und Autorisierung.

Die Psychoanalyse ist als Subjektphilosophie also gerade nicht an biologischen Körperprozessen oder naturalistisch zu erklärenden Fähigkeiten zur Verarbeitung von Semantik interessiert. Diese machen, sofern ich beurteilen kann, als Forschungsgegenstände einen Teil der modernen Psychologie und Neurophilosophie aus (Dennett 1991; Churchland 1995; Deacon 1997; Metzinger 2009; Millikan 2019). Vielmehr geht es in der psychoanalytischen Philosophie des Geistes um die Rolle symbolischer Bezogenheit und, daran anschließend, um das, was aus der Geist-Welt Beziehung aufgrund der symbolischen Bezogenheit der Psyche herausfällt. Faktoren wie Familie und Kindheit werden entscheidend, während solche wie Störungen auf neuronaler Ebene, trotz ihres zweifellosen Einflusses auf die Psyche, in den Hintergrund treten. Mit den Worten des amerikanischen Literaturwissenschaftlers Eric Santner gesagt: Psychoanalyse beschäftigt sich mit „biopolitischem Leben" als politischem Leben (Santner 2010, 41).

Wenn wir genauer auf dieses biopolitische (und nicht biologische) Leben schauen, das die Psychoanalyse interessiert, dann sehen wir, dass dieses stark durch das Rätsel seiner Legitimität, durch die Frage nach

Autorisierung im „Rahmen einer sinnvollen Ordnung" (ebd.) bedrängt ist. Und darum soll es im Folgenden gehen.

IV

Freuds vielrezipiertem Lustprinzip zufolge entsteht Unlust durch eine energetische Überladung, die entladen werden möchte und in der Entladung Lust erzeugt. Wenn jemand beispielsweise den Tag über am Schreibtisch gesessen hat, wird er ein Unwohlsein erfahren: eine Stauung von Frust durch zu wenig Bewegung. Das Lustprinzip ist dasjenige, das dem Betreffenden andeutet, aufzustehen und sich zu bewegen. Wenn wir aber währenddessen in einer Oper sitzen, wird das Realitätsprinzip diesen Impuls zurückhalten. Wir werden nicht in der zehnten Reihe aufstehen und uns ein wenig die Beine vertreten. Das Lustprinzip strebt folglich danach Unlust (= übergroße Reizung von Innen) zu vermeiden und das Realitätsprinzip unterwirft die Reizung, wenn möglich, einer kognitiven Filterung. Der Primärprozess ist dem Lustprinzip unterworfen, der Sekundärvorgang dem Realitätsprinzip (Freud 1982, Bd. II, Kapitel VII).

Freud behauptet nun, dass die Psyche des Menschen von frühester Kindheit ihre Reinheit und Unverletztheit dadurch verliert, dass sie immer wieder Erregungsströmen ausgesetzt ist. Mit diesen Prozessen umzugehen, muss erlernt werden. Quellen der Erregung können ihren Ursprung äußerlich (z.B. in den Eltern), aber auch innerlich im Körper haben (Hunger, Durst, sexuelle Triebe). Oftmals produzieren sie Unlust, weil ein Kind z.B. im Säuglingsalter noch nicht wissen kann, warum Unterzucker Schmerzen verursacht. Wir alle kennen Situationen, wo Eltern um ihr schreiendes Kind stehen und es zu beruhigen versuchen. Will es den Ball? Nein. Den Nuckel? Will es aus dem Kinderwagen steigen? Nein, auch nicht. Es schreit immer noch. Ist es krank?

Dabei gibt es immer auch Situationen, die aus der Perspektive des Kleinkindes traumatische Eigenschaften haben. Ein Teller fällt herunter und das Kind fängt aufgrund des Schreckens an zu weinen. Ein Riss in der Matrix des Alltags entsteht: die große Katastrophe. Ein Teller ist kaputtgegangen. Und kurz darauf ist alles wieder gut, vielleicht durch einen hingehaltenen Lutscher, als wäre die Welt gerade nicht von einer Katastrophe verschlungen worden. Oder ein Luftballon platzt. Das Kleinkind ist verstört, wie ein Erwachsener, der gerade einen furchtbaren Verlust erlitten hat. Aber das Kleinkind ist im Gegensatz zu dem Erwachsenen zwei Minuten später nicht mehr verstört. Es lacht, als wäre nichts geschehen. Dem Soldaten, der bei Freud auf der Couch liegt, gelingt diese Spontaneität des Vergessens nicht. Er wacht wiederholt aus Träumen schweißgebadet auf. Man kann ihn nicht von der Wiederholungsschleife der Visionen abziehen, so wie man das Kind beim zerplatzten Luftballon mit einem Lutscher beruhigen kann. Der Erregungseindruck hat die Psyche geschädigt, sie mit sich selbst in Konflikt gebracht. Aber dem Lustprinzip als Homöostase-Prinzip zufolge hat die Psyche kein Interesse an der Rückkehr einer Stresssituation, sondern ganz im Gegenteil an dessen Überwindung. Die Wiederholung eines Albtraums ist dementsprechend sinnwidrig.

Freud entwirft in Anbetracht dieser Paradoxie die These, dass die traumatische Erfahrung von der Psyche nicht symbolisiert werden konnte. „Es wird eine [...] *Gegenbesetzung* hergestellt, zu deren Gunsten alle anderen psychischen Systeme verarmen, so dass eine ausgedehnte Lähmung oder Herabsetzung der sonstigen psychischen Leistung erfolgt" (Freud 1982, Bd. III, 240). In diesem Fall haben wir ein Ereignis, das strikt gesehen keines war. Zuvielheit erdrückt Bewusstsein und versetzt ihm eine Fissur. Es bricht zusammen, kann sich evtl. auch wieder beruhigen, aber die Ursache des Zusammenbruches widersetzt sich der Transformation in eine Erfahrung.

Unabhängig von Einzelschicksalen behauptet nun Freud, dass jedes Trauma durch ein „Zuviel von Anspruch" (Freud 1982, Bd. IV 522) entsteht. Santner spricht in diesem Zusammenhang von „too muchness", einem „konstitutiven ‚Zuviel'" (Santner 2010, 17). Dieses Zuviel von Anspruch illustriert die Tatsache, dass ein Trauma genau dann die Psyche besonders nachhaltig prägt, wenn der verstörende Eindruck von ihr nicht verarbeitet werden konnte und weiterhin nicht verarbeitet werden kann. Auf diesen Umstand war Freud schon in seinen mit Breuer veröffentlichten *Studien über Hysterie* anhand präpubertärer sexueller Übergriffe gestoßen. In dieser Schrift widmen sich die Autoren dem Insistieren eines Fremden in der Psyche aufgrund eines unsymbolisierten Erregungsüberschusses, mit dem die Psyche in einer früheren Lebensphase nicht abschließen konnte. Die Autoren zeigen, wie dieser Überschuss in Latenz verweilen und in einer späteren Lebensphase als traumatisch erfahren werden kann. Bewusstsein erweist sich mit einer Vergangenheit und Zukunft verkehrenden Zeitschleife befangen, wobei es nicht zu verstehen vermag, warum ein Ereignis, das mit der ursprünglich traumatischen

Erfahrung in keiner direkten Kausalbeziehung steht, plötzlich aktiviert werden konnte. In solchen Fehlverläufen überschüssiger Energieströme glaubte Freud eine Erklärung gefunden zu haben für die Bildung neurotischer Symptome und für die entzifferbaren Inhalte unserer Träume.

V

Ein Anspruch, besser: ein Angesprochen-werden verlangt nach Aufmerksamkeit, so wie ein Ruf, der an uns gerichtet ist. Traumata durchbrechen sie. Es gibt keine Erfahrung des Traumas, nur das retrospektive Faktum desselben. Ähnlich wie in den *Studien zur Hysterie* bleibt keine vergessliche Enttäuschung wie beim zerplatzten Luftballon des Kleinkindes zurück, sondern ein „Nicht-Ort", dessen Verdrängung der Psyche erlaubt, trotz dieser Erfahrung, die keine Übersetzung prägt, von Neuem wie ein Computerprogramm zu ‚booten'. Die Katastrophe kehrt dann z.B. in Träumen zurück, wenn die sogenannten Sekundärprozesse mit ihren Verdrängungskräften nachlassen und die von Freud genannten Primärprozesse in den Vordergrund dringen. Dann versucht die Psyche – ähnlich wie in dem Film *Und täglich grüßt das Murmeltier* (*Groundhog Day*, 1993) – von neuem auf die Urszene der Verletzung zurückzugreifen. Wenn diverse Zensurinstanzen im Schlafzustand an Aufmerksamkeit nachlassen, kann die unsymbolisierte Erfahrung als etwas, das weiter inexistiert, hervortreten. In diesem Sinne wirkt das Trauma als ein „zu viel von Anspruch". Es verkörpert einen Exzess von Bedeutung, der nicht in eine inferentialistische, in eine kognitiv verarbeitbare Wertigkeit überführt werden kann. Eine Erfahrung von Bedeutungs- und Reizüberschüssen hat sich der Übersetzung versperrt.

Spätestens ab den 1920er Jahren gewann Freud die Überzeugung, dass keine Deutung eines Traums diesen restlos erhellen bzw. aufklären kann. Die menschliche Psyche wird schlicht und einfach permanent mit einem Zu-Viel an Ansprüchen konfrontiert. Das zu verstehen bereitet keine Probleme: Wir haben Ansprüche an uns selbst, Ansprüche gegenüber unseren Eltern und diversen Institutionen und oftmals können wir diesen nie ganz gerecht werden. Das kann zu unterschiedlichen Reaktionen führen, zum Beispiel zum Träumen, zur Symptombildung und zu Freud'schen Versprechern; in seltenen Fällen zu schweren psychischen Leiden.

Die meisten dieser Ansprüche, die an uns gerichtet werden, sind nicht eruptiv traumatisch. Kaum jemand wird von sich behaupten, dass seine Kindheit eine Aneinanderreihung von Traumata war. (Und doch mag es so etwas geben.) Insofern ist klar, dass viele der Ansprüche, die an uns gerichtet werden, nicht eruptiv überfordernd, sondern Teil desjenigen Trainingsprogrammes sind, das Freud, stark vereinfacht gesagt, den Ödipuskomplex nennt: die Unterwerfung einer Psyche unter Normen und Werte, für die das Kind niemals die Quelle war. Und dennoch hinterlassen Anrufungen innerhalb dieses Trainingsprogramms bis zu einem gewissen Anteil immer auch ihre teils enigmatischen Spuren.

Ein Denker, der diesen Spuren präziser als Freud vor dem Hintergrund ihrer enigmatischen Eigenschaften untersucht hat, ist Jean Laplanche (2005). Sein Werk ist ausgerichtet auf das Konzept des „rätselhaften Signifikanten“ (Laplanche 1993), dessen Gehalt am Ende dieser Vorlesung betrachtet werden soll.

Laplanche erkennt, dass die innere Fremdheit des Subjekts, die wir das Unbewusste nennen, wesentlich das Ergebnis der traumatischen Begegnung mit dem ist, was er die rätselhafte Präsenz des Begehrens eines Anderen nennt (Laplanche 2005, 30). Dieser Andere ist in der Instanz der Eltern verkörpert. Denn wenn Eltern ihr Kind versorgen, ist dieser Versorgung ein Begehren der Eltern beigesetzt, das vorerst nicht zu entziffern ist. Das Kleinkind begreift noch nicht, was an seiner Gesundheit gut oder warum Schlaf nötig sein sollte. Es ist vorerst nur ein nahezu bewusstloser Organismus, der seine eigenen Bedürfnisse auf einer noch rein motorischen Ebene befriedigt. Als solcher wird er trotzdem von den nebulös bleibenden Instanzen seiner Erziehung angerufen, z.B. in den zahlreichen taktilen Umgangsformen mit dem Körper: streicheln, drücken, liebkosen, nähren, etc. Laplanches Analysen fokussieren auf die Qualität der Rätselhaftigkeit, die sich inner-psychisch beim Kind im Erfahren dieser Umgangsformen entfaltet. Das Kleinkind lernt auf die Begehren und Anrufungen der Eltern in Übertragungsprozessen zu reagieren und sich dazu zu verhalten.

Ich durfte das z.B. vor einigen Wochen beim Kind einer befreundeten Familie beobachten. Ärzte vermuteten eine motorische Schwäche, die nicht entwicklungsgemäß sei. Das führte dazu, dass die Eltern über einige Wochen hinweg mit Sorge auf dieses Kind schauten. Und auch wenn das Kind nicht weiß, was es heißt, motorisch zurückgeblieben zu sein, so liegt doch unabhängig davon die Vermutung nahe, dass es von den Sorgen seiner Eltern in Prozessen der Übertragung Botschaften erfährt. Ausdrucksformen von Autorität in Kombination mit Fürsorge und Sorge begegnen hier der Psyche des Neugeborenen in Gestalt von Rätseln. Was wollen meine Eltern von mir? Warum schauen sie mich verängstigt an? Ich behaupte nicht, dass Kleinkinder in den ersten Lebensmonaten zu solchen Fragen kognitiv in der Lage sind. Dennoch mögen Erinnerungsfetzen in späteren Entwicklungsphasen zu innerpsychischen Deutungen dieser Art beitragen und von der Zukunft aus die nicht erlebte Vergangenheit einer retrospektiven Deutung unterziehen. Eventuell lernt es dann etwas über die Blicke seiner Eltern, die vielleicht über viele Jahre zu ängstlich, und daher auch zu rätselhaft waren, retrospektiv verstehen.

Laplanche erwähnt in diesem Zusammenhang speziell die Mutterbrust, weil sie als ein besonderes Organ der Fürsorge für den Säugling das Medium der Anrufung sein kann. Sie ist im lebensnotwendigen, nährenden Austausch des Stillens eines Kindes in der Lage, einen Mehrwert kindlicher Sexualität abzusondern, „[d]enn die Brust ist nicht nur ein Organ, das dazu bestimmt ist, das Kind zu ernähren, sondern auch ein sexuelles Organ [...] im sexuellen Leben der Frau" (Laplanche 2005, 30). In ihr drängen sich rätselhafte Botschaften auf, die „mit einer ihr [der Frau] selbst unbekannten Lust geladen ist, die sie unmöglich identifizieren kann" (Laplanche 1988, 103).

Laplanche spricht im Rückgriff auf Freud von einer „Urszene" der Geburt der Sexualität. „Es gibt vorrangig den Anderen, der sich an mich richtet, mich anredet, den Anderen, der etwas ‚von mir will'" (Laplanche 2005, 31) aus dem verstörten Geiste fundamentaler Abhängigkeit, der gleichzeitig die frühkindliche Sexualität mit einem interrogativen Kern versetzt. Diese Urszene rätselhafter Abhängigkeit (z.B. durch die Mutterbrust) versetzt für ihn die frühkindliche Sexualität mit einem „interrogativen Kern" (Santner 2010, 47). Was will der Andere von mir, der mich nährt? Was ist sein Begehren? Was sieht er in mir? Laplanche spricht von einem präkognitiven „Drama der Legitimation" mit konstitutiven Folgen und Funktionen für die menschliche Subjektivität. Er verweist auf eine Korrelation zwischen der Sexualität und der Konfrontation mit der Frage, wo der einzelne Mensch verortet ist im Begehren eines Anderen, z.B. des Versorgers.

Der Begriff des rätselhaften Signifikanten kommt Laplanche zufolge dem Freud'schen Begriff des Wahrnehmungszeichens entgegen. Freud erwähnt ihn in einem Brief an Wilhelm Fließ vom 6. Dezember 1896 zur Markierung eines binnenpsychischen Ortes erster proto-subjektiver Wahrnehmung. Wahrnehmungszeichen stehen für die „erste Niederschrift der Wahrnehmungen, des Bewusstseins ganz unfähig" (Freud 1962b, 151). Freud hätte daraus mehr machen können, so Laplanche, da er Wahrnehmungszeichen primär in ihrer indexikalischen Funktion zur Bestimmung eines Sachverhalts auslegt. Wird aber gerade das Zeichenhafte an Wahrnehmungszeichen betont, dann geben sie „Zeichen in einem doppelten Sinn: Sie nehmen den Wert von Zeichen an, und zwar weil sie, vom Sender hervorgehoben, an Ego gerichtet sind, Ego anreden" (Laplanche 2005, 27).

Die Fragen von Anrufung und nach unserer Abhängigkeit vom Begehren des Anderen werden nicht erst für uns bedeutsam, wenn wir in den Kindergarten, zur Schule oder zur Arbeit gehen. Sie betreffen uns als Subjekte spätestens von Geburt an. Freud zufolge sind „Wahrnehmungszeichen" als Ur-Token am Ursprung der Genese unseres Bewusstseins nicht zu erinnern. Am Bewusstseinsursprung schließen „Bewusstsein und Erinnerung [...] sich nämlich aus" (Freud 1962b, 151). Es braucht unbewusste Niederschriften als Bedingung von bewussten Niederschriften. In ihnen ist der Andere immer schon präsent. Bereits als Säugling sind wir als Subjekte eingebunden in Begehrensformationen, die unser Unbewusstes mitprägen. Die grundlegende Situation ist Laplanche zufolge die Konfrontation eines Einzelnen „mit vom Erwachsenen ausgehenden Signifikanten", die zwar mit der Befriedigung existentieller Bedürfnisse in Verbindung stehen, darüber hinaus „aber die Potenzialität, die rein potentielle Frage von weiteren – sexuellen – Botschaften in sich tragen. Diese rätselhaften Botschaften zeitigen eine schwierige, ja unmögliche Arbeit der Bewältigung und Symbolisierung, die notwendigerweise unbewusste Reste, *fueros*, wie Freud sagte, zurücklässt: das, was wir die *Quellobjekte* des Triebes nennen" (Laplanche 2011, 162).

In seiner existentiellen Abhängigkeit von seinen Fürsorgern ist der Säugling notwendig in diesen Strom von Übertragungen eingebunden. So wird das Kleinkind auch dann schon mit einer Fülle von Signifikanten konfrontiert bzw. „gefüttert", wenn diese vorerst nur als Geltungen, nicht als Bedeutungen zugänglich sind. Die Rede von „Quellobjekten der Triebe" (Laplanche 1988) bezeichnet die Daueranstrengung der Übersetzung aufgrund einer nicht einmal von den Fürsorgern selbst zu verbürgenden Gewissheit dessen, was sie im Kind begehren. Die Psyche des

Kleinkindes gleicht auf dieser Ebene nahezu dem anthropologischen Feldforscher, von dem Willard V. O. Quine in *Wort und Gegenstand* spricht (Quine 1986, §§ 7-8). Der Forscher versucht gegenüber dem Eingeborenen eines unbekannten indigenen Volksstammes das Wort „Gavagai" zu übersetzen. Wie Quine aber offenlegt, ist eine ‚richtige' Übersetzung nie möglich. Quine bemüht das Beispiel zur Veranschaulichung seiner These von der „Unbestimmtheit der Übersetzung" zwischen Sprachen, aber auch als Beispiel für die immer überdeterminierte, nie kognitiv in klare Hierarchien von Bedeutungsclustern zu ordnende Beziehung zwischen Geist und Welt. Und so wie Quines Feldforscher nie sicher sein kann, in seinen Übersetzungsleistungen alle epistemischen Reste zwischen sich und den Vertreterinnen der fremden Kultur aufzulösen, so kann auch Freuds Kleinkind nicht wissen, was sich in den „rätselhaften Botschaften", die taktil und sprachlich zugleich sind, an Sinn und ontologisch Bedeutungs- bzw. Verhängnisvollem verbirgt.

Laplanche spricht im Vokabular Saussures von „Signifikanten" bzw. „rätselhaften Signifikanten". Signifikanten sind Bedeutungs- bzw. Konzeptträger aller Art. Ein Stopp-Schild ist ein Signifikant, da es das Konzept „Halt, sonst Strafe!" verbürgt. Für das Kleinkind gehen von Eltern immer Signifikanten aus und zwar auch dann, wenn es diese noch nicht zu entziffern vermag. Dann besteht zwar die Arbeit der Erziehung primär darin, dem Kleinkind beizubringen, wofür Bedeutungsträger stehen und es deshalb auch zu einem alltäglichen Konzept wie „Mittagessen" gehört, dieses nicht auf den Boden zu werfen etc.; darüber hinaus wird aber in solchen intersubjektiven „Mehrwerte" erschaffenden Produktionsprozessen (um einen marxistischen Terminus zu gebrauchen) immer auch ein inhaltlicher Überschuss übertragen. Der Eintritt in die Sozialstruktur ist also nur begrenzt an die Ausbildung unserer kognitiven Fähigkeiten im Umgang mit Hierarchien von inferentiell verzweigten Begriffen und ihren semantischen Rollen in Praktiken gebunden, wie es klassische Subjektphilosophien von Kant bis Rainer Forst thematisieren. Primär ist er durch die Unbestimmtheit der Übersetzung in Anbetracht der aufdringlichen Fremdheit der/des Anderen und der Rezeption von Wahrnehmungszeichen geprägt. Die Psychoanalyse legt so nahe, dass wir den Eintritt in die sozio-symbolische Ordnung als einen verstehen sollten, der nur über die Begegnung der inneren Fremdheit des Anderen zustande kommt. Diese Begegnung löst ihrerseits Erregungen qua Übertragungen von „Quellobjekten" (Laplanche 1988) aus. Das Ergebnis ist eine Subjektivität, die als eine durch lückenhafte Übertragungen geprägte Form der Selbstreflexivität ihr nie ganz einsichtig werdendes Schicksal des Begehrens hat. Subjektivität ist sich selbst gegenüber unbestimmt, weil unbewusste Übertragungen fremder Begehren am Grund unserer individuell idiosynkratischen Bewusstseinsform liegen. Santner spricht in diesem Zusammenhang vom „Untoten“ bei Freud (Santner 2010, 50), womit er auf Freuds Konzept des Todestriebs aus *Jenseits des Lustprinzips* Bezug nimmt. Žižek zufolge steht der Todestrieb bei Freud als *„verschwindender Vermittler* zwischen Natur und Kultur“ (Žižek 1994, 220). Er verweist auf „das Subjekt vor seiner Subjektwerdung“ in der Form einer „reinen Negativität [...] dem seine Umkehrung zur Identifikation mit irgendeinem neuen Herrensignifikanten vorausgeht“ (Žižek 2001, 219). Santner schließt indirekt an diese Interpretation an. Seine Rede vom „Untoten“ verweist auf die nicht zu besänftigende Fremdbelebung unserer Begehren, die uns auf Abwege verpasster Lebensfülle führen kann. Dies steht dem oftmals mit dem Begriff des Todestriebs assoziierte Zurücksinken in die unbelebte Materie diametral entgegen. Todestrieb erweist sich als Lebenskraft, wenn auch mit destruktiven Eigenschaften.

Ich fasse meine Ausführungen noch einmal zusammen: Aus der Begegnung des Kindes mit dem Begehren des Anderen entfaltet sich ein Drama der Legitimation. Freud verweist auf die daraus entspringende unheimliche Lebendigkeit unseres psychischen Lebens als Erster. Er beschreibt es als Insistieren von etwas, das durch Fremdbegehren unserer Ich-Funktion inhäriert und uns selbst dann noch Genuss zu bereiten vermag, wenn wir darunter leiden. Das von Freud benannte „Unbehagen in der Kultur“ ist somit auch ein Unbehagen in und an uns selbst. Laplanche weist in seiner Weiterentwicklung von Freuds Forschungen darauf hin, dass sich zusätzlich zu unserer kognitiven Integration in soziale Verhältnisse eine um enigmatische Signifikanten sich drehende existentielle Integration beigesellt. Das Unbewusste gleicht als Hort von Wahrnehmungszeichen, enigmatischen Signifikanten und Verdrängungen keinem Archiv. Es steht nicht für ein ehemals Bewusstes, an das wir uns nicht mehr erinnern können. Das Unbewusste ist vielmehr etwas, „was aus der bewussten Erfahrung herausgefallen ist“ (Laplanche 2004, 18) und als solches nun als Bedingung der Möglichkeit von Erfahrungen fungiert. Es steht für das, was „dem Reich der wohlgeordneten Erinnerungen entkommen ist. Das Unbewusste ist [...] keine Erinnerung: es ist eine ‚Reminiszenz‘“ (ebd.).

2. Freud und Kant: Illusionen der Psyche / der Vernunft

3. Vorlesung

I

Die Psychoanalyse Freuds entwickelt ihre Konzepte im Bestreben, für psychische Leiden nachvollziehbare Begründungen als Bedingungen der Möglichkeit von Heilung anzugeben. Mit Bezug auf neurotische Störungen, deren Quelle z.B. in einem Trauma liegt, wird dann beispielsweise untersucht, warum eine traumatische Erfahrung nicht vergessen werden kann. Schließlich widerspricht die Wiederholung einer Stresssituation (z.B. im Albtraum) dem Lustprinzip, das Freud als Homöostaseprinzip grundlegt. Freuds Erklärung postuliert in diesem Zusammenhang psychische „Energiequantitäten" (Freud 1962a), die das Bewusstsein überforderten und nicht verarbeitet werden konnten. Eine innerpsychische Abspaltung dieses Unverarbeiteten führt dazu, dass die bewusstseinsinterne Verarbeitungsmaschinerie psychischer und auch libidinöser Energieflüsse gestört ist. Die traumatische Erfahrung konnte nicht Teil einer das Bewusstsein prägenden Erfahrung werden. Nun kehrt sie aufgrund mangelnder Verarbeitung – bzw. mit Lacan gesagt: mangelnder Übersetzung in die „Ordnung der Signifikanten" (Lacan 1991e, 26)– zurück.

Überschüssige „Energiequantitäten" sind nicht nur bei Trauma-Patienten bedeutsam. Die Psyche muss generell auf energiegeladene Eindrücke, die von außen und von innen auf sie eindringen, reagieren. Psychische Vorgänge sind Energieverschiebungsprozesse von Quantitäten, wobei Lust- und Unlusterfahrungen zu Leitungswiderständen, Assoziationsverknüpfungen und letztlich zum Realitätsprinzip in der Ablösung des Lustprinzips führen. Die Psyche muss zwischen Reizeinflüssen von innen (Triebe, Instinkte, Gefühle wie Hunger und Schmerzen) und von außen einen Kompromiss finden, so dass weder das Innenreich innerpsychischer Begehren völlig der Außenwelt geopfert, noch die intersoziale Außenwelt normativer Ansprüche von der Innenwelt dominiert wird. Die gerade erwähnten Außeneindrücke können beim Kleinkind die Worte der Eltern sein, die es noch nicht versteht. Und der Inneneindruck mag ein Hungergefühl oder ein sexuelles Begehren sein, das durch Energiestaus und verhinderte Abfuhr körperlichen Stress erzeugt. Die Vielheit energetischer Eindrücke, die innerpsychische Verarbeitungen verlangen, können nie von der Psyche restlos kognitiv metabolisiert, d.h. verarbeitet werden. Auf diesen Umstand hat, wie wir sahen, Jean Laplanche hingewiesen. Es gibt notwendig enigmatische Signifikanten, die unverstanden im mentalen und physischen Kontakt als Botschaften der Anderen aber auch als Botschaften des eigenen Körpers zurückbleiben und ihre Spuren hinterlassen. Spuren dieser Art prägen eine Bewusstseinsschicht, die als das Andere im Ich die Grundlage des Unbewussten bildet. Wie aber schon in der Vorrede angedeutet, ist dieses Unbewusste kein substantielleres Selbst hinter unserer Ich-Funktion. Es muss vielmehr als Teil, der kein Teilelement eines Allgemeinen ist, definiert werden. Aus einem intersubjektiven Raum zwischenmenschlicher Ordnungs- und Bedeutungstaxonomien fällt es heraus. Das Unbewusste ist nicht als Archiv, Keller oder ähnliches mißzuverstehen, in dem Verdrängungen wie auffindbare Leichen liegen. Wie Freud u.a. in *Das Ich und das Es* verdeutlicht, löst seine Eigenschaft, ein Teil zu sein, der keinen Anteil hat, die Bestimmtheit klar definierter psychointernen Grenzen auf (Freud 1982, Bd. III 295). Es wird so zur Quelle nicht verarbeitbarer Überschüsse, die aus dem Destillierungsprozess der Subjektwerdung entstehen und zurückbleiben. Dieser Destillierungsprozess ist notwendig, damit aus einem primär vegetativen Organismus ein *urteilsfähiger* wird, dessen zweite Natur die erste überschreibt und in derselben Bewegung letztere erst in einer retrospektiven Verursachung als „erste" entstehen lässt.

Die oben erwähnten Eindrücke, zu denen die Worte der Eltern gehören, können als unverarbeitete Restbestände wiederholt in unsere Geist-Welt Beziehungen aufscheinen, und so unerwartete Erfahrungen von Fremdheit in unserem Selbst- wie in unserem Welt-Verhältnis auslösen. In diesem Fall durchkreuzen oder stören sie die Berechnungsketten des Allgemeinen sowohl in philosophietheoretischen Auslegungen von Fakten als auch in der philosophiepraktischen Auslegung dessen, was gemeinhin in Anlehnung an Aristoteles als „das gute Leben" angezielt wird.

Wie erwähnt, interessiert Jean Laplanche dieser Umstand im Frühstadium der kindlichen Entwicklung. Der menschliche Organismus ist hier gerade aufgrund seiner lange anhaltenden Abhängigkeit von Instanzen der Sorge und Ernährung in einem andauernden Verarbeitungsprozess von inneren und äußeren Reizen. Muster der visuellen Erkennung müssen ebenso trainiert werden, wie Bedürfnisvermittlungen und Reaktionen auf Begehren anderer. Dort, wo Eindrücke bzw. Energiequanten mit ihren bedeutsamen aber unverstandenen ‚Restbeständen' besonders tief in der Psyche Spuren hinterlassen, können sie unter anderem neurotische Symptome zeitigen: Angstattacken, Phobien, psychosomatische Reaktionen. Symptome dieser Art stehen in solchen Fällen für das Insistieren eines Nicht-Geistigen, das die Psyche einst überfordert hatte und seither latent auf sie einwirkt. Solche Fehlfunktionen können rein biologische Ursachen haben, z.B. Störungen auf der Ebene neuronaler Botenstoffe wie Serotonin oder Dopamin, die die Psychologie und Psychiatrie untersucht. Die Psychoanalyse sieht demgegenüber ihre Aufgabe in der Ergründung von Symbolprozessen in der Genese von Subjektivität, statt in der neuropsychologischen Analyse von Botenstoffen des Gehirns. Das heißt nicht, dass geistige Störungen keine biologischen Ursachen haben können. Im Gegenteil: Neurotische Ticks sind ohne ihre biologischen Ursachen nicht erklärbar. Aber für die Psychoanalyse können die biologischen Aspekte ihrerseits Folgen geistiger (und d.h. in symbolischen Vermittlungsprozessen entstandener) Ursachen sein.

Freud thematisiert in *Jenseits des Lustprinzips* eine solche Überforderung der Psyche am Beispiel seines anderthalbjährigen Neffen (Freud 1982, Bd. III 224-225). Im Gegensatz zu seinen und Breuers *Studien über Hysterie* zeigt er dort nicht, wie die Psyche durch eine Art traumatischer Kleinstverletzung eine symptomähnliche ‚Delle' davonträgt, die nach einer Latenzzeit ausbricht. Er zeigt eine gegenteilige Erfahrung: Wie es der Psyche gelingen kann, sich über eine Erfahrung von Negativität hinweg durch den Sprung auf eine symbolische Ebene, d.h. auf die Ebene semantischer Zeichenverwendung hinwegzuhelfen. Was er beobachtet, ist von mehreren Freud-Interpreten als Allegorie einer Ursprungsszene kultureller Leistung des Menschen beschrieben und als eine Form der Kompensation mit Negativitätserfahrungen charakterisiert worden. Ganz konkret geht es um die Fähigkeit seines anderthalbjährigen Enkels, der sich über die Abwesenheit seiner Mutter mit dem Spiel mit einer Bindfadenspule hinwegzutrösten versucht. Der Umgang mit der Spule ist spielerische Wiederholung des als unangenehm erlebten Fortgehens der Mutter. Das Kind wurde vom Verlust seiner Mutter sozusagen „passiv" getroffen und reagierte darauf mit einer kulturellen Kompensation. Freud schreibt: „Es war im Zusammenhang mit der großen kulturellen Leistung des Kindes, mit dem von ihm zustande gebrachten Triebverzicht (Verzicht auf Triebbefriedigung), das Fortgehen der Mutter ohne Sträuben zu gestatten. Es [das Kind] entschädigte sich gleichsam dafür, indem es dasselbe Verschwinden und Wiederkommen mit den ihm erreichbaren Gegenständen selbst in Szene setzte“ (Freud 1982, Bd. III, 225).

Der amerikanische Philosoph Jonathan Lear vertritt mit Bezug auf Freuds Entfaltung des „Fort-Da-Spiels“ die Meinung, dass es der Psyche gelingt, sich in Stresssituationen selbst zu unterbrechen. Das Kind überwindet einen Abgrund der Negativität durch eine Spielsituation auf symbolischer, d.h. zeichenvermittelter Ebene. Gegenüber der enigmatisch wirkenden Abwesenheit der Mutter ersteht eine symbolische Beruhigungsstruktur. Lear: „Wenn wir versuchen, die Sichtweise des Kindes zu respektieren, können wir nicht einmal sagen, dass das Spiel durch den Verlust ausgelöst wird. Denn erst wenn das Spiel etabliert ist, wird das Kind anfangen, ein Konzept von Verlust oder Abwesenheit zu haben. Erst dann wird der Verlust zu einem Verlust für das Kind. Es hatte sich in einem weniger differenzierten Feld von ‚Mutter und Kind‘ aufgehalten: Es ist dieses Feld, das durch die Abwesenheit der Mutter gestört wird“ (Lear 2000, 92).

Lear zufolge war die ursprüngliche Erfahrung der Negativität im eigentlichen Sinne keine Erfahrung, da sie keinen symbolischen Ausdruck fand. Erst mit der Eröffnung des Spiels, der Spule als Signifikant, als Stellvertreter für die absente Mutter, bekommt Negativität symbolische Bedeutung durch das Spiel von Anwesenheit und Abwesenheit. Aber diese Bedeutung ist nicht die Erfahrung der Negativität vor dem Spiel. Diese Erfahrung ergibt sich retrospektiv durch das Spiel.

Freuds Interesse am „Fort-Da“-Spiel seines Enkels spiegelt sein Interesse für Ursprungserzählungen von Kulturen und deren Umgang mit symbolträchtigen Archetypen, die als Teil kollektiver Strukturen des Unbewussten menschliche Vorstellungsmuster und Handlungsoptionen vorprägen. Er sieht darin einen analogen Umgang von Kulturgemeinschaften mit einer vor-historischen Stresssituation zum Ausdruck gebracht. Diese Situation kann erst als solche durch die Symbolisierung kognitiv eingeholt werden. Das betrifft nicht nur antike Kulturen. Auch mit Bezug auf unsere Zeit kann man behaupten, dass zahlreiche Riten auf der Ebene reiner Beschreibung genau das sind, was Freuds Enkel vollzieht: eine Bewältigung von Kontingenz durch Ritualisierung, indem Kontingenz in ein Spiel der Symbole eingeholt wird. Das geschieht auf Kosten des ursprünglichen Stresses in seiner traumatischen, unaussprechlichen Dimension, der nun nicht mehr zugängig ist. Die Holocaust-Gedenkrezeption mit ihrem weitverbreiteten Hang zum Sentimentalismus in Film, Fernsehen und Literatur ist dafür beispielhaft. Ritualisierung macht das angeblich Unbegreifliche gefühlsmäßig erfahrbar, und doch wird es der ursprünglichen Grausamkeit als empirisches Faktum, wie auch der politischen Realität, die zur Grausamkeit führte, nicht gerecht. Das Ritual macht alle Beteiligten formal zu den „besseren Menschen".

Dieser Mechanismus spiegelt sich in der die Kulturwissenschaften umtreibenden Schwierigkeit, den Umschlag von einem grausamen und unmoralischen Naturzustand zum Kulturzustand hinreichend zu bestimmen. Denn sobald Kultur da ist, ist der chaosanaloge Naturzustand nur noch von ihr aus zugängig. Er kann nur vom Kulturzustand aus (als verkannter) benannt werden. Das mag auch erklären, warum aus Mangel eines transparenten Übergangs vom Natur- zum Kulturzustand in vielen Kulturen die phantasmagorisch romantisierte Vorstellung vom Naturzustand als Paradies entspringt. Der Verlust am Ursprung ist kein klar historisch zu datierendes Ereignis, sondern entsteht erst nachträglich als Effekt einer symbolisch-politisierten Ordnung, die aufgrund ihrer Unmöglichkeit sich abzuschließen sich immer wieder von Krisen wie von Rückfällen in den Naturzustand als bedroht erfährt. Was verloren wurde, der Naturzustand, das Paradies, entsteht als Phantasie zur Kompensation eines Mangels an Bedeutung im Kulturzustand.

Das Spiel mit der Holzspule steht bei Freud als Allegorie dafür, wie der Mensch mit einer vor-historischen Stresssituation umgehen kann, so dass daraus ein spielerischer und symbolischer Umgang mit Negativerfahrungen (der verlustig gegangene Ursprung) wird. Freuds Enkel findet einen Weg, das Übermaß negativer Erregung auf einen Signifikanten zu übertragen. Man könnte daher auch sagen, Freuds Enkel entdeckt unter dem Einfluss einer kleinen Katastrophe die *Macht einer Fiktion*. Das Kind betritt einen sich erweiternden Sinnhorizont, in welchem von jetzt an nicht mehr ausschließlich die Differenz von Mutters An- und Abwesenheit den Gefühlshaushalt des Kindes regiert. Von nun an kann die An- und Abwesenheit der Mutter rituell nachzelebriert werden. Die neu symbolisch vermittelte Lebensform ist weiterhin von einer Spur der Abwesenheit (der Spule als Signifikant) markiert. Was jedoch zuvor nur eine schmerzhafte, diffuse Erfahrung von Negativität war, erfährt nun Kontrolle durch das Kind.

II

Das Spiel mit der Spule stellt den Verlust der Mutter als ritualisierte Kompensation nach. Was jedoch nicht repräsentiert ist, ist die ursprüngliche Notsituation, die das Kind dazu bewogen hatte, das Symbol als Sublimierungsmuster zu kreieren. Pointiert gesagt basiert die symbolische Ordnung selbst auf einem Unbenannten, einer Kluft, einer inhärenten Krise. Eric Santner beschreibt diesen Umstand mit Bezug auf Freuds Enkel wie folgt: „Die Lebensform, die das Kind nun bewohnt, wird von der Spur eines fehlenden Bindegliedes/Links heimgesucht, dem Fehlen eines Signifikanten für das anfängliche Trauma, der Namenlosigkeit des Risses im Gewebe des Lebens, der die kreativen Fähigkeiten des Kindes überhaupt erst hervorgerufen – erregt – hat“ (Santner 2011, 71).

Das passt zur Diagnose, die Jonathan Lear fällt: „Der Name des Verlustes erfordert das Spiel des Verlustes. Es erfordert die Erfindung von Möglichkeiten, mit dem Verlust zu leben, den man gerade benannt hat. Sobald das Spiel etabliert ist, sobald das Kind seinem Verlust mutig gegenübertreten kann, sobald der Verstand nach dem Lustprinzip funktionieren kann, wird die Frage nach dem, was darüber hinaus (oder davor) liegt, überdeckt. Was ausgeblendet wird, ist der nichtteleologische Anlass für Mut: die Störung des Lebensgefüges, auf die Mut nur eine entsprechende Antwort sein kann“ (Lear 2000, 95). Mit anderen Worten: Das Fort-Da Spiel zeigt die Leistung der menschlichen Psyche auf einer rudimentären Ebene in einem Zusammenspiel von Kognition, symbolischer Stellvertretung, Sprache und Kontingenzbewältigung. Das Kind meistert Kontingenz, indem es die symbolische Ordnung eröffnet. Ein idealer Umgang von Ab- und Anwesenheit entsteht, der auf einer von jetzt an verdrängten Negativitätserfahrung aufruht.

Dieser Gedanke ist für den weiteren Verlauf der Argumente wichtig, da der von Freud aufgewiesene Funktionsmodus der menschlichen Psyche bei seinem Enkel – die Bewältigung von Kontingenz durch den Aufriss einer kleinen symbolischen Welt – auf einer höheren Abstraktionsebene auch bei Immanuel Kant als Funktionsmodus der menschlichen Vernunft gefunden werden kann. Kant zufolge kann sich für uns Menschen nur dann eine Welt verstandesorientierter Erscheinungen aufbauen, wenn sie von vernunftinternen Phantasien, „Ideen“ genannt, mitgetragen wird. Dann werden zwar in den Ideen (Seele, Welt, Gott) keine Gegenstände erkannt, da jeder Versuch dazu die Vernunft in Paralogismen (Trugschlüsse) oder in Antinomien verwickelt. Und doch erweisen sie sich als phantasmagorische Formalbedingungen unseres Tatsachen erkennenden Bewusstseins. Sie geben dem Reich des bloßen Verstandes eine von diesem Reich selbst nicht zu begründende Systematik vor. Ohne diese wäre die Fülle wissenschaftlicher Erfahrungen ein einziges Chaos. Keine Hoffnung würde uns antreiben, überzählige Vielheiten und Vielheiten von Vielheiten in Ordnung und Harmonie zu überführen.

Aber Kant entfaltet neben den Ideen auch noch eine andere Wirklichkeit konstituierende Phantasie, und zwar in seinem Konzept des „*focus imaginarius*". Er führt den Begriff vor dem Hintergrund seiner Überzeugung ein, dass die uns umgebenden Phänomene uns nur dann als zu erkennende begegnen können, wenn sie Teil einer zu ergründenden Welt *im ganzen* sind.

Man kann sich den *focus imaginarius* auch wie den Konstruktionspunkt bei einer architektonischen Zeichnung vorstellen. Dieser Punkt liegt entweder innerhalb oder außerhalb der Zeichnung als Fluchtpunkt aller horizontalen und vertikalen Linien. Er hilft dem Zeichnenden, die auf dem Bild gezeichneten Objekte harmonisch gemäß ihren Proportionen zueinander in ein gegenseitiges Wechselverhältnis der Stimmigkeit zu bringen.

Kant behauptet nun, dass unser Geist diesen Fiktivpunkt als Ziel unserer Erkenntnisbezüge in einer Welt annehmen muss, damit diesem überhaupt eine Welt als eine potentiell zu ordnende Entität begegnet. Die Idee des *focus* gibt folglich unserem erkennenden Verstand eine Ausrichtung auf ein Ziel „in Aussicht auf welchen die Richtungslinien aller seiner Regeln [die Regeln unseres Verstandes, die uns befähigen etwas zu erkennen] in einem Punkt zusammenlaufen, der, ob er zwar nur eine Idee (focus imaginarius) [ist...] außerhalb der Grenzen möglicher Erfahrung liegt, dennoch dazu dient, ihnen [d.h. unseren Erfahrungen] die größte Einheit zu verschaffen" (Kant 1902-, AA Bd. III, A 644/B672).

Wie Petra Bahr aufgewiesen hat, entlehnt Kant den Begriff *focus imaginarius* der Bildtheorie, genauer dem zentralperspektivistischen Bildkonzept. Bahr schreibt: „Der *focus imaginarius* ist jener unsichtbare Fluchtpunkt, an dem sich alle Gegenstände in die richtige Proportion zueinander stellen lassen und der in ikonographischen Analysen künstlich in ein Bild eingetragen wird, um dessen unsichtbare Ordnungsstruktur offenkundig werden zu lassen" (Bahr 2004, 249).

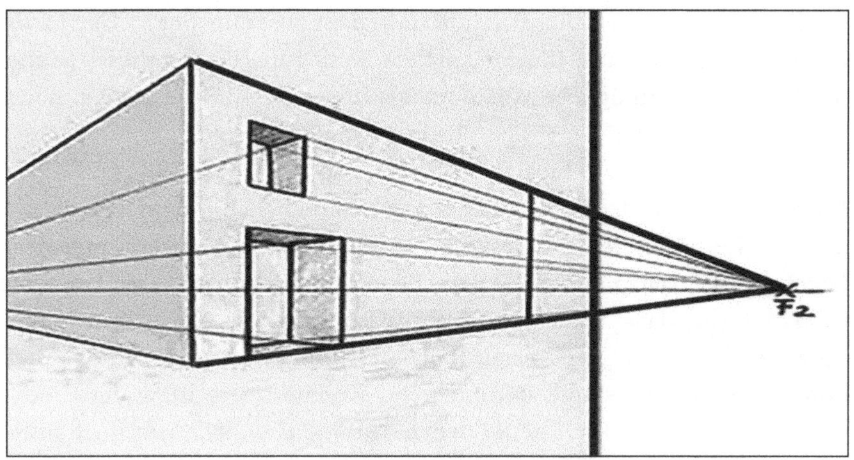

Kant benutzt den Begriff also, um deutlich zu machen, dass unser Verstand auf eine Art Erkenntnisfluchtpunkt hin ausgerichtet ist, und zwar auch dann, wenn dieser nur eine Fiktion ist und außerhalb der Grenzen möglicher Erfahrung liegt. „Die Illusion, die sich so erzeugt, erweckt den Schein, als ob das Ziel totaler Erkenntnis 'objektiv' vorstellbar wäre“ (ebd.). Der *focus* erzeugt einen Umschlagpunkt, in dem die Vernunft sich selbst als Totalität erblickt. Dieser notwendige Schein ist das Ergebnis einer Reflexion und die „Idee der Totalität ist ihr Selbstportrait“ (Kaulbach 1990, 74). Der *focus imaginarius* ist nicht konstitutiver Teil eines Gemäldes, aber in der Konzentration auf diesen unsichtbaren Fluchtpunkt entsteht allererst eine in Proportionen stimmige Gesamtheit von Welt. Trotz des Umstands, dass er bloß imaginiert ist, ist er doch für die Erfahrung von Seiendem unabdingbar.

Kants Theorem ist hier erwähnt, um die Bedeutung eines *transzendentalen Scheinens* offenzulegen. Kant entwickelt die Idee einer regulativen Täuschung, mit der er auf die Widerlegung des Skeptikers und dessen Überzeugung, der Begriff „Welt“ sei sinnlos, zielt. Kant legt uns zu denken nahe, dass die Welt sehr wohl ein großes Blendwerk sein mag, d.h. ein Chaos von Vielheiten, die nie zu ordnen und in ein kohärentes Weltbild zu bringen ist. Aber die Illusion einer totalitären Welt sei dennoch „gleichwohl unentbehrlich notwendig“ (Kant 1902-, AA Bd. III, A 645/B 673). Oder etwas komplexer ausgedrückt: Die Totalitätsillusion einer Welt unterstellt als Noumenon einen Sinn im Mannigfaltigen der Phänomena. Das Mannigfaltige kann für uns deshalb in den Blick geraten, weil die Illusion einer Welt diese Mannigfaltigkeit zusammenhält. Der *focus* ist eine transzendentale Illusion, die als Bedingung die Syntheseleistung des Verstandes ermöglicht, und doch als Illusion verdrängt werden muss (ebd., A 644-45 / B672-73; siehe auch Allison 2004, 426).

Beziehen wir diese Einsicht auf Freud, so fällt Folgendes auf. So wie Freuds Enkel mit der Spule die zwischenzeitlich sich immer wieder als abwesend erweisende Mutter symbolisch einfängt und ihr kontingentes, beliebiges Weggehen in Gestalt eines Signifikanten kontrollieren kann, so vertritt Kant, dass der Verstand in seiner Erkenntnisleistung auf das „höhere Vermögen“ der Vernunft insofern angewiesen ist, da die Vernunft ihm, dem Verstand, Fiktionen zur Kohärenzgestaltung der Erfahrungswelt auferlegt. Kant nennt neben dem *focus imaginarius* noch mindestens vier solcher erkenntnis- und handlungskonstitutiven Fiktionen: Freiheit des Willens, Unsterblichkeit der Seele, Gott und die Welt als Phantasie einer Totalität dessen, was der Fall ist bzw. irgendwann einmal sein wird. Aber auch sein Verständnis einer teleologisch auf eine moralische Zukunft zuschreitenden Menschheit und sein Glaube an die Zweckhaftigkeit der Natur, die er in der *Grundlegung zur Metaphysik der Sitten* wie auch in der *Kritik der Urteilskraft* erwähnt, können dazu gezählt werden. *Die Metaphysik der Sitten* entwickelt in diesem Kontext folgenden Gedanken, der dem Konzept des *focus imaginarius* nahekommt: „Die Teleologie erwägt die Natur als ein Reich der Zwecke, die Moral ein mögliches Reich der Zwecke als ein Reich der Natur. Dort [im 1. Bereich, demjenigen der Naturuntersuchung mit ihrer teleologischen Ausrichtung] ist das Reich der Zwecke eine theoretische Idee, zur Erklärung dessen, was da ist. Hier [im Bereich der Moral-Bestimmung] ist es eine praktische Idee, um das, was nicht da ist [Moral ist nicht in der Welt auffindbar wie ein Objekt], aber durch unser Tun und Lassen wirklich werden kann, und zwar eben dieser Idee gemäß, zustande zu bringen“ (Kant 1902, AA Bd. IV, 436, Anmerkung).

Mindestens zwei Ideen begleiten demnach Kant zufolge unser theoretisches Erkennen und unser praktisches Handeln. Die erste betrifft die Natur als geordnetes und fein-abgestimmtes Reich der Zwecke. Diese Idee adaptieren wir nahezu automatisch, um z.B. Naturprozesse als sinnvoll und die Natur im ganzen als harmonische Totalität zu verstehen. Die zweite Idee dient der Stärkung unseres Selbstverständnisses als moralisch handelnde Subjekte. Wir projizieren es ganz automatisch in unseren Erfahrungsraum, wohl wissend, dass wir unter rein empirischen Beobachtungsbedingungen uns nie als moralisches Objekt unter anderen Objekten erkennen können. Das Thema bleibt aktuell, da es in zeitgenössischen Debatten zum Thema Willensfreiheit ein scheinbar nicht zu lösendes Problem darstellt (vgl. Dennett / Caruso 2021).

Ohne die Zweckmäßigkeit der Natur, die unsere Vernunft in einem hermeneutischen Zirkel in ihre Erfahrungswelt hineinliest, könnten wir weder einen Sinn in der uns umgebenden Welt entdecken, noch die Bäume im Park und die Autos auf den Straßen in einem Raum der Erfahrung auf der Ebene unserer Verstandeskräfte verorten. Wir könnten stattdessen die uns umgebende Wirklichkeit nur noch mit zynischem Blick, die Welt als Ort chaotischer Menschenfeindlichkeit und jede Form von Sozialpolitik als verschwörungstheoretisches Unternehmen zum Machterhalts der politischen Klasse auslegen. Mit anderen Worten: Wir würden als Menschen aus einer mit anderen Menschen geteilten Welt psychisch krank herausfallen. Kants Teleologie ist kein Rückfall in die klassische Metaphysik, sondern transzendentalphilosophisch konzipiert, d.h. dem bereits erwähnten hermeneutischen Zirkel menschlicher Erfahrungsbedingungen zuzuordnen.

Ob die den Bieber umgebende Wirklichkeit eines Waldflusses tatsächlich intrinsisch sinnvoll gestaltet ist, so dass die Fähigkeit des Tiers, einen Staudamm als Unterschlupf zu bauen, auf eine auf Perfektion angelegte Ordnung natürlicher Verhältnisse verweist, ist damit nicht gesagt. Damit ist nur gesagt, dass wir diese und andere Ordnungen postulieren müssen. Unsere psychische Gesundheit wie unsere Erkenntniskräfte hängen von diesen Postulaten ab.

III

Die Art und Weise, wie das Vernunft-Vermögen gemäß Kants Theorie arbeitet, ist den Reaktionsweisen der Psyche des Kleinkindes nach Freuds oben erwähntem Beispiel zumindest analog. So wie das Kind die Kontingenz der Ab- und Anwesenheit der Mutter symbolisch kompensiert und ihr kontingentes, beliebiges Weggehen als Spiel kontrollieren kann, so injiziert das Vermögen der Vernunft dem Verstand die denknotwendige Vision einer virtuellen Erkenntnisfülle, die teleologisch geprägte Sinnhaftigkeit der Phänomene, ebenso wie die Idee einer moralisch-erlösbaren Menschheit im „Reich der Zwecke“. Das Kleinkind überantwortet sich dem Symbol, nachdem es passiv von der Abwesenheit der Mutter geängstigt wurde, so wie dem Verstand in der Konfrontation mit einer von Kontingenzen durchzogenen Welterfahrung die virtuellen Welten der Vernunft zu Hilfe kommen – beispielsweise durch den *focus imaginarius*, der unserem Verstand ein Spiegelbild seiner Totalitätsstruktur gibt. Die Fiktion einer Welt, die in ihrer Totalität durch immer neu sich ergebende Erfahrungen zu ordnen ist, hält unseren Zugriff auf die uns umgebenden Dinge aufrecht. Dabei muss das Individuum den Status einer *Antwort* mit Bezug auf die auf ihn ausgerichtete Totalitätserfahrung einehmen, worauf wir später noch eingehen werden.

Oder noch einmal wie folgt auf den Punkt gebracht: Mit Hilfe von Kants diversen Postulaten der Vernunft (Gott, Freiheit, Unsterblichkeit der Seele, Welt, Teleologie in der Natur, Reich der Zwecke der Moral, Reich der Zwecke in der Natur als geordnete Ganzheit) wird dem menschlichen Verstand – vom höheren Vermögen der Vernunft aus – die Phantasmagorie einer idealen Harmonie, die Diesseits und Jenseits vereint, injiziert. Sie gibt uns Vernunftwesen die Möglichkeit, visionär auf einen Horizont des Nicht-Kontingenten, Ewigen, Guten, Schönen hinzuleben. Kant zufolge ist demzufolge das menschliche Bewusstsein in seinem Fragen nach Erkenntnis ebenso wie in seinem Fragen nach moralischen Handlungen an selbst auferlegte und als denknotwendig anzuerkennende Fiktionen gebunden. Sie haben transzendentalen Charakter, d.h. sind Bedingung der Möglichkeit von Erkenntnisansprüchen und von Ansprüchen der praktischen Vernunft. Man kann daher sagen, dass Kant mit seinen sogenannten „Postulaten“ (Gott, Seele, Welt, Freiheit etc.) im Freud'schen Sinne Holzspulen in unserem Verstand identifiziert, ohne die wir – Kant zufolge – weder unser Erkennen noch unser moralisches Handeln erklären könnten. Die Postulate konstituieren als virtuelle Ideen, als Phantasieobjekte, als Fiktionsbausteine unseres Geistes die Objektivität von Erfahrungsbausteinen (Phänomena) vor uns, sind aber – wie Kant explizit anführt – bloß subjektive Funktionen von Vorstellungen (Kant 1902, AA Bd. III, B 136f). Konstitutive Bestimmungen sind stets subjektimmanent (Kant 1902-, AA Bd. V, 135). Sie bedingen den Zielhorizont objektiver Erkenntnis. Gewissheit der Wirklichkeit Gottes wird so zur Gewissheit von nichts Bestimmtem, an das wir aber *trotzdem* glauben und zu dem wir uns als verkörperte *Antworten* verhalten müssen.

Ich fasse den zentralen Gedankengang des bisher Gesagten noch einmal zusammen. Freud zeigt in seiner Interpretation des Fort-Da Spiels seines Enkels die Leistung der menschlichen Psyche auf einer rudimentären Ebene. Sie ist geprägt von einem eigenwilligen Zusammenspiel von Kognition, symbolischer Stellvertretung, Sprache und Kontingenzbewältigung. In den Handlungen seines Enkels sieht er erste Kulturleistungen am Werk, die uns phylogenetisch, d.h. stammesgeschichtlich, etwas über die Kontingenzbewältigung menschlicher Kulturen sagen. Das Kind meistert Kontingenz, indem es eine minimale symbolische Ordnung aufreißt. Dabei entsteht ein idealer Umgang von Abwesenheit und Anwesenheit. Entscheidend ist nun, dass so, wie das Kind mit der Spule die Mutter symbolisch ersetzt hat und nun ihr kontingentes, beliebiges Weggehen kontrollieren kann, auch Kant behauptet, dass der Verstand in seiner Erkenntnisleistung und in seiner moralischen Freiheit auf das höhere Vermögen der Vernunft verwiesen wird; ein Vermögen, das ihm denknotwendige Visionen einer virtuellen Erkenntnisfülle ebenso wie die einer moralisch-erlösten Menschheit vorgibt. Die Vernunft arbeitet im Umgang mit Erfahrungen der Negativität mit denselben Mitteln wie die Psyche des Kleinkindes: einer symbolischen Welt, die die Welt erster Ordnung, d.h. die Welt unmittelbarer Erfahrungen auf eine andere Welt hin eröffnet, eine Welt zweiter Ordnung.

3. Wahnsinn und Sprachverlust: Daniel P. Schreber und das Scheitern symbolischer Einsetzung

4. Vorlesung

I

In den vorhergehenden Vorlesungen wurde wiederholt darauf hingewiesen, dass der Eintritt des Menschen in die soziosymbolische Ordnung nur zum Teil etwas mit dem Erlernen von Reizmustern, dem Training holistischer Strukturen semantischer Welten und der Eingewöhnung in Praktiken zu tun hat. Jean Laplanche hatte mit der These von „enigmatischen Signifikanten" darauf aufmerksam gemacht. Seine Forschungen im Rekurs auf Freud und Lacan zeigen, inwiefern die Psyche in der frühkindlichen Entwicklung mit dem Begehren eines Anderen bzw. der Anderen konfrontiert ist. Menschen sind in einem Beziehungsraum verortet, und zwar nicht primär aufgrund vernunftgelenkter Handlungen, die auf Semantiken begrifflicher Rollen aufruhen, sondern primär aufgrund unbewusster Übermittlungen von zum Beispiel Überzeugungen, Begehren und Erwartungen anderer.

Aus diesen Umständen ergibt sich ein kleines Drama unserer Existenz in Gestalt der unheimlichen Lebendigkeit unseres Innenlebens. Diese Lebendigkeit eines Anderen in uns können wir nicht in psychophysischen Inventuren eliminieren. Und selbst der radikalste Eleminativist unter den Naturalisten kann diese Rätselstruktur nicht mit Hilfe logischer Kriterien durchleuchten. Sie ist in die innere Fremdheit, die jede vernunftbegabte Identität prägt, als Bedingung der Möglichkeit von Vernunft selbst eingeschrieben. Oft ist sie uns nur in Andeutungen zugängig: in Traumvisionen, in psychischen Krisen, in denen wir uns an unserem eigenen Ich erschöpft haben, in Freud'schen Versprechern oder in körperlichen Symptomen.

Im Folgenden soll noch einmal mit Hilfe von Laplanche der Ursprung dieser inneren Fremdheit mit Bezug auf die Appellstruktur von Zeichen vertieft werden. Wie schon erwähnt, interessiert Laplanche die Wirkweise von Zeichen, die uns ansprechen, ohne verstanden werden zu müssen. Ihre appellative Kraft mag sogar um so größer sein, je mehr ihre Bedeutung durch einen Verstehensmangel untergraben wird. Warum sollte jedoch etwas, das man nicht versteht, die Psyche mehr in den Bann einer Appellationskraft ziehen, als das, was man versteht? Nun weil, ähnlich wie bei traumatischen Erfahrungen, die Zeichen nicht in die Ordnung der Signifikanten, oder umgangssprachlich gesagt, nicht im psychosomatisch-kognitiven Bedeutungshaushalt der Psyche übersetzt werden konnten. In einem Kommentar zu Lacan sagt Laplanche dazu Folgendes:

„[D]as Fruchtbarste an Lacans Begriff des Signifikanten ist meiner Meinung nach die [...] wesentliche Unterscheidung zwischen zwei Aspekten: der Signifikant *von was* [...] und der Signifikant *für wen*. Manchmal wird genau dieser Aspekt des Signifikanten hervorgehoben. Er ist dann das, was jemandem etwas andeutet, was eine Frage aufwirft, in dem Sinne, wie man sagt, dass ein Gerichtsdiener Ihnen ein amtliches Schreiben, eine Pfändung oder Verordnung des Präfekten übergibt. Man weiß, dass er bedeutet, aber man weiß nicht was. [...M]an weiß, dass *es* irgendwo Signifikantes *gibt*, ohne dass deswegen ein ausdrückliches Signifikat sichtbar wird“ (Laplanche 2011, 72, veränderte Übersetzung).

Laplanche beschreibt hier eine Anrufung ohne Identifizierung, die bar jedes Aussageinhalts, wie Eric Santner ausdrückt, dessen Interpretation ich hier wesentlich folge, „trotzdem unter die Haut geht“ (Santner 2010, 52). Diese Wirkmächtigkeit von bedrängenden Irritationen machen wir in den Psychopathologien des Alltags permanent. Ein Kollege hat uns einen seltsamen Blick zugeworfen. Wir wissen nicht, wie er gemeint war, ob er uns überhaupt galt und wenn ja, was damit bezweckt war. Aber vielleicht hatte der Kollege ja mitbekommen, wie wir vor zwei Wochen uns über sein Beförderung beim Personalrat empört hatten. Ist sein Blick die Enttarnung unseres Unmuts? Gerade *nicht* zu wissen, was ein Blick bedeutet, drängt die Psyche in eine Kette von Phantasien, um die Lücke der rätselhaften Anrufung durch einen Blick, eine Geste, ein Wort, das man nicht einordnen kann, auszufüllen.

Nun gibt es aus der ersten Hälfte des 20. Jahrhunderts einen berühmten Disput zwischen Walter Benjamin und dem Kabbala-Experten Gershom Scholem über das Werk von Franz Kafka, der in der Literaturtheorie viel rezipiert wurde. In ihm wird die Frage erörtert, ob es „Geltung ohne Bedeutung“ beziehungsweise Anrufung ohne Entzifferung dessen, was anruft, geben könne. Der Disput entzündete sich an der Frage nach dem religiösen Offenbarungscharakter von Kafkas Werk. Ist letzteres mit seinen enigmatischen Romanfragmenten und surrealen

Erzählungen, in denen Individuen wie Gregor Samsa erklärungslos als Käfer aufwachen oder Prokuristen wie Josef K. wiederholt mit der Frage ihrer Berufung bzw. ihres symbolischen Auftrags gegenüber anonymen Mächten unüberschaubarer Administrationskraft konfrontiert werden, notwendig vor dem Hintergrund bestimmter Traditionen des Judentums auszulegen? Oder ist dieses Spiel mit Fragen der Anrufungen nur eine weitere Schimäre, die auch vor der Ironisierung der Tradition jüdischer Theologumena nicht zurückschreckt? (So zumindest kann man einige zeitgenössische Filme der Coen Brothers auslegen, unter denen *A Serious Man* von 2009 herausragt.) Scholem vertritt die Meinung, Kafkas Werk sei insofern Ausdruck jüdischer Metaphysik, als es paradoxerweise das „Nichts der Offenbarung" ausdrücke. An Benjamin schreibt er: „Du fragst, was ich unter dem ‚Nichts der Offenbarung' verstände? Ich verstehe darunter einen Stand, in dem sie [die Offenbarung] bedeutungsleer erscheint, in dem sie zwar noch sich behauptet, in dem sie gilt, aber nicht bedeutet. Wo der Reichtum der Bedeutung wegfällt und das Erscheinende, wie auf einen Nullpunkt eigenen Gehalts reduziert, dennoch nicht verschwindet (und die Offenbarung ist etwas Erscheinendes), da tritt sein Nichts hervor. Es versteht sich, dass im Sinn der Religion dies ein Grenzfall ist, von dem sehr fraglich bleibt, ob er realiter vollziehbar sei" (Benjamin / Scholem 1980, S. 175).

Scholem verwendet den uns hier interessierenden Begriff einer „Geltung ohne Bedeutung", um zu untermalen, dass Kafka zwar auf die jüdische Gesetzesreligion verweisen würde, insofern sie noch Geltung besäße, aber ohne Bedeutung sei. Was Scholem mit diesen ihrerseits enigmatischen Behauptungen ausdrücken möchte, ist der Umstand, dass in den Texten Kafkas eine religiös-metaphysische Offenbarungsdimension nicht eigentlich mehr eine Bedeutungsdimension beinhaltet, sondern nur noch eine Abwesenheit derselben markiert (vgl. Mosès 2006, 70).

Kafkas Werk ist, paradox formuliert, nicht-religiös und nicht-nicht-religiös zugleich. Es thematisiert jüdisch-eschatologische Theologumena, aber nur noch vor der Abwesenheit ihrer Bedeutung. Scholem schreibt: „da tritt sein Nichts hervor." Oder mit anderen Worten ausgedrückt: Kafka beschreibt zu Beginn des 20. Jahrhunderts eine Welt, in der Normen tradierter, metaphysischer Wahrheit zwar noch einen Appell aussenden, aber nicht mehr eigentlich verstanden werden.

Man denke beispielsweise an das Schicksal des schon erwähnten Josef K. im Romanfragment *Der Prozeß* (geschrieben 1914/1915). Darin wird der Protagonist mit einer Anklage konfrontiert, die im Verlauf des Romans nicht den Anspruch erhebt, begründbar sein zu müssen. K. erfährt die Geltung des Gesetzes, schließlich soll er vor Gericht erscheinen. Was genau das Gericht jedoch von ihm verlangt, wird nie in Form nachvollziehbarer Begründungketten ersichtlich (vgl. Žižek 1989, 44).

Handelt es sich bei seiner Verhaftung um ein Missverständnis, das der administrative Apparat bürokratischer Lebensverwaltung nicht eingestehen möchte? Gibt es hinter dem Verwaltungsapparat überhaupt noch eine Instanz des Überblicks, mit Lacan gesagt: einen großen Anderen, ein Subjekt, von dem man annehmen darf, „dass es weiß“? Kafka entfaltet die Dramatik seines Romans durch diesen Legitimationsmangel der Rechtsgrundlage, welcher einen unmittelbaren Einfluss auf Ks Psyche hat.

Interessant ist nun, dass Kafka diesen Zustand der Anrufung ohne Bedeutungszuschreibung nicht als harmonischen gesellschaftlichen Zustand beschreibt, der Subjekten mehr Freiheit gewährt. Er beschreibt ihn im Gegenteil als Zustand, in dem der Mensch zunehmend neurotisiert.

Auch die in der zeitgenössischen Soziologie thematisierte Partikularisierung der modernen Gesellschaft in immer größere Konglomerate von „Singularitäten“ (Reckwitz 2017) kann als Effekt eines solchen Zustands fortschreitender Neurotisierung ausgelegt werden. Durch den Verlust symbolischer Prägekräfte bzw. Instanzen des großen Anderen, die Geltung *und* Bedeutung hegemonial verkörperten, stehen sich heutzutage in westlich geprägten Nationen singuläre Gesellschaftsgruppen mit zunehmendem Misstrauen im Kampf um ihren Rechts- und Opferstatus gegenüber. Fürsprecher radikaler Demokratietheorie sehen das Ideal einer offenen Gesellschaft genau in dieser Ausweitung der Kampfzone durch neue Singularitäten in der Betonung der konstitutiven Abwesenheit des großen Anderen. Im gewissen Sinne liegt hier ein Kollateralschaden demokratischer Prozesse: die von VertreterInnen radikaler Demokratietheorie gefeierte „leere Mitte“ (Claude Lefort, 2022) des Gemeinschaftskörpers. Sie produziert Opfergruppen, aber nicht in Abgrenzung zum Staatsapparat (wie bei Kafka), sondern untereinander. Demokratie gilt mit guten Gründen als Konfliktfeld einer unbestimmbaren Erfüllung ihrer Inhalte, die den Kampf um ihre Unerfüllbarkeit nicht aufgeben und falsche Formen nationaler Einheit konstruieren darf. Deshalb ist da auch immer etwas im Volkskörper, das als Ausgeschlossenes Anrecht auf sein irreduzibles Selbstsein hat. Sind dann aber nicht immer alle Bürgerinnen und Bürger potentiell Täter, wenn sie keine Opfer sind? Sitzen sie nicht auf einer strukturellen Anklagebank? Falls ja, dann kündigt sich bei Kafka eventuell nicht nur der Verfallszustand moderner Bürokratien, sondern auch derjenige moderner Demokratien an.

Was Kafka als unüberschaubar bürokratischen Apparat auslegt, der auf der Ebene politischer Macht nicht mehr homogen agiert, betrifft heute die Sozialstruktur untergebener Teilgruppen in den westlichen Gesellschaften zunehmender Singularitäten. Ein zeitgenössischer K. dürfte daher nicht mehr nur durch die enigmatischen Botschaften eines politischen Überbaus, der Geltung, aber keine Bedeutung hat, neurotisiert werden, sondern durch Appelle in Richtung einer immer offeneren Gesellschaft. Wie Matthew Flisfeder zeigt, erfährt in diesem Zusammenhang die Rolle des nun dezentrierten großen Anderen notwendig eine Kompensation. Seine Rolle übernehmen, so Flisfeder, moderne Internetplattformen wie Instagram, Twitter und Facebook (Flisfeder 2021). In ihnen entfaltet sich Subjektivität oftmals in Strukturen marktorientierter Unterwerfung.

Die Erfahrung von „Bedeutung ohne Geltung“, die Kafka beschreibt, ist uns nicht fremd. Man muss nur an Menschen denken, die an Weihnachten, also genau einmal im Jahr, in die Kirche gehen. Viele von ihnen werden mit dem Christentum nicht viele Inhalte verbinden. Es wird für sie keine – ihr Leben regelnde – Bedeutung haben. Aber sie werden vielleicht dennoch in Andacht versinken, wenn die Orgel spielt, oder der Priester die Hostie hochhält. Die Kirchenbesucher wissen vielleicht, dass die Zeremonie ‚nur‘ ein Ritual ist und das Christentum schon längst nicht mehr das Leben in Europa bestimmt, wie es dies einmal getan hatte. Dennoch wird es „Appell-Reste“ in Gesten und Worten geben. In einer solchen Situation kommt dem Konzept „Christentum“ Geltung, aber keine klar bestimmbare metaphysische Bedeutung mehr zu. Diese Form der Geltung ist nicht zu unterschätzen. Ja, es kann sein, dass die Einzelnen gerade durch diese Geltung ohne Bedeutung noch sehr viel mehr im Bann eines von ihnen nicht bewusst eingestandenen Glaubensverhältnisses stehen.

Ähnlich artikuliert dies Scholem über Kafkas Werk. Scheinbar sind zahlreiche Parabeln wie „Vor dem Gesetz“ oder „In der Strafkolonie“ mit jüdischer Metaphysik durchzogen. Die Texte umkreisen Rätsel der Anrufung und der Berufung. Wer hat Josef K. angeklagt? Warum wurde K. im Romanfragment *Das Schloss* zum Schloss befohlen? Mit welchem Zweck werden Gesetze den Verurteilten in der *Strafkolonie* in die Haut tätowiert? Kafkas Texte geben hier keine Antwort und just diese Antwortvermeidung nennt Scholem, wenn ich ihn in Anlehnung an Eric Santners und Stéphan Mosés Interpretationen richtig verstehe, das „Nichts der Offenbarung“. Dies ist erwähnt, um im Kontext von Ideologie und symbolischer Ordnung darauf zu verweisen, dass gerade das „Nichts der Offenbarung“, also die Geltung, die keine Bedeutung zu haben scheint, gerade diejenige ist, die uns auf besonders Weise ergreift. Mit Freud gesagt: Eine Fixierung etabliert sich. „Jede Neurose enthält eine solche Fixierung, aber nicht jede Fixierung führt zur Neurose“ (Freud 1982, Bd. I, 275).

Es ist das „Nichts der Offenbarung“, dieser Überschuss von Geltung über Bedeutung, der die Phantasie der Protagonisten in einzelnen Romanen Kafkas derart beschäftigt, dass sie sich von diesem Ding, von dem sie sich endlos zu distanzieren suchen, doch nicht lossagen können. Slavoj Žižek bringt diesen Gedanken treffend auf den Punkt: „Kafkas Romane beginnen mit einer Anrufung [...] ohne Identifizierung/Subjektivierung; sie bietet keine Sache, mit der man sich identifizieren könnte – das kafkasche Subjekt [...] versteht die Bedeutung des Rufes des Anderen nicht“ (Žižek 1989, 44).

Kafkas Romane legen mustergültig die appellative Kraft ideologischer Anrufungen offen, da es den betroffenen Protagonisten nicht gelingt, ihre Subjektivität von der Lücke, die sich im Zentrum der Anrufung verbirgt, loszusagen. Im Gegenteil. Wie beim Symptom prägt sie das, „was unterblieben ist“ (Freud 1982, Bd. I, 279) umso mehr. Deshalb kann eine kognitive Aufklärung keine Erleichterung bringen. Mit Freud: „Der Kranke weiß dann etwas, was er bisher nicht gewußt hat, den Sinn seines Symptoms, und er weiß ihn doch ebenso wenig wie vorhin" (Freud 1982, Bd. I, 280). Es gibt verschiedene Arten von Unwissenheit, und die Unwissenheit, die man nicht weiß, auch wenn man sie weiß, ist diejenige, die die Dynamik der Symptombildung prägt. Der sich daran anschließende Versuch, die Lücke mit einer bestimmten Form der Phantasie in eine Sinnformation zu übertragen, treibt das Individuum umso mehr um. Deshalb lässt die Anrufung keine Subjektivierung zu, im Sinne von: Ja, ich bin schuldig, ich habe X verbrochen. Ihr habt es bewiesen. Kafka entfaltet eine Poetik der Neurotisierung durch „Anrufung ohne Identifizierung" (Žižek 1989, 44), die – mit Santners Worten – „bar jedes Aussageinhalts trotzdem unter die Haut geht und dabei eine (gehemmte) Offenbarungskraft entfaltet, die, in Scholems Worten, gilt, aber nicht bedeutet" (Santner 2010, 53).

II

Erinnern wir uns in diesem Zusammenhang noch einmal an Freuds Aussagen zu traumatischen Erfahrungen: Sie stehen für das Insistieren einer „Gegenbesetzung" in den Energiekanälen der Psyche, „zu deren Gunsten alle anderen psychischen Systeme verarmen" (Freud 1982, Bd. III 240). Die Beharrlichkeit einer „Geltung ohne Bedeutung" tut etwas Analoges. Auch hier können traumaähnliche Irritationen in der Psyche ihre Spuren hinterlassen. „Verdammt: warum bin ich angeklagt?" Geist verfällt in eine dem Traum ähnliche hysterische Dynamik, und zwar an der kognitiven Ebene des Bewusstseins vorbei. Mit Eric Santner gesagt: Es mag die spezifische Form der Desorientierung sein, die idiomatische Art und Weise, wie die „Annäherung an und Bewegung in der Welt ‚verfehlt'" ist, die unser Leben und unser Geist-Welt Verhältnis am meisten angeht (Santner 2010, 53). Kafka scheint uns etwas ähnliches nahezulegen in seinen Verweisen auf instabil gewordene Institutionen symbolischer Prägekraft im frühen 20. Jahrhundert. Statt durch ihren Bedeutungsverlust mehr Freiheit zu erringen, scheint das Gegenteil einer Neurotisierung der Fall zu sein.

Die Übersetzbarkeit von Signifikanten scheitert am Mehrwert an Geltung gegenüber Bedeutung. Dieser Mehrwert kann die menschliche Einbildungskraft als Organ der Phantasieproduktion auf den Plan rufen, ihn, den Mehrwert, wie in einer chemischen Reaktion ‚zu binden'. Und Kafkas Figuren versuchen dies permanent: Erklärungen zu finden, warum sie im Mittelpunkt anonymer Appellkräfte stehen, denen Geltung, aber keine Bedeutung zukommt. In seinen Anmerkungen zu den Widerständen in psychoanalytischen Sitzungen führt Freud treffende Beispiele dieser Mechanismen der Phantasiebildung an (Freud 1982, Bd. I, 285ff.). Denn immer dann, wenn Patientinnen/Patienten in den psychoanalytischen Sitzungen aufgrund bestimmter Themen in Nöte geraten, Unaussprechliches in Worte zu bringen, bringen sie mehr unbewusst als bewusst Gründe an, das Terrain des Unaussprechlichen nicht betreten zu müssen. Sie kommen zu spät, verpassen einen Termin oder sind plötzlich mit den Sitzungen im Ganzen unzufrieden. Die Psyche wird in diesen Fällen durch phantasievollste Ausflüchte autopoietisch in die Irre geführt.

Phantasien begegnen uns aber nicht nur als Absperrvorrichtungen, um Bereichen der Negativität nicht zu nahe zu kommen. Sie prägen noch viel grundlegender unsere Lebenswelt. Auch deshalb kann diese sehr unterschiedlich ausfallen, je nach der Verfassung der Phantasieproduktion, mit der unsere Einbildungskräfte auf die benannten Anrufungsstrukturen, Appelle und enigmatischen Restbestände zwischen Erkenntnisakt und Erkenntnisobjekt reagieren. Die Eigentümlichkeit menschlicher Existenz besteht nun darin, dass gerade die symptomatische Verzerrung unsere Wahrnehmung der Konsistenz der Welt (wie sie durch Anrufungen, phantasievolle „Bindung" enigmatischer Reste und libidinöse Übertragung von Überzeugungen Anderer immer schon vermittelt ist) immer auch unseren Ort bzw. Platz in ihr aufrechterhält. Žižek: „Die kafkaeske Illusion eines allmächtigen Dings, das uns keine Beachtung schenkt [Kafkas Helden im *Prozeß* und im *Schloß* werden ignoriert, obwohl sie sich permanent bedroht und beobachtet fühlen, D.F.], ist der umgekehrt-symmetrische Kontrapunkt zu der Illusion, die die ideologische Interpellation definiert – nämlich die Illusion, dass der Andere immer schon auf uns blickt, uns adressiert" (Žižek 1994, 118).

Die Erfahrung, dass der große Andere immer schon auf uns blickt, kennt jeder, der schon einmal aus einem Porno-Geschäft getreten ist und Angst hatte, dabei erkannt zu werden. Wir befinden uns notwendig in der Illusion, dass der Andere uns erkennt, weil wir diesen Anderen aus unserer Angstneurose heraus als ein beurteilendes Gegenüber im symbolischen Gefüge setzen. Es ist, als würde im Umkreis von wenigen Metern der Blick omnipräsent und die symbolische Textur um uns herum bedenklich fragil, weil anklagend. Noch einmal Žižek: „[W]eit davon entfernt, das ‚den Dingen eigene Gleichgewicht' nur zu stören / entstellen, begründet die Phantasie gleichzeitig erst jede Vorstellung eines im Gleichgewicht befindlichen Universums: Phantasie ist kein idiosynkratischer Überschuss, der die kosmische Ordnung stört, sondern der gewaltsame singuläre Exzess, der jede Vorstellung einer solchen Ordnung stützt" (Žižek 2000a, 6). Diese Ausführungen kommen, wie bereits erwähnt, den dargestellten Intuitionen bei Kant sehr nahe.

Freud begreift seine Arbeit im Feld der Psychoanalyse unter anderem als Interventionsmöglichkeit, in diese Dimension der Phantasieproduktion einzugreifen, wenn diese Phantasie lebenseinschränkenden Belastungen provoziert. Eine solche Phantasie kann Hoffnung sein, die bedeutendste Autorin der Welt, der beste Vater für seine Kinder, eine erfolgreiche Unternehmerin werden zu müssen. In diesen Fällen könnte eine Therapie den Betroffenen helfen, aus negativen Anrufungen heraus und in lebensbejahendere einzutreten. Das gelingt nur mittels einer Neueinschreibung von Subjektivität in neu gesetzte symbolische Koordinaten, wie sie evtl. eine psychoanalytische Therapie oder religiöse Konversionen, oder mit Kant gesagt, eine „Revolution in der Gesinnung" (Kant 1902, AA Bd. VI, 47) anstoßen können. Freud schreibt seine *Traumdeutung* für Menschen, wie sie u.a. in Kafkas Roman vorkommen, Menschen, die durch traumatische Erfahrungen, zu denen auch die Erfahrungen der Moderne, wie sie Kafka beschreibt, gehören, neurotisieren. Was in Freuds Werk dabei auf dem Spiel steht, ist die Frage, ob es eine Möglichkeit der Heilung gibt, unsere Phantasien so zu entbinden, dass das Subjekt nicht länger ein Getriebener, eine Getriebene seiner/ihrer Symptome bleibt.

In dem von Freud und Lacan kommentierten „Fall Schreber" wird das Motiv einer Appellkraft von Zeichen noch einmal auf einer sozialen Ebene bedeutsam. Aus diesem Grund ist Schrebers Schicksal zum Abschluss dieser Vorlesung erwähnt.

III

Freud wurde auf Daniel Paul Schreber, dem Sohn des Begründers der „Schrebergarten"-Bewegung, durch dessen Memoiren aufmerksam, die dieser unter dem Titel *Aufzeichnungen eines Nervenkranken* 1903 veröffentlicht hatte. Genau zehn Jahre zuvor, 1893, wurde Schreber zum Senatspräsidenten am Oberlandesgericht Dresden ernannt und erkrankte daraufhin so stark, dass er aufgrund psychischer Leiden im Oktober desselben Jahres das Amt wieder ablegte (siehe auch die Studie von Ver Eecke 2019).

In der dann von Freud im Jahr 1911 veröffentlichten Fallgeschichte mit dem Titel *Psychoanalytische Bemerkungen zu einem autobiographisch beschriebenen Fall von Paranoia (Dementia Paranoides)* interpretiert er dessen paranoide Wahnvorstellungen als phantasmatische Ausformung einer homosexuellen Panik. Uns interessiert nur indirekt Freuds wenig überzeugende Interpretation. Wenn wir auf den Fall Schreber Bezug nehmen, so um noch einmal die Thematik von Subjektkonstitution im Zusammenhang mit Legitimierungsprozessen als innerpsychische Prozesse zu analysieren. Meine hier vorgebrachten Reflexionen, die sich an den Studien von Thomas Dalzell (2011), Wilfried Ver Eecke (2019) und Eric Santner (2018) orientieren, bleiben hochgradig spekulativer Natur, da tatsächlich aus dem empirischen Material zum Fall Schreber keine wissenschaftlich abgesicherte Diagnose seines psychischen Leidens herleitbar ist. Die folgenden Ausführungen erheben daher nicht Anspruch, dem Fall Schreber in Gänze gerecht zu werden.

Was die Memoiren Schrebers, wenn man sie als phänomenologische Beschreibungen der Innenwelt einer kranken Psyche liest, interessant macht, ist der Umstand, dass Schreber Kreuzungspunkte von Psychoanalyse, Erkenntnistheorie und Theologie fruchtbar macht. In seinen Memoiren geht es wiederholt um Offenbarungsfragen (ähnlich wie bei Kafka), da seine Verwirrungen theologischer Art sind. Schreber erlitt einen psychischen Zusammenbruch und stellt seine partielle Wiederherstellung in theologischen Begriffen dar. Nicht die neurologisch und forensisch gebildeten Psychiater, die ihn behandelten, waren die Adressaten seiner Worte, sondern Theologen und Philosophen. Letztere könnten aus seinen Erfahrungen für sie nützliche Einsichten ziehen. Schreber war, mit anderen Worten, der Überzeugung, dass das, was er als physische Störungen erfuhr, mit Störungen des Geistes/der Seele, und nicht mit dem Gehirn als biologischem Apparat zu tun hatte. Seine Darstellungen berühren damit Fragen der symbolischen Einsetzung von Subjektivität in kollektive Formen der Virtualität.

Da Schreber kurz nach seiner Ernennung zum Senatspräsidenten des Oberlandesgerichts erkrankte, ist es naheliegend, eine mögliche Quelle seines Leidens in diesem Akt symbolischer Einsetzung selbst zu sehen (vgl. Santner 2018). Aber was verstehen wir genau unter „symbolischer Einsetzung"? Stark vereinfacht ausgedrückt, kann darunter ein gesellschaftlicher Akt verstanden werden, durch den ein bestimmter Titel oder ein bestimmtes Mandat einem Menschen übergeben wird. Mit dem im Rahmen eines Rituals zugeteilten Mandat ist ein neuer gesellschaftlicher Status der Betroffenen und eine neue Rolle innerhalb einer gemeinschaftlich symbolischen Welt verbunden. Auf diese Weise wird man zum Ehemann, zur Professorin, zum Richter oder zur Psychoanalytikerin usw. und kommt in den Genuss diverser Prädikate und Vollmachten.

Die Rede von Genuss ist hierbei wortwörtlich gemeint, da mit neuen Vollmachten auch libidinöse Komponenten verbunden sind. Diese und das damit verbundene Genießen ist uns vertraut, wenn der Bundeskanzler vereidigt wird, eine Richterin die Robe anlegt, oder wenn Soldaten einen Eid auf die Fahne ablegen. Egal welcher Status durch diese Riten auf jemanden übertragen wird, sind die betreffenden Persönlichkeiten dazu nur deshalb in der Lage, weil sie einen exzentrischen Körper symbolischer Vollmacht in sich vereinen. Sie sind als Bevollmächtige symbolischer Prägekraft Teil einer semantischen Struktur, die über den Körper als biologischer Mechanismus mit seinen Trieben und Bedürfnissen hinausgeht.

Der Justizminister, der an Schreber den Titel „Senatspräsident des sächsischen Oberlandesgerichts" übertrug, macht auf einer Ebene lediglich Schrebers Qualifikation für den Posten offiziell publik. Seine Aussage stellte öffentlich fest, dass Schreber gewissermaßen „an sich" vorsitzender Richter sei. Darüber hinaus aber ändert dieser Titel auf der Ebene des Subjekts dessen ontologischen Status. Verantwortlich dafür ist die exzentrischen Einverleibungen partikulärer Subjekte in hyperindividuelle Autoritätsstrukturen von – mit Robert Brandom gesagt – „commitments" und „entitlements" (Brandom 1998, xi-xxv). Kurz: Es macht einen realen bzw. einen ontologischen Unterschied, ob – egal ob bei der Priesterweihe oder bei der Richterin-Ernennung – ein biologischer Körper ein symbolisches Mandat auferlegt bekommt oder nicht. Symbolische Einsetzungen sind performative Akte. Sie bilden keine Fakten ab, sondern erschaffen dieselben. Eine „an sich" seiende Macht des Richter-Seins wird in ein „für mich", der ich Richter oder Richterin bin, verwandelt. Die Attribute des Richteramts gehen in die Attribution, also die Zuschreibung des Richteramts auf die einzelne Richterin performativ über. John L. Austins Sprechakttheorie ist von dieser Erklärung nicht weit entfernt. Entscheidend ist nicht das symbolisch eingesetzte Individuum, sondern die Sozialstruktur, ohne die die Berufung und Beglaubigung nicht stattfinden kann.

Aber es wäre eben ein Missverständnis, den irrational wirkenden ontologischen Statuswechsel von Individuen in Ritualen symbolischer Einsetzung nur als Eigenschaft von religiösen Glaubensgemeinschaften zu sehen. Denn dieser Statuswechsel findet auf zahlreichen Ebenen in Gesellschaften aller Art ab. Wenn eine Frau Vertreterin der „Partei des Volkes" zur Zeit der DDR wurde, dann war sie Teil eines Körpers, der gemäß der Marxistisch-Leninistischen Geschichtsauffassung metaphysisch und materialistisch zugleich für den Sieg des Proletariats steht. Als Übertragung nicht von Attributen, sondern von Attribution sind die Eingesetzten mehr als sie selbst. Folglich tangiert etwas, das nur den Anschein hat, etwas Äußerliches wie ein Titel, eine Aufgabe, eine Aufgabenerweiterung zu sein, das innerliche Selbstverhältnis, ohne dass das Subjekt dem explizit zustimmen muss oder diesen Eingriff wahrnimmt. Die Einzelne muss diesen Eingriff in ihren biologischen Körper nicht wie den Eingriff während einer Operation im Krankenhaus wahrnehmen, aber tatsächlich ist eine solche Einsetzung genau das: ein operativer Eingriff in den biologischen Körper, die bei Schreber verhängnisvolle Konsequenzen hatte.

Was die einzelnen Beispiele (Priester, Politikerin, Richterin) untermalen, ist die Übermacht symbolischer Welten, die so säkular wie nur möglich sein können, und doch einen metaphysischen Bedeutungsrest dessen, was es heißt „gerufen/berufen zu werden", beibehalten müssen. Die Welt des Symbolischen ist in dem Sinne nicht klar zu hierarchisieren oder an eine fest-wissenschaftliche Grundstruktur der Wirklichkeit (sollte es diese geben) rückbindbar. Jedes Subjekt ist *sub-jectum*, Unterworfene(r) „des Wortes", das ein wie auch immer geartetes soziokulturelles Universum erschafft (vgl. Bourdieu 2005, 103ff). „Symbolische Einsetzungen" zitieren dieses „Wort" im metaphysischen Sinne, wie es den Anfang des *Johannes-Evangeliums* einleitet. Die Richterin, die die Robe anlegt, spricht automatisch im Namen des Volkes. Sie fällt nicht nur ein Urteil, das über einen Sachverhalt in der Welt etwas nachprüfbar Objektives aussagt oder nicht. Der Richterspruch provoziert einen empirischen Effekt. Er schafft Realität.

Die speziell von Santner hervorgebrachte These ist nun, dass Schrebers Psyche diese Personalunion scheinbar nach seiner Einsetzung ins Richteramt nicht ertragen konnte (Santner 2018, siehe ebenso Ver Eecke 2019). Seine Psyche scheint nicht in der Lage gewesen zu sein, die Subjektivierung einer Attribution zu verarbeiten, d.h. den magischen Effekt von strafrechtlichen Urteilsbekundungen „im Namen des Gesetzes bzw. des Volkes“ zu vollziehen. Die Einsetzung einer mit Signifikanten vermittelten Autorität in sein psychophysisches (imaginäres) Selbstbild ging fehl. Ebenso kann ein Priester mit neurotischen Ticks am Altar kämpfen. Die Investitur des Auftrags überfordert die Psyche. Pierre Bourdieu prägt in diesem Zusammenhang den Begriff der „performativen Magie“. Er nennt diejenige Verwandlung, die kein weiteres Attribut außer dem entscheidenden des Titels oder des Namens hinzufügt, „die Formel, die der performativen Magie aller Einsetzungsakte zugrunde liegt“ (Bourdieu 1990, 88). Das verdeutlicht, worum es in dieser Vorlesung geht: dass die Welt symbolischer Ordnungen eine per se wundersame, doppelbödige, eine nicht zu säkularisierende Welt ist. Aus dieser Welt fällt Schreber heraus, als ihm das Amt des Senatspräsidenten auferlegt wird. Die Diagnose, die er sich selbst gibt, heißt „Seelenmord“ (Schreber 2003, 16).

Fassen wir zum Abschluss das bisher Gesagte noch einmal zusammen: Wenn ein Mandat übergeben wird, werden Attribute des Amts in Attributionen verwandelt. Eine Richterin spielt nicht das *An-Sich-Sein* des Richteramts. Sie ist *an sich* Richterin und dies ist sie *für sich*. Sie ist existenziell performativer Ausdruck des intersubjektiven und deshalb immer auch überdeterminierten Amts. In diesem Sinne kann man sagen, dass die Einsetzung Schreber als „ideologische Anrufung“ so mit einem normativen Raum konfrontierte, dass sich Schreber diesem Raum gegenüber innerpsychisch nur noch wegducken konnte. Das ist nicht verwunderlich: jedes Amt qua Amt zwingt den biologischen Körper in eine notwendige Gespaltenheit zwischen dem „Für-sich-Sein“ und dem „Für-andere-und-in-anderen-Sein“. Auch Robert Brandom kennt die symbolische Wirkkraft von Zuschreibungen in normativen Geflechten, denen gemäß vernunftbegabte Wesen sich gegenseitig Investituren, Verpflichtungen und Vertrauen zuschreiben. Auf ihnen ruht das Begriffswerkzeug seiner inferentialistischen Semantik begrifflicher Rollen. Kurioserweise widmet er sich ihnen jedoch in seiner Theorie eines pragmatischen Inferentialismus ausschließlich unter dem Gesichtspunkt der positiv-normativen Kraft von Zuschreibungen (Brandom 2004). Inwiefern „entitlements“ und „commitments“ Gefahren für Individuen und Gesellschaft in sich verbürgen und notwendig die Psyche durch die Überdeterminierung symbolischer Formen belasten, kommt bei ihm – soweit ich sehe – nicht zu Wort.

Schreber floh aus der erwähnten Anrufung und damit zugleich aus der Welt objektivierbarer Erfahrungen. Das Mandat hatte sein imaginäres Selbstbild erdrückt und den anschließenden Wahn als Kompromiss grundgelegt. Seine Einbildungskraft erklärt den Erfahrungsverlust mit göttlichen Mächten, die ihn, Schreber, zum Opfer machen. Diese Fremdsteuerung bekommt explizit sexuelle Konnotationen, wenn er sich als „Luder“ in den Händen fremder Götter beschreibt.

Schreber kann nicht genießen, Richter zu sein. Der Genuss symbolischer Investitur kehrt sich bei ihm in sein Gegenteil. Er erlebt sich von seiner Einsetzung an als Opfer sexueller Gewalt, so als würde er permanent auf seinem neuen ontologischen Status eines „Luders“ vergewaltigt. Dies ist, was der von Schreber verwendete Begriff des „Seelenmords“ bezeichnen könnte: den Zusammenbruch der symbolischen Dimension durch Sprechakte in ihrer psychophysischen Einschreibungsfunktion. Schrebers Universum ist nicht nur in dem Sinne wahnvoll, dass er sein Selbstbild nicht mehr in eine Struktur der etablierten Normativität der Lebenswelt bringen kann, sondern seine Vorstellung ist auch deshalb wahnsinnig, weil der Kosmos von libidinösen Genussstrahlen durchzogen ist. Es ist als würden die libidinösen Dimensionen, die beim Kleinkind durch Hautkontakt gegenüber den Eltern Zutrauen, Stabilität, Geborgenheit und Angenommensein vermitteln können, plötzlich genau das Gegenteil ausdrücken: permanente Vergewaltigung.

Was Schreber entdeckt ist folglich, dass der Vorgang der symbolischen Einsetzung einen invasiven Kern transferiert und dabei, zumindest unter bestimmten Umständen, *zu viel Realität* in das Subjekt einführt. Der Psychotiker leidet, mit Freud gesagt, unter „zu viel an Anspruch“ (Freud 1982, Bd. 1, 522). Die symbolische Ordnung hat ihn zuerst subjektiviert, um ihn anschließend zu entsubjektivieren.

4. Hegel: Negativität als Strukturmoment des Begriffs

5. Vorlesung

I

Die vorhergehenden Vorlesungen haben sich mit verschiedenen Thematiken von Negativität befasst. Sie betrafen die Nichtkoinzidenz des soziokulturellen Raums der Gesellschaft, die nie eine harmonische Einheit bildet, wie auch die Nichtkoinzidenz menschlicher Identität. Diese ist von enigmatischen Signifikanten, Latenz, Exzentrik und Retroaktivität ebenso geprägt wie von dem, was Freud das Unbewusste nennt. Beide Formen der erwähnten Nicht-Koinzidenz sind in den unten aufgeführten Abbildungen sinnbildlich dargestellt. Das Bild im Zentrum zeigt eine (bearbeitete) Zeichnung des niederländischen Grafikers M.C. Escher (1898-1972). Sie veranschaulicht, was wir bisher im Rückgang auf Freud, Lacan und Laplanche offengelegt haben: inwiefern sich unser Selbstbild um einen Mangel aufbaut, der mit der rätselhaften Konfrontation eines Anderen zu tun hat, das zu einem Anderen in der Ich-Funktion führt. Letztere emergiert aus Übertragungsprozessen, die – epistemische Reste produzierend – in Anrufungen ihren Ursprung haben und in die Geist-Welt-Beziehung hineinragen. Sie gehen von Erziehern ebenso wie von Instanzen symbolischer Wirkkraft aus (Gericht, Staat, Universität etc.).

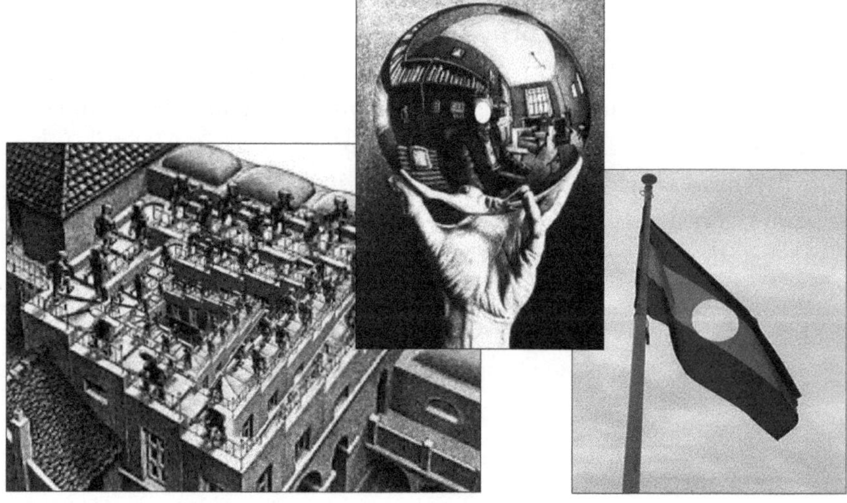

Erzieher und soziale Instanzen sind aber, und das in Erinnerung zu halten ist wichtig, ihrerseits Ergebnis von teils unbewussten Übertragungsprozessen innerhalb des Kulturraums, in dem sie wirken. Jede Kultur kreist neurotisch um Strukturen fehlender Legitimität, wie es jeder Vater und jede Mutter tut. Zwar kann man nicht behaupten, dass eine Kultur ebenso wie der Mensch mit einem Unbewussten ausgestattet ist, und doch wird sie von den multiplen und heteronomen Unbewussten der Bürgerinnen und Bürgern als Teilelemente einer nie ganz zu bestimmenden Gesamtsumme kultureller Unbewusstheit getragen.

Aber kehren wir zurück zum Begriff der Negativität. Bei Freud wurde er in Bezug auf ein Kinderspiel als Überwindung einer Negativitätserfahrung (die Abwesenheit der Mutter) durch die Erfindung eines symbolischen Spiels – das Fort-Da-Spiel – thematisiert. Der Bezug zu Kants Begriff des *focus imaginarius* wurde dann als eine transzendentalphilosophische Version der Negativitätskompensierungen vorgestellt. Kant entfaltet sie analog zu den regulativen Ideen der Vernunft gegenüber den Grenzen des Verstandes. Und am Beispiel von Daniel Paul Schreber wurde wiederum ein diametrales Gegenbeispiel zum Umgang von Freuds Enkel mit dessen Holzspule dargelegt. Schreber erwies sich als ein Individuum, das durch eine von der Psyche nicht ertragene Übermacht an symbolischer Wirkkraft aus der Welt der symbolischen Ordnung herausfällt. Seine Schizophrenie legt ihm den Glauben auf, von quälenden Göttern gepeinigt und fremdgesteuert zu werden. Ihnen gegenüber verharrt er in der Haltung eines zum Missbrauch freigegebenen „Luders". Auch deshalb regelt von nun an in Schrebers Welt primär das Unbewusste seine Geist-Welt Beziehung. Die ihn bedrängenden Götter sind hyper-real und allpräsent. Ihnen ironisch oder zynisch gegenüber auf Distanz zu gehen, so wie es der gesunde Menschenverstand gegenüber den ihn umgebenden symbolischen Welten kann, vermag Schreber nicht. Fremde Mächte haben ihn seiner Freiheit beraubt.

Die dritte Abbildung, die die Flagge eines Landes mit einem darin eingeschnittenen Loch in der Mitte zeigt, veranschaulicht diesen Mangel in politischen Strukturen. Sie sind ebenso wie die individuelle Psyche um den Ausschluss von Mangel bemüht. Politische Krisen, die dazu führen, dass Insignien symbolischer Macht z.B. aus einer Fahne geschnitten werden (im Fall der abgebildeten Fahne sind es Hammer und Sichel), verdeutlichen, dass auch die Politik sich nie ganz begründen, d.h. Transzendenz mit Immanenz versöhnen kann.

In der heutigen Vorlesung soll die bisher umrissene Thematik von Negativität mit Bezug auf die Philosophie Hegels erörtert werden. Denn wie speziell die Forschungen der Ljubljana-Lacan-Schule der letzten drei Jahrzehnte gezeigt haben, betrifft Negativität dort sowohl die Psyche in ihrer ontogenetischen Entwicklung bis zur Etablierung eines kohärenten Selbst- und Weltbildes, als auch die phylogenetische Entwicklung von geistigen Erkenntnisprozessen in der Evolution der modernen Wissenschaften. Negativität wird von Hegel als eine metaphysische Kategorie und als Teil der Grundstruktur der Wirklichkeit ausgelegt. Um dies zu erläutern müssen wir einen Umweg über einige zentralen Einsichten von Kants Erkenntnistheorie gehen. Erst dann erschließt sich ein mit der zweiten Hälfte des 18. Jahrhunderts assoziiertes Problemfeld, auf dem Hegel sein Verständnis von Negativität präsentiert und sich der Bezug zur Philosophie der Psychoanalyse nach Lacan eröffnet.

II

In der sogenannten „Transzendentalen Dialektik" der *Kritik der reinen Vernunft* richtet sich Kant gegen drei mit nach seiner Ansicht falschen Wahrheitsansprüchen ausgestattete Disziplinen. Sie prägten die Metaphysik seiner Zeit: 1.) die u.a. von Christian Wolff geprägte und auf Einsichten von Descartes, Leibniz und Malbranche ruhende rationale Psychologie (ihr Thema ist die Seele, Kant 1902-, Bd. III, B 403), 2.) die rationale Kosmologie (ihr Thema ist die Welt, ebd., B 455) und 3.) die rationale bzw. natürliche Theologie (ihr Thema ist Gott, ebd., A 620ff.).

Problematisch sind diese Fächer für Kant aufgrund ihrer erkenntnistheoretischen Ansprüche „[a]us der logischen Möglichkeit eines Begriffs [...] die reale Möglichkeit eines Dings" (Kant 1902-, Bd. III, B 624) der Erfahrung ableiten zu wollen. Sie setzen unkritisch eine Isomorphie zwischen Denken und Sein als ein vermeintlich unproblematisches Deckungsverhältnis voraus. Als ein vielzitiertes Beispiel kann hier der ontologische Gottesbeweis in seinen verschiedenen Traditionen genannt werden. Er erhebt den Anspruch, aus der Denknotwendigkeit eines höchsten Wesens dessen reale Existenzbedingung deduktiv abgeleitet zu haben. Kant erkennt darin den Fehlschluss, „von Dingen überhaupt synthetische Erkenntnisse a priori" (ebd., A 247 / B 303) ableiten zu wollen. Synthetische Erkenntnisse a priori setzten im Prädikat eines Urteils dem Satzsubjekt etwas Neues hinzu, brauchen jedoch keinen Bereich der

Erfahrung, weil sie – ähnlich wie mathematische Urteile – allein aus logischen und tautologischen Schlussfolgerungen Wahrheit erzeugen. Kant lehnt diese Überzeugung ab, da die Rede von zu erkennenden „Dingen an sich", zu denen Gott, Seele, Welt gehören, uns nicht mehr auf unsere epistemischen Registraturen verpflichtet. Und ein durch reines Denken erkannter Gott wäre ein solches Ding an sich. Ihm das Prädikat „zu existieren" zuzuschreiben, setzt ein sinnlich wahrnehmbares Material seiner Wirklichkeit voraus, das auf unsere Registraturen (d.h. unsere fünf Sinne) einwirkt. Genau von diesen Registraturen aus versuchten die Empiristen der schottischen Aufklärung die Grundpfeiler einer an den Naturwissenschaften orientierten Erkenntnistheorie zu errichten. Und Kant zufolge kann man hinter diese Einsicht nicht zurück. Mit ihrer Hilfe kommt er zu der These, dass Erkenntnis objektiver Sachverhalte möglich sei, aber nur unter der Absage einer letzten metaphysischen Gewissheit derselben. Im Unterschied zur deduktiven Wahrheitsform der Logik kann empirisch objektiv nur das sein, was Vernunftwesen qua ihren Registraturen mit guten Gründen als objektiv „erscheint". Wenn Kant daher an einer prominenten Stelle der *Kritik der reinen Vernunft* die These vertritt, dass der Begriff des „Seins" „kein reales Prädikat" sei (ebd., B 626), so will er damit zum Ausdruck bringen, dass der Begriff des Seins unter der Bedingung, ihn als Term, der einen Referenzbezug eröffnet, zu verwenden, kein sinnvoller Begriff ist. Ihm kommt allein die logische Funktion der Kopula in einer Proposition zu, das heißt die Rolle des „ist" im Satz „Der Tisch ist braun." Kants kopernikanische Wende ist hier zu verorten. Von nun an bringt die Kopula keine reale Eigenschaft des Satzsubjekts in seinem An-sich-Sein zum Ausdruck.

Das impliziert, dass nicht mehr die Vernunft als theologisches Medium die Einheit der Welt vom Gottesstandpunkt aus zu denken vermag bzw. das Fundament jeglicher Wahrheitserkenntnis ist, sondern Erkenntnis im Gleichklang mit Selbsterkenntnis ‚nur' das Ergebnis historischer Erfahrungen sein kann, Erfahrungen, in denen sich das Subjekt wie in einem gebrochenen Selbstgemälde (ähnlich dem *Bildnis des Dorian Gray* nach Oscar Wilde) als historisches Wesen seiner eigenen Erkenntnisgenesen spiegelt. Das erklärt, wie Claus Artur Scheier treffend offenlegt, warum Montesquieu, Voltaire und Hume primär als Historiker hervortraten (Scheier 2008, 244). „Custom" und „habit" werden die neuen Fundamente einer sich in kontingent-historischen Erfahrungen entfaltenden Subjektivität. Sie untergraben das Verhältnis des Subjekts zu seiner Umwelt, insofern Vernunft als Medium der Entdeckung intrinsischer Verhältnisse von Sein und Denken verlustig geht. Oder anders ausgedrückt: Einen ersten Grund der Erfahrung kann nur noch die Erfahrung selbst liefern, womit der Glaube an eine asymptotische Annäherung an die dem Menschen kulturell erreichbare Vollkommenheit verloren geht. (Mit Scheier: „S c P“ wir durch „S + P“ ersetzt, ebd.) An die Stelle der Copula, die das Subjekt im Urteil mit dem Prädikat verbinden konnte, tritt eine Logik kultureller Addition von Erkenntnissen. Von einer Ur-Teilung, wie sie Hölderlin in „Urteil und Sein“ thematisiert, kann nicht mehr die Rede sein, da ein Urteil nicht trennt und neu verbindet, was die Grundstruktur der Wirklichkeit immer schon vereint hatte. Das Urteil vereint nur noch, was unter kontingenten, d.h. historischen Bedingungen in Beziehung gesetzt werden kann. Das, was in diesem Prozess verlustig ging, kann als Verlust nicht mehr eingesehen werden.

Freud und Lacan erweitern Kants kopernikanische Wende, insofern sie den Bereich der Erfahrung mit weiteren Kategorien zu vertiefen suchen, die – ähnlich wie bei Kant – als Bedingungen der Möglichkeit von Erfahrung erst mit anderen Vernunftwesen geteilte Erfahrungsräume eröffnen. Während also eine bestimmte Form der klassischen Erkenntnistheorie, verkürzt gesagt, nach der Beziehung zwischen Subjekten und Objekten, wie auch nach Erläuterungen der Prädikate Sein und Existieren fragt und objektive Verhältnisse in subjektive Erkenntnisbedingungen einbindet, so erörtert die Psychoanalyse vielmehr das Verhältnis von *Singularität* und Objektivität. Oder anders gesagt: Das Subjekt-Objekt-Verhältnis interessiert nur unter der Bedingung, dass dieses als Abstraktion eines vorhergehenden Singularitäts-Objektivitäts-Verhältnisses verstanden wird.

Aber kehren wir noch einmal zurück zu Kant. Dieser folgt Humes Kritik an Imaginationsprozessen, mit denen der menschliche Geist unreflektiert seine Erfahrungen in eine eins-zu-eins- Relation mit der ihn umgebenden Wirklichkeit stellt. Zwei zusammenstoßende Billardkugeln werden dann in eine Ursache- und Wirkungs-Relation gestellt, die scheinbar intrinsisch zur Grundstruktur einer vom Menschen als unabhängig deklarierten Wirklichkeit gehört. Hume zufolge führt dies aber zur irrtumsanfälligen Gleichsetzung von Erfahrung mit dem, was *ist* bzw. *existiert* (Hume 2007, 70-83). Fakten, die menschliche Organismen mit Hilfe ihrer Registraturen wahrnehmen, werden mit Fakten einer an sich seienden Wirklichkeit gleichgesetzt, so als gäbe es keine Kluft zwischen

Erkennen und Erkanntem. Das wiederum führt zur Vorstellung einer autarken Objektwelt erster Ordnung, wo scheinbar Dinge an sich zueinander in an-sich-seienden Relationen stehen. Kant antwortet auf diese Problematik mit einer Ontologie, die eine naive Einzeldingontologie verunmöglicht. Erscheinungen sind sinnlich anschaulich und kategorial begrifflich bestimmbar; ein Ding an sich nicht. Letzteres fällt aus dem Hoheitsbereich des Verstandes, bekommt aber darin einen Sonderstatus als verstandesnotwendiger „Grenzbegriff" zugesprochen. Denn wenn wir auch nur auf Erscheinungen einen erkennenden Bezug haben, so müssen diese von irgendwo her uns affizieren, und das heißt ihrerseits ‚mehr' als nur Erscheinung sein.

In der Eröffnung eines Bereiches von Erscheinungen unter den Bedingungen der Absage sowohl an eine Wirklichkeit in ihrem An-sich-Sein, wie auch an eine monadologisch agierende denkende Substanz als Fundamentalprinzip der Erkenntnis, besteht Kants kopernikanische Wende. Neben einer scheinbar „absoluten Auffassung der Realität" („transzendentaler Realismus" von Kant genannt, Kant 1902, Bd. III, A 369) auf der einen Seite und der menschlichen Psyche auf der anderen, gibt es einen dritten Bereich. Er ist eine hybride Verbindung zwischen Geist und Welt und fällt weder mit einer Wirklichkeit zusammen, die scheinbar eine ontologische und epistemologische Unabhängigkeit von unserem Fürwahrhalten beanspruchen kann; noch fällt dieser Bereich mit dem individuellen Gehirn als Quelle rein psychologistischer bzw. solipsistischer Wirklichkeitskonstrukte zusammen. Die Inhalte unserer Gehirne sind – ähnlich wie bei den berühmten Cyborgs aus der *Star Treck* Saga – von ihrer Einbindung in überindividuelle Netzwerke von Signifikanten (d.h. Bedeutungsträgern) qua unserer Urteilsfähigkeit abhängig. Da es keine Privatsprache gibt, kann es keine privaten Wahrheitsansprüche geben, es sei denn für einen Paranoiker wie Schreber. Auch für Kant ist daher – ähnlich wie für Lacan – das erkennende, wie auch das moralisch handelnde Subjekt notwendig *gespalten*.

Was „der Fall ist", kann erst durch urteilsfähige Wesen bestimmt werden, was nicht heißt, dass das, was der Fall ist, allein vom Subjekt abhängig ist. Die zur Urteilsfindung notwendigen Kategorien verarbeiten sinnliches Anschauungsmaterial, das gerade nicht von Kategorien erzeugt, sondern nur mit ihrer Hilfe unter der Einwirkung von Einbildungskraft synthetisiert wird. Das kann so weit gehen, dass, wie das Beispiel der in der zeitgenössischen Physik vieldiskutierten „schwarzen

Materie“ zeigt, eine Entität gerade, weil sie noch nicht in ihrem Wesen definiert ist, mit Freud gesagt, als „Vorstellungsrepräsentanz“, d.h. als bezeichnete Lücke im holistischen Erklärungsnetzwerk gesetzt wird. „Schwarze Materie“ ist sprichwörtlich eine ‚unsinnlich-sinnliche Anschauung‘, über die Urteile zu fällen gleichzeitig sinnvoll und sinnlos ist. Der Begriff fungiert als Stellvertreter einer Lücke. Er hat in seiner Negativität etwas Positives, weil mit seiner Hilfe Nichtwissen markiert ist.

An unseren fünf Sinnen wird uns die Außenwelt zugänglich. Sie kann durch eine kategoriale Filterung in eine zwischen Vernunftwesen mitteilbare Urteilsstruktur gebündelt werden. Diese Urteilsstruktur hat rückwirkend Einfluss auf die sinnlichen Anschauungen; ein Kleinkind nimmt, ähnlich wie ein Tier, sinnlich anders wahr, als ein Erwachsener. Sprachbegabte Wesen können sich über wahrheitsfähige Sachverhalte austauschen. Aber die Zusammenhänge gestalten sich nach den Grenzen der Vernunft, nicht umgekehrt. Ein Insekt, das neben mir auf einem Gartentisch sitzt, hat vom Tisch keine Anschauung, weil es ‚unmenschlich‘ wahrnimmt. D.h. aus der Raumzeitstelle, an der ich einen Tisch erkenne, muss das Insekt etwas anderes gemäß seiner im Organismus evolutionär geprägten Wahrnehmungsbedingungen filtern. Viele Jahrzehnte vor Kant wies Locke auf diesen Umstand hin: „Hätten wir Sinne, die scharf genug wären, um die winzigen Teilchen der Körper und die wirkliche Beschaffenheit, von der ihre sinnlichen Qualitäten abhängen, zu erkennen, so zweifle ich nicht daran, dass sie ganz andere Vorstellungen in uns hervorrufen würden. Das, was jetzt die gelbe Farbe des Goldes ist, würde verschwinden, und an seiner Stelle würden wir ein bewundernswertes Gefüge von Teilen mit einer bestimmten Größe und Gestalt sehen“ (Locke 1997, 273).

Die Welt der Erfahrung ist notwendig kleiner als die Menge ihrer Teile, weil es immer Teile darin gibt, die keinen Anteil am Erkannten haben dürfen. Andere Registraturen (von Katzen, Fledermäusen, Mikroben etc.) und andere Kategorialverarbeitungen von Aliens, Engeln oder Göttern destillieren andere Objekte aus einem Bereich überzähliger Vielheiten. Oder mit einem Bonmot des ehemaligen US-amerikanischen Verteidigungsministers unter der Bush-Regierung der Jahre 2001-2006, Donald Rumsfeld, gesagt: Es gibt nicht nur Dinge, die wir nicht wissen. Es gibt auch Dinge, von denen wir nicht einmal wissen, dass wir sie nicht wissen („unknown unknowns“). Der amerikanische Schriftsteller H.P.

Lovecraft (1890-1937) baut von dieser Unwissenheit aus das Universum seiner Horrorgeschichten. In ihnen geht es um fragile Erscheinungswelten, unter denen sich Vielheiten von Vielheiten als Orte abgründigen Schreckens verbergen. Er schreibt: „Die größte Gnade dieser Welt ist [...] das Nichtvermögen des menschlichen Geistes, ihre inneren Geschehnisse miteinander in Verbindung zu bringen. Wir leben auf einer friedlichen Insel des Ungewissen inmitten schwarzer Meere der Unendlichkeit, und es ist uns nicht bestimmt, diese weit zu bereisen“ (Lovecraft 2020, 9).

Kant muss das „Ding an sich“, das mit Frege gesagt „Sinn“, aber keine „Bedeutung“, d.h. keinen Referenten, hat, einführen, weil Reizrezeptoren und Kategorien von irgendwoher ihr Material zur Gestaltung objektiver Erfahrungen bekommen müssen (Kant 1902- Bd. III, B 310). Selbst wenn dieser Bereich, wie gesagt, nicht durch unseren Verstand quantifiziert und ausgemessen, und nur vom „reinen Verstand“ (ebd., B 310) analog zur regulativen Vernunft-Idee der „Welt“ als „notwendig“ postuliert wird, ist dies so. Das „Ding an sich selbst“ ist ein „Etwas = x, wovon wir gar nichts wissen, noch überhaupt (nach der jetzigen Einrichtung unseres Verstandes) wissen können“ (ebd., A 250). Wir wissen nur, dass es „gedacht werden soll“. In diesem Sinne ist der Begriff des Dings an sich keiner, unter den ein positiver Erfahrungsbereich aus wahrhaftigeren Objekten als dessen Extensionen, als dessen Referenten fällt. Mit ihm wird verhindert, „die sinnliche Anschauung nicht bis über die Dinge an sich selbst auszudehnen, und also, um die objektive Gültigkeit der sinnlichen Erkenntnis einzuschränken“ (ebd., B 310). Der Begriff ist ein „Noumenon im negativen Verstande“, da „es [das Ding an sich] nicht Objekt unserer sinnlichen Anschauung ist“ (ebd., B307). Es markiert als zugleich sinnvoller und sinnloser Term die Binnengrenze unserer phänomenalen Erscheinungswelt und eröffnet die Phantasie einer Wirklichkeit in einer Fülle, die in ihrem An-sich-Sein so voll, aber auch so unbestimmt wie nur möglich ist. Adorno wird diesem Bereich in seiner *Negativen Dialektik* unter der Rede vom „Vorrang des Objekts“, das vom Subjekt nie absorbiert werden kann, eine auch Kant gegenüber kritische Bedeutung geben (Adorno 1970, 184).

Allegorisch gesprochen bewegen wir uns im Erkennen gemäß Kants Metaphysik in der Formalstruktur einer *Klein'schen Flasche*. Ihre Form grenzt nicht an einen Inhalt bzw. sie umfasst nicht den Inhalt. Der Inhalt ist die in sich selbst gefaltete Form. Ähnlich verhält es sich bei Kant: Die Erkenntnis*form* (geprägt durch Raum und Zeit, Anschauungen, Katego-

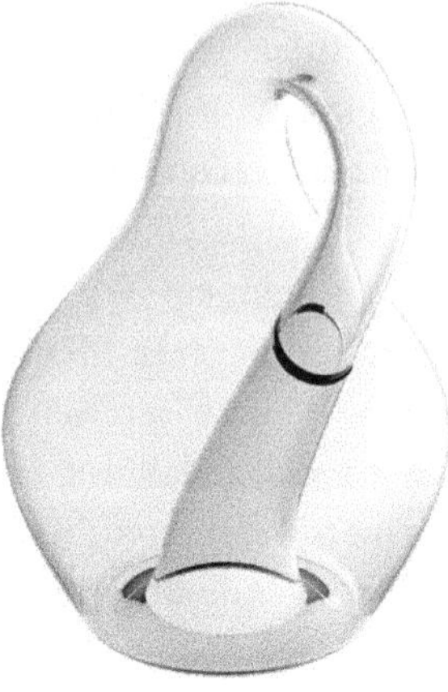

rien, Ideen) bestimmt den Erkenntnisinhalt von der Form selbst her. Der Bereich des Phänomenalen grenzt sich nicht vom Noumenalen ab, da wir auf letzteren lediglich in der Form eines Postulats zugreifen können. (Es muss ein X da sein, das uns affiziert.) Das Noumenale wird so jedoch zum Effekt einer *auf sich selbst gerichteten* und in sich selbst gespiegelten Phänomenalität. Das Andere der Erscheinungen gibt es in dem Sinne nur als Binnengrenze des Phänomenalen. Hinter dem Begriff des Noumenon verbirgt sich die Negativität der Selbstbegrenzung der Phaenomena. Der Bereich des Noumenalen hat keinen positiven Gehalt. Er ist das Eingeständnis, die Erscheinungswelt nur vor dem Hintergrund ihrer eigenen Nicht-Identität zu umfassen. Die Welt der Erscheinungen ist somit von sich *unendlich getrennt*. Sie braucht das Postulat der Totalität einer anderen Welt, die diese Grenze scheinbar überwindet. Die Grenzziehung ist aber ihrerseits nur ein Phänomen im Phänomenalen.

Wir mögen als Menschen unterschiedliche sinnliche Anschauungen von dem oben erwähnten Gartentisch haben (der eine sieht ihn von Links, der andere von weit entfernt). Und doch kommen wir im Gegensatz zum Insekt in Urteilen über seine Identität problemlos überein. Die unterschiedlichsten sinnlichen Anschauungen, in denen „die Gegenstände [...uns], wie sie erscheinen vorgestellt werden“, werden zu Gegenständen „wie sie sind“ (im „durchgängigen Zusammenhange der Erscheinungen“ ebd. A 258) qua formaler Denkbestimmungen und durch mit anderen geteilten Semantiken in Propositionen homogenisiert.

Das ist eine erste und hier zugegebenermaßen nur abrisshaft dargelegte Einsicht Kants: Es gibt objektive Zusammenhänge in Abgrenzung zu einem radikal Anderen dieser Zusammenhänge, das Ding an sich. Freud entfaltet, wie wir sahen, seinerseits einen Begriff des radikal Anderen. Er betrifft nicht das Andere als unbestimmbaren Hintergrund („Etwas = x". ebd., A 250), aus dem heraus die Welt der Erscheinungen emergiert. Im Theorierahmen der Philosophie der Psychoanalyse verweist er auf ein „Etwas = x" inmitten der Ich-Funktion am Ursprung ihrer Emergenz. Wir kommen darauf zurück.

Kants Lösung einer Vermittlung zwischen der rationalistisch geprägten Schulphilosophie seiner Zeit und den Einsichten des schottischen Skeptizismus wird von seinen prominentesten Erben (Fichte, Schelling, Hölderlin, Hegel) verworfen. Das Preisgeld seiner – mit Hegel gesagt – „Synthese" zwischen Rationalismus („These") und Empirismus („Antithese") ist ihnen zu hoch. Es besteht in einer Zwei-Welten-Lehre, die einer Neuauflage des Platonismus gleicht. Eine göttliche Ideenwelt in ihrem An-sich-Sein steht dort einem „bloßen Zusammenhange der Erscheinungen" (ebd. A 258) unverbunden gegenüber. Freiheit kann theoretisch nicht erwiesen und nur noch im Rahmen der praktischen Vernunft postuliert werden. Ähnlich verhält es sich mit Gott. Wie soll man ihn verehren, wenn sein Status einem Postulat gleichkommt? Auch deshalb sahen Kants Nachfolger die Überwindung von Humes Skeptizismus als gescheitert an.

Donald Davidson wird im 20. Jahrhundert einen ähnlichen Vorwurf gegenüber dem Kantianer Peter Strawson und seinem, Davidsons, Lehrer, Willard V. O. Quine vorbringen (Davidson 1990). Beide hätten, so Davidson, Kants Unterscheidung zwischen Inhalten, die die Sinne uns (passiv) vorstellen, und transzendentalen Bedingungen, die unsere Urteilskraft (aktiv) betreffen, nicht überwunden. Das Ergebnis sei ein postmoderner u.a. mit dem späten zur Literaturwissenschaft gewechselten Richard Rorty assoziierter Begriffsrelativismus. Und so wie Davidson zufolge Quine aufgrund der Form-Inhalt-Dichotomie einem ontologischen Relativismus verfällt, der Davidson zufolge von einem Hume'schen Skeptizismus kaum noch zu unterscheiden sei, schien auch Kant aus der Sicht der auf ihn folgenden Idealisten ein erkenntnistheoretischer Skeptiker zu sein. Was für eine ärmliche Freiheit hätte der Mensch nach Kants Anthropologie, wenn diese nicht empirisch beweisbar sei. Und was für eine erbärmliche Erkenntniskraft sei diejenige, die ihre Welt vor dem Hintergrund einer Distinktion zwischen Phaenomena und Noumena aufbaut. Der Mensch verbliebe unter diesen Prämissen ähnlich wie Neo im

Matrix-Film im Gefängnis einer virtuell-konstruktivistischen Welt. In ihr ist jeder Zugang zu Gott, zu Freiheit, und zur Wirklichkeit in ihrer Fülle versperrt.

III

Bevor wir zu Hegel kommen, ist noch ein letzter Kommentar zu Kant nötig. Er betrifft die aus der Urteilsstruktur unseres Denkens von Kant abgeleiteten „Verstandeskategorien". Sie haben ihm zufolge eine primär epistemische Funktion. Das unterscheidet sie von den Kategorien des Aristoteles, die, vereinfacht gesagt, in Urteilen Sachverhalte im metaphysischen An-sich-Sein ihrer Existenz bestimmen, nicht als Erscheinungen in Räumen menschlicher Erfahrung. Auch deshalb kommt Kants Kategorien keine *ontologische* Bedeutung zu. Der Mensch kann Grundstrukturen der ihn umgebenden Wirklichkeit zwar qua Vernunft postulieren, aber nicht qua Verstand erkennen. Hegel wird dieser Überzeugung widersprechen. Ihm zufolge kommt Denkbestimmungen eine ontologische Funktion zu. Schließlich bestimmen wir mit ihnen, was ein Gegenstand in Wirklichkeit ist, beispielsweise mit Hilfe einer Definition. Dass Wirklichkeit kein statischer Ist-Zustand wie in einem raumzeitlichen Blockuniversum ist, ist Grundüberzeugung seiner Prozessphilosophie, in der Wahrheit und Wissen ein eschatologisches Schicksal erfüllen: sich zugunsten einer immer idealer werdenden Zukunft zu verpassen. Die Philosophie ist als Grundlagenwissenschaft zu dieser Einsicht fähig. Sie ist „wissenschaftliche Erkenntnis der Wahrheit" (Hegel 1986, Bd. 8, 14). Damit steht Hegels Denken noch mehr als dasjenige Kants in der Tradition klassischer Metaphysik, jedoch nur unter der Bedingung, dass diese nicht mehr hinter Kant zurückfällt. Sie steht für das „unbefangene Verfahren, [das glaubt...], dass durch das Nachdenken die Wahrheit erkannt, das, was die Objekte wahrhaftig sind, vor das Bewusstsein gebracht werde" (Hegel 1986, Bd. 8, § 26).

Umgangssprachlich könnte man sagen, dass die Kantischen Erscheinungen bei Hegel in „Erscheinungen an sich" umgedeutet werden. Ihre Objektivität ist gesichert, unabhängig von einem wie auch immer auszulegendem Ding an sich. Alles, was mit Geist erkannt und begründet werden kann, hat objektive Eigenschaften. „Denkbestimmungen" sind „Grundbestimmungen der Dinge" (ebd., § 28) – zumindest dann, wenn man Hegels Begriff der Negativität, auf den wir gleich zu sprechen kom-

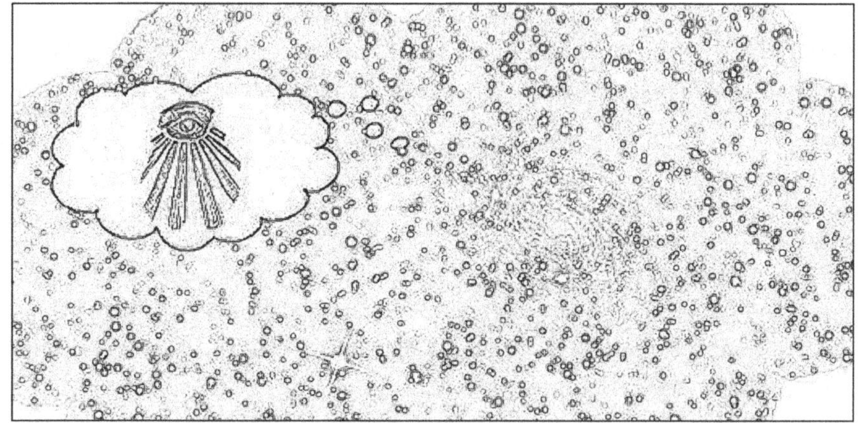

men, berücksichtigt. Diejenige Entität, die ihrem Begriff entspricht, ist mit dem Begriff extensionsgleich und nicht durch „subjektive Bedingung[] des Denkens" (Kant 1902-, Bd. III, B 122) zum Status von Erscheinungen in Abgrenzung zum Ding an sich degradiert. So ist Hegel zufolge auch der ontologische Gottesbeweis Anselms in seiner Grundstruktur eines „synthetischen Urteils a priori" Ausdruck eines objektiven Gedankens. Schließlich fällt das, was wahrhaft oder in Wirklichkeit ist, mit seinem Begriff zusammen. Anselm formuliert folglich einen objektiven Gedanken, der durch subjektive Bedingungen des Denkens nicht an Objektivität verliert. Und sind Kants eigene „synthetische Urteile a priori" nicht genau das: Ausdruck objektiver Gedanken durch das Denken? Vor diesem Hintergrund mag man verstehen, warum Hegel glaubt, in seiner *Wissenschaft der Logik* weniger „synthetische Urteile a priori" im Sinne Kants offenzulegen, die als „subjektive Bestimmungen des Denkens" unsere Urteile für raumzeitliche Erfahrungsräume formen, sondern tatsächlich an Denkbestimmungen festhält, die Denken und Sein in ein objektives Korrelationsverhältnis bringen.

IV

Hegel löst das Problem einer Zweiteilung der Wirklichkeit in Erscheinungen einerseits und Ding an sich andererseits, indem er im Gegensatz zu Kant behauptet, dass der Mensch als Subjekt Teilelement seines Bereiches der Erfahrung, die Welt des Objekts, ist. Daraus ersteht eine gegenseitige Verhältnisbeziehung von Subjekt und Objekt in der Genese der Wirklichkeit. Wenn von Objekten die Rede ist, dann nicht im Sinne einer Einzeldingontologie, sondern vor dem Hintergrund der Erkenntnis, dass Objekte nur in Propositionen, d.h. in Sachverhalten zur Geltung kommen. Einen direkten Bezug zur Welt der Dinge gibt es für Hegel nicht abgelöst von einer die Wirklichkeit immer schon durchziehenden Urteilsstruktur. Anton F. Koch spricht analog dazu im Rahmen seines Hermeneutischen Realismus von einer immer schon grundlegenden „Lesbarkeit der Welt" (Koch 2016, 97ff.).

Im Unterschied zu Hegel reflektiert Kant nicht auf die Genese von Geist, sondern setzt ihn voraus. Eine Zwei-Welten-Lehre scheint so jedoch unvermeidbar: die Option, Geist als emergentes Phänomen reflexiver Prozesse auszulegen, entfällt. Auf Hegel angewendet bedeutet diese Möglichkeit, dass es keine *neutrale Basis* gibt, die einen komparativen Vergleich zwischen objektiven Sachverhalten in ihrem An-sich-Sein einerseits (Kants Ding an sich als „der gänzlich unbestimmte Gedanke von Etwas überhaupt" Kant 1902, Bd. III A253) und den subjektiven Repräsentationen erkennender Wesen als Teilelemente dieser Sachverhalte andererseits (Kants Erscheinungen) bereitstellt. Geist bzw. Bewusstsein ist diese Basis in Personalunion. Sie, die Basis, steht im Strom der Zeit und kann daher nicht neutral sein. Sie ist zeitbedingt und ‚parteiisch'. Natur- und Menschheitsgeschichte sind Medium eines Prozesses, der im Laufe der Evolution von Geist bzw. Begrifflichkeit sein eigenes Teilelement-Sein von Wirklichkeit auf dem Weg eines letztlich nicht auszuschlagenden Endziels (absoluter Geist bzw. absolute Idee genannt) erkennt. Denken prägt als Einheit von Formbedingungen des Erkennens und sinnlichen Inhaltsbedingungen des zu Erkennenden je neue Komplementärbeziehungen zwischen Subjekten und Objekten. Diese Beziehungen sind im 17. Jahrhundert anders als im 21. Menschen stehen als Ergebnis eines Evolutionsprozesses dessen, was Hegel den Begriff nennt, nie ewigen Sachverhalten gegenüber. Wir sind Produkte von Sachverhalten, weil wir Teilelement derselben sind, was nicht heißt, dass wir im Umkehrschluss dieselben Sachverhalte schon totalisierend umfassen und ihnen gegenüber eliminativ ausgeliefert wären.

Als Galilei „seine Kugeln die schiefe Fläche [...] herabrollen [ließ...] ging allen Naturforschern ein Licht auf" (Kant 1902, AA Bd. III, B XII). Die mit seinem Namen assoziierte „Revolution der Denkart" (ebd., B XI) veränderte aber nicht primär das Objekt der Untersuchung, z.B. diverse Himmelskörper, sondern das Subjekt bzw. dessen Stellung zum Objekt. Denkbestimmungen können für Hegel dann je historisch die Objektivität erkennen, die die Bedingungen der Möglichkeit von Objektivität ihnen epochenspezifisch auferlegt. Sie können jedoch nicht hinter sich selbst zurücktreten, um das Geist-Welt Verhältnis aus dem Blickwinkel von Nirgendwo zu falsifizieren. Heißt dies, dass Objektivität und Wahrheit subjektiv sind? Nein. Es heißt, dass Objektivität in der Zeitstruktur von Bewusstsein den Status der Isomorphie zwischen Sein und Denken verpassen und ihn doch voraussetzen muss.

Kant kennt zwar ebenso den Begriff einer historischen Entwicklung zum Besseren menschlicher Erfahrung durch die Zeit. Er erwähnt ihn u.a. in seiner Schrift „Idee zu einer allgemeinen Geschichte in weltbürgerlicher Absicht“ von 1784, im zweiten Abschnitt des *Streits der Fakultäten* (1789) und in den Teleologie-Abschnitten der *Kritik der Urteilskraft*. Er wendet ihn jedoch nicht auf Formalbedingungen, d.h. epistemische Kategorien der Erkenntnis an. Aber auch darüber hinaus verbleibt speziell in der *Kritik der Urteilskraft* die Vorstellung einer zweckhaften Entwicklung innerhalb der Naturordnung auf dem Status einer „Idee“. Sie ist das zirkuläre Hilfskonstrukt der Vernunft, die uns umgebende Wirklichkeit in sinnvollen Zweckbeziehungen erklärbar zu machen. Ob der Natur aber in ihrem An-sich-Sein ebenso wie der Geschichte der Menschheit eine intrinsische und teils zielgerichtete Ordnung zugesprochen werden kann, ist nicht beweisbar. Hegel zufolge gibt es daran keinen Zweifel. Nur ein regulatives Ideal zu postulieren, verkennt, dass Geist in seiner Bindung an die Zeit die performative Gebärde seiner Selbstproduktion gar nicht anders als auf einen Fortschritt im Denken und Handeln hin auslegen kann.

V

Hegels Kant-Kritik gilt primär dem Begriff des Dings an sich. Selbst unter dem Eingeständnis, dass damit auch aus Kants Perspektive nur ein Grenzbegriff gemeint sei, dem kein Objekt bzw. kein Bereich in Raum- und Zeitkoordinaten zuzuordnen ist, evoziert er den Gedanken einer jenseitigen Realität. Sie steht für die wirklichkeitsabgewandte Seite unserer epistemischen Registraturen. Ein Jenseits dieser Art zu postulieren, und sei es nur als Grenzbegriff, verkennt für Hegel, dass im Begriff von Bewusstsein das Grundverständnis eines Bewusstseins von der uns umgebenden Wirklichkeit immer schon eingeschrieben ist. Die uns umgebende Wirklichkeit ist das notwendige Komplement von Bewusstsein und die

Frage, ob es eine Außenwelt zur uns umgebenden Wirklichkeit gäbe, beruht für Hegel auf einer Verkennung der historischen Verschränkung von Denken und Sein. Sie darf jedoch nicht als Isomorphie missverstanden werden, um Fortschritt im Geist denkbar zu machen. Wie erwähnt, ist ein ähnliches Argument von Donald Davidson gegen Peter Strawson und Willard V. O. Quine in verschiedenen Artikeln vorgebracht worden. Beiden spricht Davidson den Fehlschluss zu, in der Übernahme von Kants Dichotomie zwischen Form und Inhalt einem relativistischen Verständnis von „Begriffsschemata" das Wort zu reden (Davidson 1990).

Hegel behauptet in diesem Zusammenhang nicht nur, dass Bewusstsein durch die Außenwelt als Ort aller möglichen Erfahrungen bestimmt ist, sondern er stellt fest, dass diesem Bewusstsein je eine historische Erfahrungsbedingung zugrunde liegt. In ihr sind Menschen immer schon Teilelemente und als solche regelrecht berufen. Diese These ist individualpsychologisch nachvollziehbar. Können wir beispielsweise heute sagen, wie es damals war, Erfahrungen als der kleine Jonas oder die kleine Anna gemacht zu haben? Oder können wir uns noch an unser Bewusstsein als ein authentisches Erleben erinnern, als wir in die Schule kamen? Wir mögen uns vielleicht daran erinnern, wie schwer es uns fiel, Vokabeln zu lernen, aber können wir uns darüber hinaus auch retrospektiv-erinnernd auf diese Geistebene unseres Selbstbewusstseins als Fünfjährige(r) zurückbesinnen? Nein, weil Bewusstsein sich nicht selbstreferenziell subtrahieren kann. Worauf ich hinaus möchte ist der simple Umstand, dass in allen Erfahrungsstufen, die wir erlebt hatten, wir jeweils von einem mehr oder weniger objektiven Zugriff auf die uns umgebende Wirklichkeit ausgegangen sind. Selbst wenn wir heute sagen würden, dass wir als 12jähriger Schulgänger ungebildet waren, so könnten wir das nicht sagen, wenn wir jetzt wieder durch irgendein Wunder zwölfjährig wären. Wir hätten im sprichwörtlichen Sinne Hegels keinen „Begriff", von dem aus wir uns damals nach heutigen Standards hätten beurteilen können.

Auf jeder Bewusstseinsstufe scheint Individualbewusstsein sich immer mehr oder weniger seines objektiven Zugriffs auf Wirklichkeit sicher zu sein. Erfahrungen von Irrtum mögen dann korrigierend eingreifen, aber auch nur, um eine neue Stufe vermeintlicher Gewissheit zu erlangen. Es ist immer dieses absolut sich selbstgewisse Ich in seiner Verwindung mit einer antiindividualistischen Sozialstruktur, das erkennt, wahrnimmt, und beurteilt, egal ob im Alter von sechs, zehn oder zwanzig Jahren. Auf jeder Stufe ist Bewusstsein sich in der Regel seiner Objektivität sicher. Erst nachträglich erkennt es vorhergehende Konzepte von Objektivität als retrospektiv sowohl falsch als auch als Bedingung der Möglichkeit seiner neuen Form. „Diese dialektische Bewegung, welche das Bewusstsein an ihm selbst, sowohl an seinem Wissen als an seinem Gegenstande ausübt, insofern ihm der neue wahre Gegenstand daraus entspringt, ist eigentlich dasjenige, was Erfahrung genannt wird" (Hegel 1986, Bd. 3, 78).

Aber ist dann, wie VertreterInnen eines zeitgenössischen metaphysischen Realismus behaupten würden, der je neue Gegenstand der Wissenschaft nicht immer schon der alte gewesen? War das heliozentrische Weltbild nicht immer schon das einzig richtige, ein Faktum in der Welt, das von Menschen entdeckt und nicht erst im Rahmen einer Theorie geschaffen wurde? Diese Fragen sind falsch gestellt. Sie täuschen uns darüber hinweg, dass es keinen ahistorischen Standpunkt gibt, der über die Ewigkeit hinweg die Objektivität der Dinge in Form einer Einzeldingontologie bestimmen könnte. Die Welt wird als Bürgin wahrer Propositionen wie ein gleichbleibender Faktenteppich ausgelegt, den Menschen immer feinkörniger bestimmen.

Hegels Vorwurf gegen Kant lautet daher, dass er ein kategorienstarres Bewusstsein von einem Bereich der Dinge, wie sie „an sich" sind, abgrenzt, und nicht das Wechselspiel von Form und Inhalt in historisch bedingten Erfahrungs- und Erkenntnisprozessen berücksichtigt. Diese Debatte wird seit einigen Jahren neu verhandelt. So versteht Catherine Malabou Kants Kategorientafel im Gegensatz zu Günther Zöller nicht als ein statisches Korsett apriorischer Erkenntnisbedingungen (Malabou 2016, 40ff.). Kant wusste ihrer Meinung nach um die Plastizität des menschlichen Gehirns als Medium prozessphilosophischer Neubestimmungen. Man könnte auch mit Gerhard Gamm sagen, Hegel sehe in Kant ein theologisches Motiv weiter durchscheinen, nämlich „die Angst vor der Verunreinigung des Absoluten (des Bereichs des Dinges an sich). Dieses Absolute darf gleichsam nicht durch die Erkenntnisschemata endlicher Menschen verunreinigt werden" (Gamm 1997, 95). Demgegenüber vertritt Hegel die These, dass hier nichts verunreinigt wird. Bewusstsein erkennt objektive Fakten, je nach der epistemologisch-kollektiven Bewusstseinsstufe, die ihren ontologischen Zugriff auf die Wirklichkeit in Begründungen ausgestaltet.

VI

In diesem Zusammenhang kommt nun Hegel auf seinen zentralen Begriff der Negativität zu sprechen. Er hat wesentlich mit dem zu tun, was ich in den Ausführungen zu Freud einen Grundbaustein der menschlichen Psyche nannte. Und deshalb war dieser Umweg nötig. Hegel schreibt Folgendes:

„Die Ungleichheit, die im Bewußtsein zwischen dem Ich und der Substanz [= Gesamtheit der uns zugängigen Sachverhalte bzw. das, was der Fall ist], die sein Gegenstand ist, stattfindet, ist ihr Unterschied, das Negative überhaupt. Es [das Negative] kann als der Mangel beider angesehen werden [d.h. als ein Mangel im erkennenden Ich und als Mangel im Objekt des erkennenden Bezugs], [das Negative] ist aber ihre Seele [die Seele von Ich und Substanz] oder das Bewegende derselben [d.h. das Negative, das sowohl im Ich als auch im Objekt (=Gesamtheit der Sachverhalte) steckt, bewegt sowohl das Ich als auch die Objektwelt aufgrund einer Nichtkoinzidenz bei gleichzeitiger Verwiesenheit aufeinander. Gerade durch eine Nicht-Koinzidenz zwischen Subjekt und Objekt, ist das Verhältnis per se instabil und bewegt sich im Versuch die Nicht-Koinzidenz immer wieder zu überwinden, fort]; weswegen einige Alte [Vorsokratiker wie Leukipp und Demokrit] das Leere als das Bewegende begriffen, indem sie das Bewegende zwar als das Negative, aber dieses noch nicht als das Selbst erfaßten. [D.h. vorsokratische Philosophen hatten sich zwar schon mit dem Nichts bzw. der Leere als Negativierung des Seins befasst, aber nie als etwas, das wesentlich dem Kosmos sozusagen als inneres, ontologisches Prinzip und als Teil eines Selbst eingeschrieben ist als Bedingung der Möglichkeit eines Erfahrungsfortschritts an Erkenntnis von Subjekt und Objekt.] Wenn nun dies Negative zunächst als Ungleichheit des Ichs zum Gegenstande erscheint, so ist es ebensosehr die Ungleichheit der Substanz zu sich selbst“ (Hegel 1986, Bd. 3, 39).

Auf den Punkt gebracht, beschreibt Hegel in diesem Satz die uns umgebende (und vorerst nur idealtypisch) gedachte Summe von Sachverhalten als eine, der ein *unendlicher Seinsmangel* eingeschrieben ist. Er gibt diesem Mangel den Begriff des „Negativen“. Als Grundprinzip des Seins ist es verantwortlich für „das Bewegende“, wobei wir Menschen als Verkörperung des Geistes diese Bewegung aufrechterhalten und antreiben. Aber wir können diese Bewegung nur verkörpern, weil wir sie aufgrund eines ihr inhärierenden Mangels (den, wie gesagt, Hegel Negativität nennt) nicht abschließen und unseren Ort bzw. unsere Rolle, Berufung, Bestimmung im ganzen Prozess nicht erkennen können. Dieser Mangel betrifft nicht nur die Sachverhalte ‚da draußen' (= das, was der Fall ist), sondern uns selbst. Die Grenze zwischen Subjekt und Objekt fällt in uns. Sie ist, abstrakt ausgedrückt, ‚extensionsgleich' mit dem Begriff als Geschichte des Bewusstseins, dessen Teilelemente wir sind.

Kurz gesagt, in dem oben abgedruckten Zitat finden sich im Kern die Inhalte, die Hegel für den slowenischen Philosophen und Vertreter eines zeitgenössischen dialektischen Materialismus, Slavoj Žižek, interessant machen. Žižek sieht eine Strukturanalogie zwischen Hegels Rede von „Geist" als einer mit ihrem eigenen Mangel ringenden Begründungsstruktur dessen, was in Wahrheit ist, und der Psychoanalyse Lacans. Letztere ist aus den Analysen von Strukturen des Widerständigen im psychologischen Selbstverständnis eines Subjekts entstanden und insofern als eine analog zu Hegels Geist-Theorie auszulegende Komplementärdisziplin anzusehen. In beiden Fällen umschreibt Negativität einen Mangel. Er betrifft das Subjekt in seinem Verhältnis zur Welt der Anderen, wie auch – gemäß Hegels Interpretation – die oben erwähnte Subjekt-Objekt Dichotomie, die Subjekt und Objekt daran hindert, mit sich identisch zu sein oder zu werden. Genau dieser Negativitätsbegriff, den Hegel „Seele oder das Bewegende" nennt, und von dem er behauptet, dass dieser unsere Feststellungen immer wieder untergräbt, ist es, der Lacan dazu verleitet hatte, Hegel den „erhabensten aller Hysteriker" (Lacan 2007, 35) zu nennen. Hysteriker finden keine Ruhe. Sie versuchen unendlich, ihren Identitätsmangel einzuholen. Und tatsächlich verortet Hegel den Geist in dieser Spannung. Geist gewinnt „seine Wahrheit nur, indem er in der absoluten Zerrissenheit sich selbst findet, indem er dem Negativen ins Angesicht schaut, bei ihm verweilt" (Hegel 1986, Bd. 3, 36).

Wenn der Geist keine Ruhe findet, so auch nicht das erkennende Subjekt. Es befindet sich konstitutiv im Widerspruch mit sich und der Welt. Genau aus diesem Grund ist es in der Lage, alles zu hinterfragen, beziehungsweise es wird, sobald es anfängt nachzudenken, zum Hinterfragen gedrängt. Durch Einsprüche von Anderen, Widersprüche in politischen und wissenschaftlichen Diskursen etc. Weltgeist erweist sich als hegemonial immer umstritten bleibendes Aggregat von Wissensbausteinen, die in kontinuierlichen Feedback-Loops ihre Wahrheitsansprüche immer wieder neu begründen müssen.

5. Die Metaphysik der Kontingenz

6. Vorlesung

I

In der letzten Vorlesung hatte ich darauf hingewiesen, dass das von Kant als Grenzbegriff postulierte Ding an sich dem erkannten Objekt als Erscheinung angeblich etwas im Erkennen von seiner Fülle abzieht. Wie Žižek in seiner Hegel-Lektüre offenlegt, wäre eine „Erscheinung" demzufolge die reduzierte Form eines Objekts, das in seiner Fülle einerseits aus einem Erscheinungs-Teil und andererseits aus einem Ding-an-sich-Teil (jenseits des Phänomenseins) bestünde. Da uns jedoch im Objekt unserer Erfahrung (z.B. im Schreibtisch vor mir) immer nur der Erscheinungsteil zugängig ist, erkennen wir in verobjektivierbaren Strukturen unserer Erkenntnisfähigkeit nicht die Objektivität der Dinge (z.B. den Tisch vor mir in seinem An-sich-Sein). Mit anderen Worten: Das erkennende Subjekt schiebt zwischen Erscheinung und Ding an sich das transzendentalphilosophische Medium der Erkenntnisstruktur und baut damit eine Grenze zu einem Anderen des Objektiven auf. Das Ding an sich bleibt für Kant von dieser Zugabe durch das Erkenntnismedium aber unbeeinflusst. Diese Vorstellung ist Gegenstand der Hegel'schen Kritik. Kant pflege, so Hegel, eine zu große „Zärtlichkeit für die Dinge", der zufolge es „schade wäre, wenn sie sich [aus Kants Perspektive] widersprächen" (Hegel 1986, Bd. 20, 359). Wahrhaft objektives Erkennen wäre eines, welches keinen epistemischen Rest zurückließe und das Objekt von allen subjektiven Erkenntniszugaben wie ‚befreit' zurückließe. Hegel zufolge ist aber der Widerspruch aus Sachverhalten, in denen die Dinge ihre Individuationsbedingungen erfahren, nicht abziehbar. Auch deshalb betont er in Abgrenzung zu Kant die Einsicht, dass am „Geist (das Höchste) der Widerspruch ist", der alles andere, nur „kein Schaden sein [soll]" (ebd.).

Es gelte, die Dichotomie zwischen Subjekt und Objekt von Kants statischem Verständnis von „Dingen überhaupt", die von unseren epistemischen Registraturen unabhängig sind, zu trennen. Hegel tut dies, indem er zu Beginn der *Phänomenologie des Geistes* die These vertritt, dass die angeblich gleichbleibende Grundstruktur der Wirklichkeit, wie sie ihm zufolge speziell von Spinoza mit dessen Begriff der Substanz in einer prozessfreien Statik erfasst wird, „ebensosehr als Subjekt aufzufassen und auszudrücken“ sei (Hegel 1986, Bd. 3, 23). Und wie ich im ersten Teil dieses Hegel-Vorlesungsblocks deutlich zu machen versuchte, meint er damit, dass dasjenige, was das panpsychische Universum (als vergangene und zukünftige Summe im Werden aller Sachverhalte) zusammenhält, eine dialektische Verbindung von Objekt und Subjekt in je sich historisch verändernden Rechtfertigungszusammenhängen ist. Mit Bezug auf den Erkenntnisprozess heißt das eben nicht, dass ein Objekt (wie bei Kant konstruktivistisch) subjektiviert wird, sondern dass, wie Žižek schreibt, „der Akt der subjektiven Erkenntnis [. . .] im Voraus in ihrem substantiellen ‚Objekt‘ enthalten [ist]: der Weg zur Wahrheit ist Teil der Wahrheit“ (Žižek 2008, 43).

Worauf Žižek in seiner Hegel-Interpretation hinweist, ist der Umstand, dass hinter dem Vorhang der Erscheinung das Subjekt nur das findet, was es, sinnbildlich gesprochen, mitgebracht hat. Kant selbst stellt diese These gleich zu Beginn seiner ersten *Kritik* auf (Kant 1902, Bd. III, B XIII), entwickelt sie jedoch nicht unter dialektischen Prämissen, wie Hegel es tut. Auch deshalb neigt seine Zwei-Welten-Lehre dazu, die ‚wirkliche Wirklichkeit‘ vor der Kontingenz menschlicher, fallibler Erkenntnisse, aber auch utilitaristischer (und unmoralischer) Handlungsmaximen schützen zu wollen. Er sah wohl die Gefahr, aufgrund einer anthropozentrisch wirkenden Metaphysik, Wegbereiter einer relativistischen Postmoderne zu sein. Diesen Vorwurf erhebt u.a., wie wir sahen, Donald Davidson als Stellvertreter vieler Philosophinnen und Philosophen gegen Kant, speziell wenn sie einen naiven oder wissenschaftlichen Realismus vertreten. Kant habe mit seiner Unterscheidung zwischen Form- und Inhaltsbedingungen der Erkenntnis dem modernen Begriffs-Relativismus, wie er im 20. Jahrhundert am prominentesten von Rudolf Carnap und Willard V. O. Quine vertreten wird, den Weg bereitet.

Eine ähnliches Misstrauen findet sich in den Publikationen der von Robert Brandom und John McDowell geprägten Pittsburgh School in ihren Rezeptionen des deutschen Idealismus. Aus diesem Grund divergieren ihre Lektüren der Werke Kants und Hegels stark von denjenigen Lektüren, die Vertreter eines zeitgenössischen Linkshegelianismus (Badiou, Žižek, Zupančič, Johnston, Finkelde et al.) zur Diskussion gestellt haben. Aus Zeitgründen können wir uns an dieser Stelle leider nicht weiter mit dieser Thematik befassen (siehe dazu Finkelde 2021).

Hegel formuliert die zentrale Abgrenzung zu den Theoretisierungen Kants in der Aussage, die Angst vor den Irrtümern der Vernunft (*vor* einer kognitiven Untersuchung ihrer Grenzen) sei schon „der Irrtum selbst“ (Hegel 1986, Bd. 3, 69). Hegel wird daher einerseits mit Kant behaupten, dass menschliches Erkennen auf Erscheinungen zugreift, gegen Kant jedoch die Annahme vertreten, dass dies nicht vor der Grenze eines unerreichbaren Dings an sich geschieht. All das, was als je neue Wahrheit, als ein Teil der Dinge wie sie an sich sind in der Genese einer noch unbestimmten Zukunft von Erkenntnisprozessen auftaucht, ist die aktualisierte Begründungsstruktur im Verhältnis von Menschen zu ihren Orten der Erfahrung. An diesen Orten werden sie als Trägerinnen und Träger der „Idee“, des „Weltgeistes“ oder des „Begriffs“ angerufen. Wissen drängt zur Berufung im Namen des Wissens und der Wahrheit, selbst dann, wenn sich beide wiederholt verpassen.

Hegels dialektische Geschichtsteleologie ist in der aufgeführten Abbildung veranschaulicht. Die untere x-Achse von links nach rechts markiert die Zeit vom Urknall bis zur Gegenwart. Die y-Achse steht für die Zunahme von Geist in der Genese von zuerst primitiven und dann immer komplexer werdenden Formen menschlichen Bewusstseins.

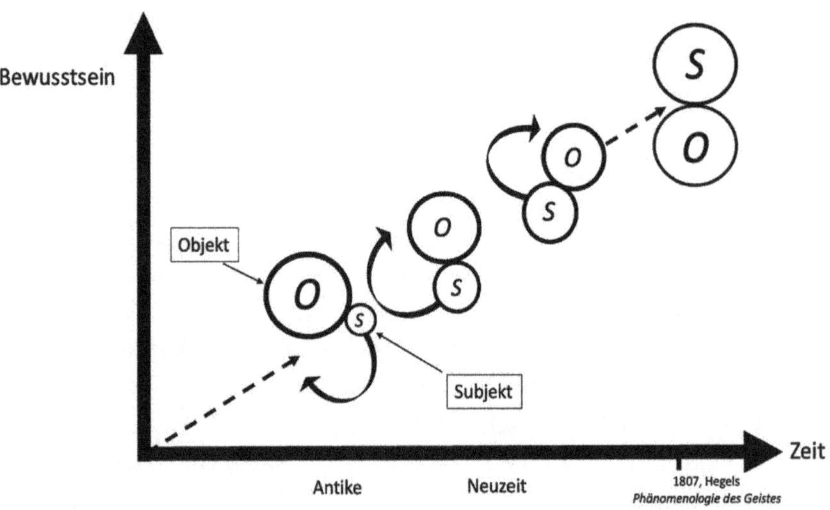

Würde man versuchshalber den Monolithen aus Stanley Kubricks Filmklassiker *2001. A Space Odyssey* aus dem Jahr 1968 in die Grafik integrieren, so würde er den Übergang zwischen Natur und Kultur angeben.

Die Affenhorde, die sich in einer berühmten Szene zu Beginn des Films um den Monolithen versammelt, begegnet hier einem ersten enigmatischen Signifikanten. Kubrick zufolge leitet er die Evolutionsgeschichte der Menschheit ein und taucht am Filmende – ähnlich enigmatisch wie zu Beginn – am Totenbett des Protagonisten, David Bowman, wieder auf. Scheinbar haben Jahrtausende menschlicher Evolution dieses mustergültige Objekt, das zu viel wusste, nicht durchdringen können. Es ist für den Weltraumforscher Bowman ebenso enigmatisch wie für die Affen am Ursprung der Kultur.

In Kulturen der Antike erscheint, wiederum stark vereinfacht gesagt, das Objekt als Summe aller physischen und metaphysischen Sachverhalte übergroß und das Subjekt als Gegenpol dazu als klein. Die Menschheit sieht sich in radikaler Abhängigkeit von Naturgewalten, die als Gegenstände ihrer Anbetung u.a. vergöttert werden. Das Objekt begegnet Bewusstsein in seiner Überfülle als Instanz allmächtiger Wissensmacht. Es ist Hort eines großen Anderen, der wie die Götter des Olymps über den Einzelnen frei verfügen kann.

Im Prozess zunehmenden Selbstbewusstseins erfährt der Subjekt-Pol in der Beziehung eine Vergrößerung. Das Subjekt durchdringt begrifflich die harte Schale der Objektwelt, bis (scheinbar) kaum noch eine geheimnisvoll-göttliche Macht die Geist-Welt Beziehung regiert. Unter dieser Perspektive einer teleologischen Entwicklung von Bewusstsein erübrigt sich Hegel zufolge der Glaube an eine Welt an-sich-seiender „Dinge überhaupt“. Ein Realismus mit großem R, der von Fakten spricht, als lägen sie außerhalb der Zeit ihrer Begründungsmuster, erweist sich als hinfällig. Erkenntnis ist Teil eines Fortschritts, innerhalb dessen Irrtum einen echten und vollwertigen Teil des Wahren darstellt.

Von hier aus erklärt sich auch Hegels bereits erwähntes Diktum aus der Vorrede zur *Phänomenologie*, „Substanz sei ebensosehr als Subjekt“ aufzufassen. Žižek zufolge muss der Satz als „unendliches Urteil“ im Sinne Kants, und d.h. für Žižek auf Hegel angewendet als spekulative These eines Prozesses sich immer neu ausgestaltender Objektivitätsformen gelesen werden. Er sei nicht als einfache Identitätsbehauptung (A = B) zu verstehen (Žižek 1994, 130-133; 2001, 123). Die Proposition, Substanz sei „ebensosehr“ als Subjekt auszulegen, fällt kein Urteil über einen klar definierbaren und verifizierbaren Sachverhalt. Sie bringt die metaphysische These einer Prozessphilosophie zum Ausdruck, in der Substanz (als panpsychische Totalität des Universums im Werden) je dasjenige ist, was sich als Substanz in einer unabschließbaren Zukunft ergeben haben wird. „*Subjekt* steht für die nichtsubstantielle Instanz der Phänomenalisierung“ (Žižek 2001, 123). Die Welt der Phänomene, Erscheinungen, historischen Kontingenzen in Zusammenhang mit der Rede von Substanz als Subjekt zu begreifen, „bedeutet nichts anderes, als dass diese Spaltung [...] dem Leben des Absoluten“, der Wirklichkeit als Prozess, „selbst innewohnt“ (ebd., 123-124). Diesen Gedanken verdeutlicht die Zeichnung von Eric Steinhart.

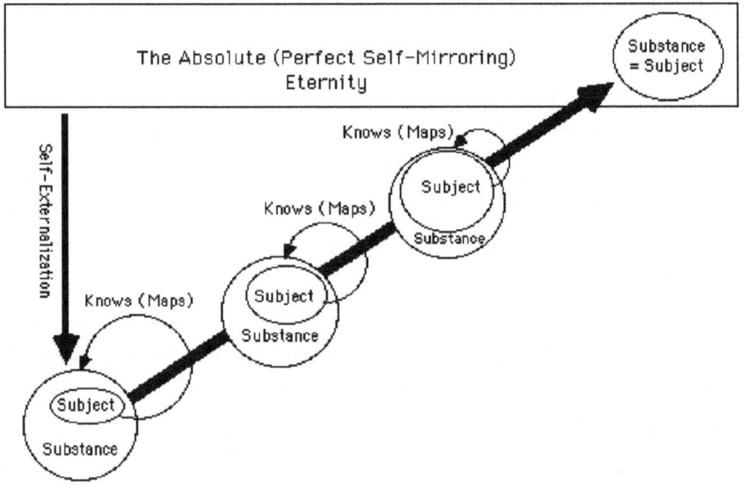

Auch deshalb kann man sich den Erfahrungsweg des Geistes ähnlich erschreckend wie den Gang der Protagonistin Ellen Ripley im vierten *Alien*-Film durch ein Laboratorium ihrer generisch erzeugten Prototypen vorstellen. In einer Schlüsselszene betritt die Heldin (gespielt von Sigourney Weaver) ein geheimes Laboratorium. In ihm entdeckt sie zahlreiche Fehlversuche verschiedener Klonungen ihrer selbst in meterhohen Reagenzgläsern wie tote Föten in einem humanwissenschaftlichen Museum.

Die Pointe der Szene liegt im Moment der Selbsterkenntnis: Ripley begreift, dass die konservierten Missgeburten als Vorstufen die Bedingung ihrer Selbstreflexivität sind. Bewusstsein erweist sich als kontingente Ausgestaltung einer Geschichte von Katastrophen. Genau mit dieser Einsicht konfrontiert uns Hegel. Er zeigt ein begrifflich-wirkliches Universum in einem Prozess von Feedback-Loops, das trotz seiner Katastrophengenese *heilig* ist und uns ununterbrochen *beruft*.

Erkennen erweist sich im Rahmen der Dialektik als performativer Akt, der in seinem Vollzug das erzeugt, was er erkennt und sich darüber hinaus dazu berufen fühlt. Dabei kommt es zu Synthesen von ihnen vorausgehenden Thesen und Antithesen. Oder anders gesagt: Fortschritt des Wissens basiert auf Ripleys Erfahrung, in Reagenzgläsern verwahrten Gestalten ihr Selbstsein zusprechen zu müssen.

Žižek betont in diesem Zusammenhang, dass Hegel den Umschlag von der Entzweiung (These/Antithese) in die Synthese als einen Wechsel der Perspektive darstellt. Was allgemein als Synthese bei Hegel im Konflikt sich ausschließender Thesen angesehen wird, ist also gerade nicht gemäß eines Klischeebildes von „Aufhebung" als Versöhnung auszulegen. Synthese meint nicht, dass die Vertreter von Antithese und These wie Vertragspartner sich auf ein „tertium datur", auf ein alle Beteiligten zufriedenstellendes Drittes einigen. Wie Žižek betont, geht es um einen Perspektivwechsel, der den Konflikt qua Konflikt gar nicht mehr zu erkennen fähig macht. Žižek: „Hegel legt den Akzent [...] auf die Tatsache, dass genau die Entzweiung die entgegengesetzten Pole vereint. Die ‚Synthese', die man jenseits der Entzweiung gesucht hatte, ist schon durch die Entzweiung selbst realisiert" (Žižek 2008, 44; siehe dazu auch McGowan 2019).

II

Fassen wir das bisher Gesagte noch einmal zusammen: Während Kant die Kontingenz aus seiner Metaphysik herauszuhalten, und das Geist-Welt Verhältnis vor den Horizont einer – wenn auch nur postulierten – aporiefreien Totalität denknotwendigen Sinns zu verorten sucht (das Reich der Zwecke, das Ding an sich), erkennt Hegel, dass das Zufällige rückwirkend als Notwendigkeit identifiziert werden muss. Das aber zwingt uns, den Einfluss rückwirkender Erklärungen näher zu verstehen.

Schauen wir dazu auf Kants Ort in der Philosophiegeschichte. Er ist durch eine angebliche Versöhnung von Rationalismus und Empirismus bestimmt. Die Transzendentalphilosophie ist notwendig aus den beiden ihr vorausgehenden Traditionen erwachsen. In diesem Sinne folgt auf Rationalismus und Empirismus die Transzendentalphilosophie. Unter dieser Perspektive hat sich die Transzendentalphilosophie strukturell u.a. bei Descartes und Hume angekündigt. Alle Bindeglieder sind scheinbar notwendig miteinander verbunden, womit die Notwendigkeit dem Zufall keinen Ort zur Verfügung stellt. Von Kant aus erkennen wir, dass Empirismus und Rationalismus die notwendigen Vorbedingungen dafür waren, dass die Theorie „synthetischer Urteile a priori", die zu beweisen im Zentrum der ersten *Kritik* steht, entstehen konnte.

Verhielte es sich aber auch so, wenn Kant nie aufgetaucht wäre? Könnten wir uns stattdessen vorstellen, dass in diesem Fall die mit Kant assoziierte Synthese von Empirismus und Rationalismus aus Hume selbst herausgelesen worden wäre, beispielsweise von Fichte, Schelling, Hegel oder wem auch immer? Warum sollte das nicht möglich sein, Hume kantianischer auszulegen, als es Kantianer nach Kant tatsächlich taten?

Žižek veranschaulicht das bisher nur angedeutete Wechselspiel von Notwendigkeit und Kontingenz im Kontext der Politik am Beispiel von Napoleon I. (Žižek 1994, 140-141). Wer würde mit Bezug auf dessen Auftritt auf der Bühne weltgeschichtlicher Ereignisse bestreiten wollen, dass sich im blutigen Verlauf der Französischen Revolution die historischen Notwendigkeiten der Ankunft seiner Führungskraft ergaben? Ein politischer Führer musste endlich das Jacobinische Chaos gegenseitiger Guillotinierungen beenden. Man könnte sagen, die Französische Revolution benötigte eine Person *wie* Napoleon I., so wie die Vereinigten Staaten von Amerika scheinbar im Jahr 2016 einen US-amerikanischen Präsidenten wie Trump nötig hatten.

Dieser Beschreibung gemäß geht die Notwendigkeit dem Zufall voraus. Hegel zufolge verkennt eine Auslegung historischer Prozesse gemäß dieser chronologischen Reihenfolge, inwiefern sie erst *von der Zukunft* her ihre retrospektive Ordnung erfährt. Erst durch eine evtl. rein zufällig auftauchende Entdeckung, nämlich diejenige eines bestimmten Immanuel Kants, werden rückwirkend die Bedingungen vervollständigt, die dann zu der Folge von Ereignissen gemäß von A, B, C und D führen. Tatsächlich tritt B aber erst an die Stelle zwischen A und C, wenn C seinen Platz eingenommen hat.

Ähnlich verhält es sich mit Napoleon. Erst durch das Auftreten des wirklichen Napoleons werden rückwirkend die Ereignisse auf dessen Machtübernahme hin gelesen. Und könnte man dergleichen nicht auch über den Zweiten Weltkrieg sagen? Nehmen wir wie der Science-Fiction Autor Philip K. Dick an, Nazi-Deutschland hätte in der Koalition mit Japan und den faschistischen Eliten in Spanien und Italien den Krieg gewonnen. Wären dann diverse Beurteilungsprämissen der Nazi-Verbrechen nicht aus der Perspektive des Siegs gegen Kapitalismus und Bolschewismus sehr viel verzeihlicher geworden? Ich möchte nicht behaupten, dass Verbrechen wie der Holocaust damit aus dem kollektiven Gedächtnis gefallen wären. Dennoch ist anzunehmen, dass anstelle einer kollektiven Aufarbeitung der Nazi-Vergangenheit, die Verbrechen als notwendige „Kollateralschäden" zur Abwehr größerer Katastrophen ausgelegt worden wären. Wie alle Kollateralschäden wären sie möglicherweise aufgrund der ‚Hitze des Gefechts', der Extreme der Konflikte, als letztlich ungewolltes Beiwerk in Kauf zu nehmen gewesen. Wer kann vergangenes Unrecht, wie die Gründung der USA auf Kosten indigener Urbevölkerungen, rückgängig machen, speziell unter der Bedingung ihrer globalen

Vormachtstellung? Eine solche Humanisierung von Verbrechen aus der Siegerperspektive prägt Realpolitik bis heute, da – mit Walter Benjamin gesagt – Sieger der Geschichte die Prämissen dessen aufstellen, was als gut und böse zu beurteilen ist (Benjamin 1989). In diesem Sinne kann auch die nordamerikanische Landnahme durch europäische Aussiedler nicht als ethnische Säuberung der indigenen Bevölkerung ausgelegt werden. Ethnische Säuberungen indigener Bevölkerungen sind ihre Bedingung, wie die bis heute anhaltende israelische Besatzungsmacht in der Westbank als Bedingung des Existenzrechts Israels bei einigen, speziell westlichen Nationen angesehen wird. In beiden Fällen geht es um Bedingungen der Möglichkeit eines immer auch politisch umkämpften Selbstverständnisses dessen, was wirklich ist und zur Verteidigung dieser Wirklichkeit Berufene braucht. Formen nachträglicher Aufarbeitung entkommen den Aporien nicht. Aus diesem Grund ist anzunehmen, dass Israel erst dann Denkmäler zur Mahnung gegenüber seiner Apartheitspolitik errichten wird, wenn die letzten Reservate unter der Verwaltung der palästinensischen Autonomiebehörde in der Westbank und der Gaza-Streifen Teil eines Groß-Israels wurden. Das ehemals gute Gewissen zur Zeit der Landnahme spiegelte sich dann im guten Gewissen retrospektiver Aufarbeitung. Vergangenes Unrecht wird nicht tangiert und doch symbolisch im Rahmen einer kollektiven Sublimierung so aufgehoben, dass sie *erzählbar* wird.

Sachverhalte haben sich plötzlich grundlegend verändert, ein Perspektivwechsel hat sich kollektiv vollzogen. Jedoch nicht, weil Objekte in Sachverhalten ausgetauscht wurden, sondern weil neue Perspektiven Sachverhalte visuell verkehren.

In all den genannten Beispielen entdecken wir die von Žižek bei Hegel entdeckte Struktur retroaktiver Performanz. Sie betrifft Lacan zufolge die individuelle Psyche ebenso: Wie der von Hegel postulierte Weltgeist ordnet auch das individuelle Bewusstsein die Genese seines Werdens in Prozessen immer neuer Überschreibungen und Umschriften. Auf das Thema kommen wir noch zu sprechen. Wo dies dem Einzelnen bzw. der Einzelnen nicht gelingt, kann evtl. die Psychoanalyse helfen, einen Perspektivwechsel einzuleiten. Retroaktive Performanz impliziert, dass die scheinbar homogene Erklärungskette von Ereignissen auch anders hätte zustande kommen können. Dies impliziert den Einblick in ein erschreckend hohes Maß an Kontingenz, im Welt- wie im Subjektverhältnis, und deklariert zugleich retrospektiv alle möglichen Umstände in einem virtuellen Raum von scheinbar unendlichen Möglichkeiten zu Notwendigkeiten. Auch deshalb versteht Žižek die Dialektik Hegels als die „Wissenschaft des ‚Wie-die-Notwendigkeit-aus-dem-Zufall hervorgeht'" (Žižek 2008, 53). Modalkategorien von Notwendigkeit und Beliebigkeit (Kontingenz) sind aufeinander verwiesen. Die kontingente Geste einer Setzung kann wie ein performativer Sprechakt, der kein Faktum abbildet, sondern *erschafft*, die Reihe zufälliger Ereignisse, die ihm vorausgehen, genealogisch auf sich ausrichten.

An welchem Ort vollzieht sich der erwähnte Perspektivwechsel genau? Das ist, wie die abgebildete Zeichnung von M. C. Escher verdeutlicht, nicht immer klar auszumachen. In ihr werden Strukturen aporetischer Wechselverhältnisse, wo Perspektiven zwischen Formen und Inhalten von Fakten zueinander im Konflikt stehen, anschaulich.

Wir sehen dann zwar den langsamen Umschlag von Form und Inhalt bzw. den Umschlag, wie eine neue Form sich durch auflösende Umrissstrukturen, dessen, was in Wahrheit ist, plötzlich in ein anderes Objekt, einen ganz anderen Inhalt durch ihre Neuform verkehrt. Aber speziell in der Bildmitte bedingt die Form der einen Entität die der anderen, ohne dass sich eine klar hegemoniale Dominanzstruktur herausbildet. Wenn daher eine Gans in den Blick genommen wird, sinkt der Fisch zurück und umgekehrt. Wer könnte nun die bereits stattgefundene Ankunft einer „neuen Wirklichkeit" verkünden, wo doch das Alte mit dem Neuen im

Patt heterogener Unbestimmtheit liegt? Und muss der oder diejenige, die/der hier Position bezieht, nicht evtl. missverstanden werden? Sind wir – was den Palästina-Israel-Konflikt betrifft – nicht in einer solchen Mitte angekommen und kommen scheinbar nicht voran, d.h. an den Ort der neuen Perspektive? Schließlich sind zahlreiche Nationen der Liga der arabischen Staaten weiterhin der Meinung, Israel sei Schuld an Besatzungspolitik und Apartheid, während zahlreiche Staaten Europas darin nur einen Kollateralschaden zur Abwehr noch größeren Übels sehen. Der italienische Philosoph Antonio Gramsci hat dieses Interregnum, das wir auch in der Grafik Eschers sehen, als Reich von „fenomeni morbosi", von morbiden Phänomenen beschrieben: in ihm ist „das Alte tot und das Neue noch nicht geboren" (Gramsci 1977 §34, S. 311).

Wechselnde Formen, Umrisse, Formalbedingungen haben Änderungen ihrer Inhalte zur Folge. Eine Kontur, die ursprünglich einen festdefinierten Inhalt erzeugte, verkehrt sich in einen Inhalt, der nachträglich eine neue Kontur auf sich vereint. Der israelische Apartheitsstaat (vgl. Amnesty International 2022) wird vielleicht eines Tages eine Demokratie geworden sein, in der Israelis und Palästinenser gemeinsam an das Unrecht denken, das allen Toten auf beiden Seiten angetan wurde. „Landraub" und „Vertreibung", so nehme ich an, wären aus dieser Perspektive, sollte sie eines Tages eingenommen werden, nicht mehr als solche zu benennen. Es widerspräche der Erfahrung des neuen nationalen Geistes einer zu verteidigenden Synthese. Inhalte mutieren, weil ihr Innen sich je dem neuen Außen einer Bestimmungsform anschmiegt. Und so wie bei Escher aus Gänsen plötzlich Fische transmutiert worden sind, verwandelte sich auch im Kontext des Arabischen Frühlings im Jahr 2010 speziell in Ägypten der ehemalige Präsident Hosni Mubarak von einem geschätzten Politiker in einen heftig kritisierten Diktator. Als Garant von Freiheiten einer prosperierenden Mittelschicht war er innerhalb von wenigen Stunden in einen Tyrannen durch tektonische Wechsel seiner Hintergrundbedingungen mutiert. Die angeführten Beispiele lassen sich in der Feststellung bündeln, dass ‚es schon so ist'. „Was man sucht, das hat man schon, wonach man strebt, das ist schon realisiert" (Žižek 2008, 43). Entzweiung hat als „Effekt unserer Perspektive" „niemals existiert" (ebd., 44). „Die ‚Synthese', die man jenseits der Entzweiung gesucht hatte, ist schon durch die Entzweiung selbst realisiert" (ebd., 44).

III. Der Mensch und die symbolische Ordnung

1. Im Spiegel das Feindbild

7. Vorlesung

I

Im ersten Block dieser Vorlesung wurden verschiedene Kampfschauplätze struktureller Negativität vorgestellt. Sie betreffen sowohl Verhältnisse politischer Gemeinwesen, die unbezweifelbar instabiler Natur sind, wie auch die Erkenntniskräfte, mit denen diese Verhältnisse beurteilt, begründet und revidiert werden. Wie sollte Streit um Fakten zwischen beispielsweise politischen Parteien und wissenschaftlichen Gruppierungen auch ohne diese Instabilität und Unabschließbarkeit von Begründungsketten denkbar sein? Anschließend wurde auf die menschliche Psyche im Rekurs auf Freud, Lacan und Kant reflektiert. Hier fiel auf, inwiefern die Psyche ebenso wie die Hegemonialstruktur gesellschaftlich-verwalteter Bedeutungsfelder um Verdrängungen von Antagonismen und inneren Widerspruchspunkten organisiert ist. Die Psyche erweist sich mit bewussten und unbewussten Begründungs-, oder besser: Bedeutungszusammenhängen konfrontiert. Diese dringen auf sie ein und rufen sie an. Schließlich gerät die Einzelne durch ein sich nie transparent werdendes Medium eines Anderen (bzw. des großen Anderen) ins Selbstverhältnis zu sich und ihrer Umwelt. Auch deshalb steht sie nicht einfach nur neutral inmitten von Fakten und Tatsachen, sondern verkörpert immer auch ein – mal mehr mal weniger – ausgeprägtes berufungsanaloges Antwort-Sein auf diese.

Im Anschluss daran wurde dargelegt, inwiefern Hegel in seiner „Weltgeist"-Theorie die These eines über-individuellen kollektiven Bewusstseins- und Erfahrungsstroms zunehmender Komplexitätssteigerung in der Menschheitsgeschichte begründet. Er entfaltet eine vordarwinistische Evolutionstheorie, jedoch nicht mit Bezug auf Arten und Gattungen von Tieren, wie dies Charles Darwin in *On The Origin of Species* (1859) tut, sondern mit Bezug auf Bewusstseins- bzw. Begründungsstrukturen dessen, was in Wahrheit ist. Geist schreitet durch Negativitäts- und Grenzerfahrungen und folgt dabei – ähnlich wie bei Darwin – einer Zielrichtung. Geist ist kein Unmittelbares, sondern „ein solches, dem die Negation und die Vermittlung wesentlich ist“ (Hegel 1986, Bd. 3, 85). Negativität und Mangel sind Bedingungen der Möglichkeit von Wahrheit und Fortschritt im Wissen.

Ähnlich unabschliessbar ist der selbstreflexive Erkenntnisbezug des Menschen gemäß der Philosophie der Psychoanalyse. Die Differenz generierenden Mangelstrukturen unserer politischen Ordnungen stehen mit den Mangelstrukturen der menschlichen Psyche in einem notwendigen Wechselverhältnis. Aus diesem Grund soll im folgenden Vorlesungsblock präziser auf die Psychoanalyse Lacans und ihre erkenntnistheologischen Eigenarten Bezug genommen werden. Zentraler Gegenstand der Betrachtung wird dabei u.a. Lacans „Spiegelstadium“ sein.

Zuvor soll jedoch noch einmal in Erinnerung gerufen werden, dass die Psychoanalyse, ähnlich wie die Erkenntnistheorie, sich dem Thema der Wahrheit widmet. Adaequatio-Theorien und holistische Bedeutungstheorien untersuchen den wahrheitsfähigen Bezug von Urteilen vernunftbegabter Wesen auf Fakten und Tatsachen. Wahrheit wird dann z.B. als Übereinstimmung von Urteil und Sachverhalt oder als Begründung im Kontext anderer Begründungen verstanden. Die Wahrheitsfrage in der Psychoanalyse hat damit nichts gemein. Ihr geht es weder um Aussagewahrheiten von Propositionen, noch um die Bestimmung von Theorien holistischer Semantik und begrifflicher Rollen. Stattdessen stehen Wahrheiten im Zentrum, die das Subjekt über sich selbst definieren oder wissen sollte, um sich eventuell besser selbstreflexiv zu den seine Psyche betreffenden Koordinaten, die aus seiner/ihrer Lebenswelt dringen, zu positionieren. Das veranschaulicht der folgende vielzitierte Witz von Žižek.

II

Ein Mann, der sich für ein Weizenkorn hält, wird in eine psychiatrische Anstalt eingeliefert. In dieser tun Ärzte ihr Bestes, um den Patienten davon zu überzeugen, dass er kein Weizenkorn sei. Leider kommt er kurz nachdem er entlassen wurde, vor Angst schlotternd zurück in die Klinik. Er sei einem Huhn begegnet und habe Angst, dass es ihn fressen könne. Der ihn betreuende Arzt reagiert genervt und sagt: „'Sie wissen doch sehr gut, dass Sie kein Weizenkorn sind!' ‚Natürlich weiß ich das,‘ antwortet der Patient, ‚aber weiß das Huhn das auch?‘“ (Žižek 2006, 351).

Was dieser Witz veranschaulicht, ist der Umstand, dass der Patient unbewusst der Außenwelt – in diesem Fall: dem Huhn – ein „Wissen“ über seine Ich-Funktion zuspricht, das das Subjekt mit Bezug auf seine Ich-Funktion nicht kognitiv auf sich vereinen kann. Der Arzt bringt zwar den Patienten zur vernunftgeleiteten Selbsteinsicht kein Weizenkorn zu sein. Die Panikattacke in der Begegnung mit dem Huhn widerlegt dieses Wissen jedoch sofort. Es kann die symptombesetzten Seelenkräfte nicht hegemonialisieren; ähnlich geht es Freuds Patientin Emma. Sie kann keinen Grund für ihre Angstneurose, nicht allein in einen Kaufladen zu treten, angeben (Freud 1962b, 353-354). Freud legt schließlich ein präpubertäres Ereignis offen, in dem sich die Frau als Opfer sexueller Übergriffigkeit erwies. Es wurde von der Psyche Jahre später als traumatisch aktualisiert und als unbewusste Verdrängung abgewehrt. Das angstneurotische Symptom, nicht ohne Begleitung Kaufläden zu betreten, ist dann – ähnlich wie die Panikattacke des Manns im Huhn-Witz – der Kompromiss, den die Psyche zur Konfliktlösung produzierte. Dem Mann im Huhn-Witz ist die Symptomstruktur seines Ticks noch nicht klar geworden. Er weiß nicht, dass es einen anderen Ort des Wissens gibt, der vom Intellekt unberührt multiple Symptome beherbergt. Das Huhn im Witz ist, analog zu Kaufläden im Fall Emma, die verobjektivierte Form eines Staus nicht direkt zugänglicher Energien. Beide Geschichten stellen dar, inwiefern das Individuum exzentrisch zu etwas in ihm steht, das mehr ist als es selbst.

Der Huhn-Witz ist anschaulich und treffend, da er auf Wahrheiten verweist, denen wir auf unserer alltäglichen Bewusstseinsebene nicht begegnen können. Diese werden wie von einem Doppelgänger in uns und von uns verbürgt, den Freud das Unbewusste nennt. Aber dieser Doppelgänger ist mit einer anderen Ebene verwoben: der sozial überdeterminierten Außenwelt, die, wie wir bei Hegel sahen, mit ihren diversen Wahrheits-, Bedeutungs- und Begründungsschichten ausgestattet ist. Sie ruft uns im Namen der Wahrheit, des Fortschritts und der Wissenschaft an und verpflichtet uns auf den Status eines Antwort-Seins. Auch deshalb schauen sich Analytikerin und Analysand während einer psychoanalytischen Sitzung nicht in die Augen. Die Sitzung ist kein Dialog. Es ist ein Gespräch zwischen drei: dem Analysanden (der nicht begreift, warum und worunter er leidet), der Analytikerin (die angeblich freilegen kann, was der Verstand nicht zu denken vermag) und dem Unbewussten (das ein nicht-wissendes Wissen verkörpert). Oder mit Bezug auf den Huhn-

Witz könnte man sagen: Die psychoanalytische Gesprächssituation ist ein Gespräch zwischen Analysanden, Analytiker und dem Huhn als Wortführer des Unbewussten. Wie aber kommt es überhaupt, dass wir dieses Unbewusste haben?

Lacan erklärt es unter anderem mit folgendem Argument: Wenn ich versuche, mir meiner selbst, meiner Existenz gewiss zu werden, bin ich gezwungen, meine Existenz von einem Anderen anerkennen zu lassen. Demzufolge wird dieser Andere zum Herrn über mein eigenes Sein. Anerkennung, die ich mir selbst zusprechen kann, ist vermittelt durch einen Ort, an dem ich gerade *nicht* bin.

Eine Anekdote dazu: Vor Jahren hatte ich ein Gespräch mit einem befreundeten Philosophen, der sich über Lacans Begriff „des großen Anderen“ beschwerte: er meinte, dieser sei insofern unzulänglich, als mit der Rede von „dem“ großen Anderen kein sozial-ökonomischer Überbau im Sinne z.B. der Soziologie oder der strukturalistischen Gesellschaftstheorie gemeint sein könne. Was sollte aber „der“ große Andere als personifizierter Überbau des Ichs sein? Ich war verblüfft, dass ein Kollege, der als Jesuit an Gott glaubt, nicht begreifen könne, warum Lacan von „dem“ und nicht anonymisiert von „einem“ großen Anderen als gesellschaftliche Überbaustruktur spricht. Lacan meint mit dem Anderen nicht explizit den Gott einer Konfession. Aber einem gläubigen Christen, der wirklich an den Anderen in seiner metaphysischen Reinform glaubt, sollte eingängig sein, worum es hier geht: die Einsicht, dass wir als Subjekte Angerufene sind und unter dem Bann einer bestimmten Berufung – nämlich Antwort zu geben – stehen. Keine wie auch immer weltanschaulich geprägte Gesellschaft möchte Bürgerinnen und Bürger mit Ameiseneigenschaften, sondern Trägerinnen und Träger einer immer auch metaphysischen Mission, die am Guten, Wahren und Schönen ausgerichtet ist. Besonders die Diskursethik in der Tradition von Jürgen Habermas verdeutlicht dies. Wie kaum eine andere Gesellschaftstheorie postuliert auch sie Bürgerinnen und Bürger im Sinne Kants als Träger einer Vernunftwahrheit, die eindeutig eschatologische Eigenschaften hat.

Der Andere ist zwar auch der größere Bezugsrahmen menschlicher Identität, aber nicht ausschließlich. Er muss sich immer auch konkret in Personen, die ein eigenes Unbewusstes haben, verkörpern und Übertragungsprozesse auslösen. Gerade eine verwundete Psyche weiß darum: Warum ich? Wer schaut auf mich? Warum wird mir dieses furchtbare Schicksal zuteil? Genauso können wir vor dem Scheidungsrichter, vor dem wir eines Tages landen, eine solche Frage stellen. Warum will das Gesetz, dieser Richter, mich vernichten? Was habe ich getan?

Žižek verweist in diesem Kontext auf die Liebe zwischen Mutter und Kind als eine Beziehung der Anrufung an das Kind, das begehrte Objekt zu sein, das die Mutter in ihm sieht. Und so mag dann z.B. das Kind, „um zu demonstrieren, wie gut es sich zu benehmen weiß, bereit sein, das Verlangen der Mutter, alles brav aufzuessen, dabei die Hände und den Tisch nicht schmutzig zu machen usw., zu erfüllen" (Žižek 1995, 93). Das Begehren des Subjekts, und die Freude und Lust, der Mutter zu gefallen, wird kanalisiert. „Die Lust wird ‚gespalten'", wie Žižek schreibt. Sie wird „in ihrer Unmittelbarkeit verboten [...]; Lust wird nur in der Funktion zugelassen, in der sie dem Anspruch des Anderen gerecht wird" (ebd.).

Lacan hat nun für diese ursprüngliche Spaltung des Menschen eine Art Mythos entwickelt, den er „Spiegelstadium" (Lacan 1991a) nennt. Aufgrund seiner Bekanntheit, soll diese Theorie hier nur kurz erläutert werden. Worum geht es beim Spiegelstadium? Um die Geburtsstunde der Ich-Funktion im Moment einer konstitutiven Verkennung.

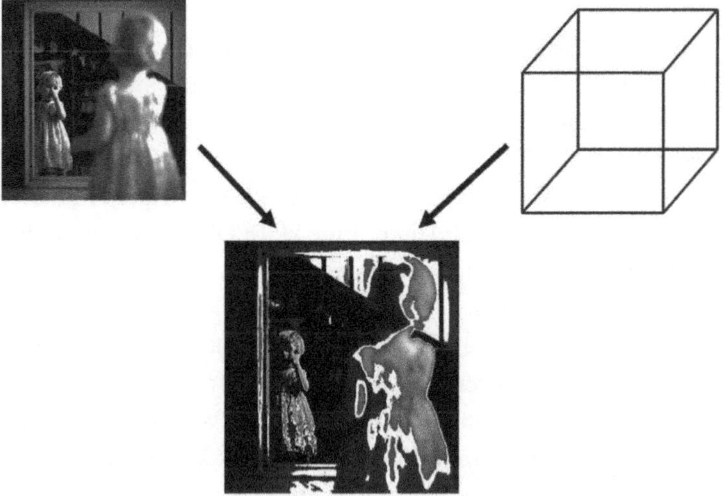

Lacans baut seine leitende These auf Entdeckungen, die schon Anthropologen im 19. Jahrhundert festgestellt hatten. Diesen zufolge bleiben Kinder im Alter von ungefähr 6 bis 18 Monaten ihrem Spiegelbild nicht, wie beispielsweise Schimpansen, gleichgültig gegenüber. Stattdessen bringen sie ihrem Spiegelbild großes Interesse entgegen. Dies kann so weit gehen, es mit einer „jubilatorischen Reaktion“ zu begleiten. Lacan macht diese Beobachtung zur (später von ihm relativierten) Grundlage einer allgemeinen Theorie der Konstitution menschlicher Identität, der immer schon eine Verkennung eingeschrieben ist. Die Identifikation des Kleinkindes mit seinem Spiegelbild hat nämlich einen paradoxalen Charakter: das, was sich im Spiegel als Selbst identifiziert, existiert nicht vor diesem Akt der Identifizierung. Das Paradox kann nur dahingehend gelöst werden, dass Identität nicht erkannt, sondern *performativ gesetzt* wird. Es gibt keine klare Identitätszuschreiben von Ich=Ich, vielmehr ausschließlich von x=Ich, wenn man unter „x“ ein Variable versteht, die noch nicht durch Selbstreflexivität in ein klares Koordinatensystem von Objekten, Eigenschaften und ihren Relationen ‚gebunden‘ ist. Diese Einbindung kann zu der Erkenntnis führen, dass viele Objekte tatsächlich Objekte, aber einige davon auch Subjekte sind. Individuation entsteht auf einer Projektionsfläche, auf welcher die eigene Gestalt unter anderen Objekten (dem Kinderbett, der Zimmerdecke, dem Schrank, der Mutter etc.) wie in einem Bilderrahmen auftaucht.

III

Lacan behauptet, dass das Kleinkind aus der Situation einer Mangelhaftigkeit (eben noch kein Selbst zu sein) mit Hilfe des Spiegelbildes eine Lücke seiner phänomenalen Erfahrungswelt schließt und darin sich fundamental entfremdet. Ein realer Spiegel ist dabei nicht von Nöten. Kleinkind können ihre Gestalt auch in der Gestalt gleichaltriger Kinder erkennen und so die Verkennung einleiten. Eine klare Distinktion zwischen Ich und dem Anderen hat sich aufgrund des Mangels einer klaren Ich-Funktion ja noch nicht vollzogen.

Ohne ein Ich zu sein, registriert das Kleinkind sich als Gestalt unter anderen mit klaren Konturen. Diese Einheit greift aber der körperlichen Erfahrung eines sich noch in Partialobjekte und Partialtriebe aufspaltenden Körpers voraus. Oder anders gesagt: Identität konstituiert sich durch das verkennende Ausfüllen einer Lücke, die das Spiegelbild sowohl aufreißt als auch schließt. Das Kind erlebt sich noch nicht als Einheit seiner Motorik, sondern von teils autonomen Körperteilen belebt, die ein eigenes somatisches Programm in sich tragen.

Metaphorisch gesagt, drückt die imaginierte Ganzheit im Spiegelbild den „corps morcelé“ („zerstückelten Körper“, Lacan 1991a, 67) wie in eine Backform, was dazu führt, dass das, was die Form zusammenhält, als einheitliche „Imago“ (ebd., 68) auf dem Tableau des Spiegels hervortritt. Das soll die folgende Abbildung verdeutlichen unter der Rücksicht, dass das abgebildete Kind nicht dem Alter, das für das Spiegelstadium entscheidend ist, gemäß ist.

Das Kind, das sich in einem Zustand der Hilflosigkeit befindet, erblickt sich, oder besser, es antizipiert sich im Spiegel als einheitliche Gestalt, die mit der Erfahrungsebene des zerstückelten Körpers nicht zusammenfällt. Oftmals sind Eltern in diesen Spiegelbildsituationen anwesend, entweder im Hintergrund oder weil sie das Kleinkind im Arm selbst vor den Spiegel halten. In diesem Sinne verifizieren und beglaubigen sie den Akt der Wahrnehmung mit ihren Worten.

In diesem von seinem Spiegelbild entzückten, ja sich darin verlierenden Kind, sieht Lacan die Verkörperung des antiken Narziss-Mythos aufleben. Das Kind wird in eine nützliche Illusion seiner Ganzheit gelockt. Es identifiziert sich mit etwas, das zugleich es selbst und doch nicht mit ihm identisch ist. Eine doppelte Entfremdung findet statt: 1.) eine des Blicks des Kindes durch die Übernahme des Blicks der Anderen (z.B. der Eltern), und 2.) eine Entfremdung seines Seins, d.h. eine Entfremdung zwischen dem, was es wirklich ist / spürt und dem, was es sieht. Lacan zufolge artikuliert sich dabei die Illusion der Selbstidentität bei einer zeitgleich gerade nicht körperlich erfahrenen Ganzheit. Subjektivität entsteht als Einheit in Zweiheit, eine Einheit, die dann aber durch einen internalisierten Blick von außen nie mehr zu sich kommt. Denken Sie noch einmal an Žižeks Worte: Das Begehren des Subjekts und die Freude und Lust, der Mutter zu gefallen, wird hier kanalisiert. Der Eintritt in den internalisierten Blick des Anderen prägt sowohl das „Drama“ der Identität als auch die Kulturräume, die uns umgeben. Lacan: „Der Augenblick, in dem sich das Spiegelstadium vollendet [...] lässt auf entscheidende Weise das ganze menschliche Wissen in die Vermittlung durch das Begehren des Anderen umkippen, konstituiert seine Objekte in abstrakter Gleichwertigkeit durch die Konkurrenz der Anderen“ (ebd., 68).

Lacan gebraucht den Begriff der „Konkurrenz“, da ich mich – um zu mir zu kommen – immer vom Ort der Anderen her mit-sehen muss. Dadurch ist mein Ich Teil einer Konkurrenzgemeinschaft, die Kinder schon im Alter von einem Jahr erfahren, wenn plötzlich nach ihnen ein Geschwisterchen die symbiotische Liebesbeziehung mit den Eltern stört. Wenn Kind A neidisch auf sein Schwesterchen B schaut, weil es an der Mutterbrust saugt, dann nicht, weil das Kind einen Begriff von Neid hätte, sondern weil es erkennt, dass just dort, wo es sein will, ein Anderer ist. Der Andere wird zum Medium der Erfahrung des eigenen Mangels. Wenn Kind A seine Schwester beim Schmusen mit der Mutter genießen sieht, dann sieht es in der Szene vor sich sein eigenes Ausgeschlossensein und nimmt dieses als eine körperliche Krise wahr. Diese Krise hat ihren Ursprung nur deshalb in A, weil Schwesterchen B seinen Ort einnimmt.

Lacans Konkurrenzthesen können gleichfalls am Beispiel von Schönheitswettbewerben nachvollzogen werden. Sie sind kulturelle Höchstleistungen narzisstischer Selbstliebe, in denen der singuläre Körper den Erwartungen Anderer gerecht zu werden sucht. Aus diesem Grund hält sich Lacan auch nicht zurück, das Spiegelstadium zur Allegorie einer grundlegenden Destruktionskraft im Herzen menschlicher Identität zu erklären. Er schreibt: „Destruktions- oder Todesinstinkte... [thematisieren] den offensichtlichen Zusammenhang zwischen narzisstischer Libido und der entfremdenden Ich-Funktion, der Aggressivität, die sich in jeder Beziehung zum anderen abzeichnet, und sei sie noch so karitativer Art“ (ebd., 69).

David Hume veranschaulicht in seiner Kritik an Descartes Konzept einer denkenden Substanz, dass diese nicht mehr sein kann als die Summe ihrer – mit Hume gesagt – inneren Perzeptionsströme (Hume 2007, 21). Bewusstsein kann sich aufgrund einer konstitutiven Zeitabhängigkeit nicht als Block vor sich bringen. Deshalb ist die Gestalt, die das Kind im Spiegel sieht, für Lacan keine objektive, sondern vielmehr eine imaginäre und idealisierte. In ihr ist Anrufung immer schon am Werk u.a. in Form reiner Autopoiese, denn in der jubilatorischen Geste begrüsst das Kind sich quasi selbst, aber auch durch die Bestätigung Dritter. Lacan zufolge wird das Subjekt in immer neuen Anläufen versuchen, die eigene unzulängliche Realität mit dem durch den Spiegel vermittelten Ideal zur Deckung zu bringen. Dabei ist es auf Übertragungsprozesse, in denen unbewusste Begehren Anderer eine Rolle spielen, grundlegend angewiesen. Darüber hinaus betont er, dass der „zerstückelte Körper" als Urerfahrung unserer Selbst uns weiterhin verfolgen wird. Er wird uns deshalb verfolgen, weil das Idealbild bzw. der Flaschenhals unserer Ich-Funktion nicht all das aufnehmen konnte, was dieser „corps morcelé" sonst noch beinhaltete, bevor der Organismus sich von seiner „Gestalt" (und den darin verborgenen Anrufungen) gefangennehmen ließ. Daher sieht Lacan u.a. in Anlehnung an die Untersuchungen Melanie Kleins in Zerstücklungsphantasien von Kleinkindern das kompensatorische Wiederauferstehen derjenigen somatischen Leib-Identitäten, die nicht in ihrer Gänze in die Ich-Funktion hinübergerettet werden konnten. Lacans Einsichten sind auf die vielen Mordphantasien unserer Unterhaltungskultur anwendbar, die uns am Abend evtl. nach einem trivialen und uns in unserem Selbstsein entfremdenden Alltag im Büro, am Fließband oder an der Kasse, ruhigstellen. Lacan spricht hierbei von „Bildern der Kastration, Entmannung, Verstümmelung, Zerstückelung, Verrenkung, Aufschlitzen des Bauches, Verschlingen und Zerschmetterung des Körper" (Lacan 2016, 122), welche sich u.a. in Träumen zeigen.

Gewalt wurde uns als Subjekten angetan, damit wir einen mit anderen Menschen geteilten Raum des Gebens und Nehmens von Gründen betreten. Weil jedoch dieser nicht heil und harmonisch, sondern aufgrund seines Mangels immer auch die Form erstarrten Unrechts ist, kann er Nährboden roher Gewaltakte werden. Der Film *Fight Club* aus dem Jahr 1999 veranschaulicht den Ausbruch aus den genannten Strukturen. Er beschreibt Männerbünde, die sich in einer Gegenwart zunehmender liberal-demokratischer Genusskontrolle in eruptiven Akten von Schlägereien vereinen. Die den Männern angetane Gewalt ihrer Zivilisierung unter demokratischen Bedingungen wird kompensatorisch verkehrt: Es darf geschlagen und die verborgene Gewalt der Kultur in die rohe Gewalt der Natur verkehrt werden.

2. Lacans Graph der Anrufung

8. Vorlesung

I

In dem US-amerikanischen Film *The Life of David Gale* von 2003 spielt Kevin Spacey einen Professor, der in einer Vorlesung auf Lacans Graph des Begehrens zu sprechen kommt. „Was ist es, über das Sie phantasieren?“, fragt er seine Studierenden. Und weil dieser Einstieg pädagogisch geschickt ist, sei er hier erwähnt. „Ist es z.B. der Weltfrieden, über den Sie phantasieren? Phantasieren Sie über internationalen Ruhm?“ Diese Fragen kann man ausweiten: Schreiben Sie Tagebücher in der Hoffnung, dass diese eines Tages veröffentlicht werden? Wollen Sie die bedeutendste Philosophin nach Hannah Arendt werden? Oder vielleicht den Nobelpreis in Physik bekommen? Oder vielleicht ein genialer Musiker, ein wichtiger Mathematiker werden und Sie merken schon ein wenig, wie skurril Sie sind und sagen sich ‚genau, ja, diese Skurrilität von mir ist schon der erste Schritt in die richtige Richtung‘?

Lacan war von der Phantasieproduktion der menschlichen Psyche fasziniert; nicht nur, weil sie besonders bei psychisch Kranken extreme Formen von Halluzination hervorrufen kann, wie wir es bei den Aufzeichnungen Daniel Paul Schrebers gesehen haben. Sondern auch, weil bereits die Phantasien normaler Menschen überbordend sind und unseren Alltag auf eine nicht zu verleugnende Art und Weise prägen. Phantasien decken nicht nur den „Schrecken des Realen“ als das traumatische Chaos von uns umgebenden Widersprüchen und verstörenden Ereignissen ab, sondern sie markieren eine unterschwellige Motivik unserer Persönlichkeit, da sie – und darauf liegt Lacans Augenmerk – nicht selten etwas über unsere Begehrensstrukturen zum Ausdruck bringen, d.h. die Art von Lust oder Unlust mit der wir unser solipsistisches Antwort-Sein auf die uns umgebende Wirklichkeit verkörpern. Denn die uns umgebenden Verhältnisse ruhen nie in einem neutralen Vernunftraum des Faktischen, sondern sind u.a. das Ergebnis historisch verwalteter, ökonomischer und von der Unterhaltungskultur geprägter Phantasiegebilde. Letztere müssen durch kulturelle Pflege aufrechterhalten und administriert werden (vgl. Finkelde 2016, 2020a). Jede Nation, jede Institution unterfüttert ihren Zugriff auf Wirklichkeit im Rahmen dieser Phantasiepflege, d.h. mit

Bezug auf bestimmte Ideale, geschichtliche Ereignisse und den dazugehörigen Berufungsformen von Subjektivität.

Wie erwähnt sind bereits die Phantasien, die wir von uns selbst haben, überdurchschnittlich positiv. Ich gehe davon aus, dass wir alle von uns ein überdimensioniert positives Selbstbild haben: Als Zentrum unserer Welt sind wir in der Regel ein *gutes Zentrum*. Schon hier sind Phantasien nicht primär realitätsbezogen, sondern exzessiv. Das müssen sie Lacan zufolge auch sein. Denn in dem Moment, in dem wir unsere Phantasien z.B. als Zielvorgaben unserer Handlungen tatsächlich erreichen, brauchen wir neue. Diese Erfahrungen kennen wir von der Vorfreude. Speziell als Kinder malen wir uns aus, ein Spielzeug zu besitzen, das bald nach unserer Besitznahme sein Potential, uns glücklich zu machen, aufgebraucht hat. Dann stehen wir erneut an einem Nullpunkt, von dem aus wir das nächste Objekt des Begehrens mit Hilfe unserer Phantasie kreieren. In einzelnen Fällen liegt hier der Ursprung eines psychischen Leidens, eben keine Phantasien mehr entwickeln zu können, die um Ziele oder virtuelle Freuden aufgebaut sind. Depressionen nach kreativen Höchstleistungen sind Äußerungen dieser Dynamik. Die Welt erscheint leer und ohne Verheißung. Das nach der Kreation vereinnahmte Objekt des Begehrens bringt die Psyche regelrecht in eine Schieflage ihrer Feinjustierung, da sich ihre Einbildungskraft noch nicht zielgerichtet auf etwas Neues zu richten weiß. Lacan geht mit seiner These noch weiter. Er behauptet, dass die Übertreibungen unserer Phantasien offenlegen, dass wir vielleicht gar nicht so sehr an den Ort unserer Phantasien kommen möchten, dort wo sie in Realität umschlagen könnten, weil nur die *radikale Ferne* dieses Ortes unseres Glückes uns ein dauerhaftes Begehren sichert. Begehre die Unendlichkeit, so könnte man vielleicht mit Kants Rede vom Reich der Zwecke sagen, und das Leben wird erträglich, weil das Ziel, diese Unendlichkeit zu erreichen, dich jeden Tag aus dem Bett steigen lässt, ohne jedoch tatsächlich erreicht zu werden.

Die Dialektik dieses Begehrens bringt eine Kurzgeschichte von Robert Sheckley (1928-2005) mit dem Titel „The Store of the Worlds“ treffend auf den Punkt. Im Zentrum der Geschichte steht der Protagonist Mr. Wayne (vgl. Žižek 2000b). Vor dem Hintergrund seines angepassten Lebens als Familienvater in einem typisch amerikanischen Vorort ist er von einem unstillbaren Wunsch besessen: den geheimnisumwitterten alten Tompkins zu besuchen. Von ihm heißt es, er würde seinen Klienten Einblick in ihre verborgensten Wünsche verschaffen und niemand, der ihn besuchte, sei enttäuscht worden. Aber immer drängt sich etwas zwischen Waynes Wunsch und der Realisierung desselben: hektische Tage im Büro, dann ein paar Urlaubstage mit der Familie, eine Renovierung der Wohnung und so gehen die Jahre mit immer neuen Verhinderungen und Zwängen des Alltags dahin... bis Wayne plötzlich aufwacht und verblüfft den alten Tompkins an seiner Seite erkennt. Er gibt dem Magier die ausgemachte Bezahlung, bevor er sich durch eine Ruinenlandschaft auf den Heimweg macht. Erst jetzt begreift die Leserin, dass der alte Tompkins den innigsten Wunsch und das innigste Begehren von Wayne tatsächlich offengelegt hat. Es bestand im trivialen Leben eines Familienvaters in einem amerikanischen Vorort, das seinerseits kein begehrenloses sein konnte, sondern von einem ähnlichen unstillbaren Mangel geprägt war, wie das reale Leben von Wayne. Mit Žižeks Worten, der die Geschichte in seinem Buch *Mehr-Genießen* erwähnt: „[D]ie Realisierung des Begehrens entspricht nicht einem Status, in dem Begehren einfach ‚erfüllt' [...] würde; sie besteht vielmehr in der Reproduktion des Begehrens selbst [...]. Wayne ‚realisierte sein Begehren', gerade indem er sich [... mit Hilfe einer Halluzination] in einen Zustand" des permanenten Aufschubs versetzt (Žižek 200b, 17).

Was zeigt uns diese Geschichte? Sie illustriert die Einbindung unserer Psyche in ein Begehren, das paradoxerweise auch an seiner Nicht-Erfüllung Gefallen findet. Der Roman, den ich eines Tages geschrieben haben könnte, motiviert mich, den Glauben an ihn nicht zu verlieren. Dann erzähle ich vielleicht ständig meiner Freundin von diesem Roman, aber das Reden darüber hilft mir, nicht die Mühen auf mich nehmen und ihn wirklich schreiben und eventuell daran scheitern zu müssen. Das Begehren nach dem von mir zu verfassenden Roman führt zum Aufschub seiner Erfüllung. Aber dieser Aufschub erzeugt seine eigene Gratifikation, sein eigenes Begehren. Mit anderen Worten: Die Geschichte des alten Tompkin veranschaulicht, inwiefern wir um Mangelstrukturen unsere Welt aufbauen und den Mangel pflegen. Lacan faszinieren die Phantasiegebilde unseres Geistes nicht nur als projektiver Schutzfilm zur Abwehr negativer Erfahrungen, sondern auch auf der Ebene ihrer Hyperbolik, auf der Ebene ihrer exzessiven Übertreibung. Phantasien füllen Lücken der Erklärbarkeit, aber sie füllen ebenso unser Begehren durch Unerreichbarkeiten immer wieder energetisch auf. Nur durch Phantasien wird das Subjekt als begehrendes konstituiert.

Warum sehnen wir uns nach größenwahnartigen Erfolgsgeschichten? Warum kann die Sehnsucht, eine bedeutende Sängerin zu werden, so groß werden, dass sie eine Karriere, selbst auf dem Gipfel ihres Erfolgs, zur Hölle werden lässt? Eine zentrale und vorerst einfach klingende Erklärung geht auf ein Motiv aus dem Spiegelstadium zurück: Anerkennung. Um zu sein, müssen wir uns anerkennen und berufen lassen. Der Graph des Begehrens (Lacan 1991c) veranschaulicht diesen Gedanken aus einer anderen Perspektive. Als ein zentraler Baustein in Lacans begehrenstheoretischer Erkenntnistlehre wird er hier in drei von vier Stufen vorgestellt.

II

Die erste Stufe zeigt, inwiefern Begehren im Verhältnis zu einem Subjekt steht, das auf der Grundlage seiner Artikulation durch die Welt der Signifikanten definiert ist. Wir sehen zwei Linien, wobei die erste Linie S–>S' von Lacan als Signifikantenkette bezeichnet wird (ebd. 179).

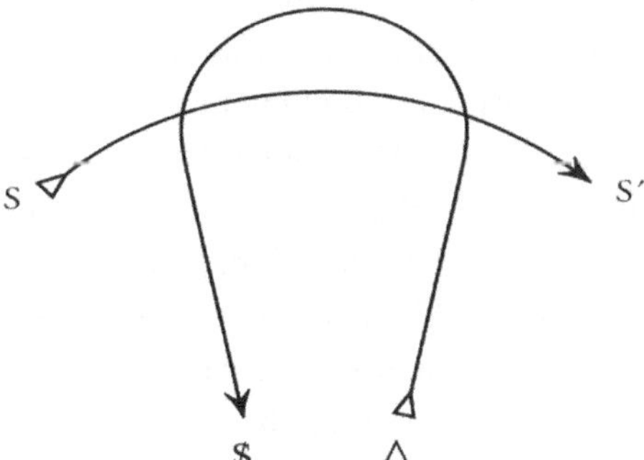

Was ist die Signifikantenkette? Ein inferentiell verknüpftes Netzwerk von zeichenvermittelten Konzepten, die untereinander in Clustern verbunden sind und durch Differenzen, inferentielle Begründungen und dogmatische Setzungen diverse Bedeutung generieren, sei es politischer, wissenschaftlicher oder künstlerischer Art. Signifikanten orientieren uns im Umgang mit der uns umgebenden Wirklichkeit. Sie eröffnen hegemonial strukturierte Hierarchien von Werten, Normen und Praktiken und geben der Einzelnen / dem Einzelnen die Möglichkeit, sich symbolisch, z.B. in der Sprache, zu betätigen. Signifikantenketten sind nicht einfach linear, wie das Bild nahelegt. Aufgrund der Polyvalenz von Worten und Konzepten verschiedener grammatischer und semantischer Funktionen sind sie auch vertikal und zirkulär strukturiert.

Es sei noch erwähnt, dass Signifikantenketten nicht einfach spiegelbildlich Fakten ‚in der Welt' abbilden, sondern Menschen ermöglichen, sich über Fakten zu verständigen. Das gelingt, da wir in Signifikantenketten Welten sinnvoller Zusammenhänge und Tatsachen gemäß verschiedener Denkweisen (ökonomisch, ökologisch, artistisch, normativ etc.) entfalten. Signifikanten verweisen nicht referentiell auf Einzeldinge. Sie reflektieren keine präexistierende Welt, sondern ermöglichen Fakten in Begründungsketten verifizierbar bzw. falsifizierbar zu machen. Ein berühmtes Zitat von Davidson abwandelnd könnte man daher sagen: „Signifikantenketten sind wahr oder falsch, aber sie repräsentieren nichts" (Davidson spricht von „Überzeugungen", 2004a, 90).

In diesem Sinne ist auch der Baum im Park immer schon durch die Eigenschaft, im Signifikanten „Baum" bzw. im Konzept „Baum" zur Geltung zu kommen, in sich gespalten. Wäre potentiell kein Material signifikativer „Lesbarkeit der Welt" (Koch 2016) in ihm vorhanden, so würden wir an seiner Stelle einem Loch im Park begegnen. Keine „sinnliche Anschauung" von ihm wäre uns zugänglich, wenn man McDowell folgend auch dieses Rezeptionsvermögen nur vernunftbegabten Wesen zuspricht (McDowell 1994, 9). Da jedoch der Baum weltseitig lesbar ist, kann er subjektseitig als Signifikant aus dem Park sprichwörtlich herausgenommen und z.B. in die National-Flagge des Libanon oder in diesen Text integriert werden. Die Signifikantenkette verläuft von links nach rechts, da wir in der Zeit nicht zurückgehen können und die Vektorrichtung der ersten Linie eine chronologische Struktur ausdrückt. Jeder Diskurs verläuft in der Zeit.

Der zweite Vektor (Δ–>$) drückt einen anderen Gedanken aus: Die Abhängigkeit des menschlichen Organismus von Signifikanten der Anderen, die Erfahrungswelten aus Bedeutungsclustern erstehen lassen. Daher haben wir das Emblem eines hilfsbedürftigen Organismus rechts unten in der Grafik (Δ), der – gegen die Richtung des ersten Vektors – nachträglich in ein gespaltenes Subjekt ($), links in der Grafik, transsubstantialisiert wird. Diese theoretische Einsicht ist grundlegend für Lacans Erkenntnistheologie. Am Ende des Durchlaufs durch die Signifikantenkette kann das Subjekt – idealtypisch – durch die Welt der Bedeutungen der Anderen in ein Selbstverhältnis treten. Weil dieses durch die Welt der Bedeutungen der Anderen / bzw. des Anderen mit-verbürgt wird, ist es auch mittels dieses Anderen von sich auf eine unüberbrückbare Distanz gebracht. Sie evoziert ein Begehren, das – aufgrund der differentiell instabilen Struktur semantischer Ketten – nie abschließend befriedigt werden kann.

Lacan veranschaulicht diesen Gedanken im Verweis auf die „diachronische Funktion im Satz, insofern nämlich der Satz seine Bedeutung erst mit seinem letzten Term fixiert" (Lacan 1991c, 180). Wir zielen in der Artikulation eines wahrheitsfähigen Gedankens, Proposition genannt, wie auf das Zentrum einer Zielscheibe. Ob jedoch das Ziel erreicht wurde, zeigt sich erst am Satzende. Wenn eine Sprecherin zu sprechen beginnt, kreuzt sie den Schnittpunkt rechts in der Grafik, wobei der Sinn ihres Satzes performativ in der Artikulation erst seinen Gehalt erhält, wenn er auch den Kreuzungspunkt links in der Grafik tangiert. Wenn der Satz Sinnvolles zur Darstellung bringt, hat er den zweiten Schnittpunkt (links in der Grafik) gekreuzt und den Satz wie einen Pfeil ins Ziel geschossen. Sinnvoll kann der Satz nur sein, wenn er beide Schnittpunkte kreuzt. Ohne Artikulation kann kein Sinn entstehen, aber nicht jede Artikulation ist deshalb schon sinnvoll. Nehmen wir das Beispiel einer Prüfung. Der Prüfling soll auf eine Frage die richtige Antwort geben, setzt an (rechter Kreuzungspunkt), verheddert sich im Gestrüpp von Gedanken und verpasst den „Bahnhof" des Sinns (d.h. den linken Kreuzungspunkt). Nun kann der Satz weder falsch noch richtig, sondern nur noch sinnlos sein. Besonders kommt es dabei, wie gesagt, auf den zweiten Schnittpunkt an. Er beglaubigt den Anfang des Gedankens (erster Schnittpunkt) retrospektiv.

Gottlob Frege zufolge sind Gedanken Träger von Wahrheiten, die einen objektiven Sachverhalt zum Ausdruck bringen. Während aber Frege dazu im platonischen Sinne eine Art Metasprache als „drittes Reich der Gedanken" zwischen „Außenwelt" und subjektiven „Vorstellungen" postuliert (Frege 1986, 43), die zur singulären Instanziierung über der Welt wie in einem ewigen Reich objektiver und zeitloser Zusammenhänge verweilt, lehnt Lacan jeden Glauben an eine Metasprache ab. Signifikantenketten sind ausschließlich nominalistisch in den Praktiken sprechender Wesen begründet.

Lacan benutzt die Analogie zur Linguistik, um mit ihrer Hilfe die Struktur der Retrospektivität für seine These von Begehrens- und Subjektivitätsbildung zu erläutern. Deswegen müssen wir im Folgenden das Beispiel der sich retrospektiv entfaltenden Bedeutung eines Satzes auf die sich retrospektiv entfaltende Gestaltung von Subjektivität anwenden. Wie gezeigt worden ist, vermag der menschliche Organismus in seiner frühkindlichen Bedürftigkeit sich nicht selbst Anerkennung und Bedeutung zu verschaffen. Er muss in seiner Ausrichtung auf Befriedigung in ein Verhältnis mit anderen (als Trägerinnen von Signifikanten) eintreten, um dadurch das Wunder der Transsubstantiation zu erfahren. Alienation im Sinne einer sprachlichen Spaltung des Subjekts geht hier immer schon mit einer Ordnung der Bedürfnisstruktur zusammen. Kurz, auch hier, d.h. in der Genese von Subjektivität, muss der zweite Vektor den ersten in umgekehrter Richtungsfolge durchkreuzen. Der bedürftige Organismus muss in die Sprachsegmente – Vektor eins – eintreten und im Umgang mit Bedeutungs- und Wertgehalten so trainiert werden, dass sich die Bedürfnisse der Gliederung der Signifikantenwelt normativ anpassen. Wie im Fall der Linguistik ist Schnittpunkt Nummer zwei entscheidend. Bedürfnisbefriedigung ist nun innerhalb der Signifikantenkette möglich, aber aufgrund ihrer differentiellen Struktur nicht abschließend einlösbar. Sie ist das inferentielle System, in dem Cluster von Teil- und Obermengen antagonistisch, aber auch hierarchisch Bedeutungen definieren.

Kreuzungspunkt zwei stoppt das Gleiten der Bedeutung, das sonst unbegrenzt wäre. Mit Bezug auf das Subjekt markiert er sprichwörtlich das ödipale Gesetz, das Identität unter sozialen Bedingungen ermöglicht; wenn jeder alles sagen könnte, wären Kommunikation und Anerkennen subvertiert. Ein Beispiel dafür stammt aus meiner Studienzeit. Ein psychisch belasteter Kommilitone konnte im Seminar, wenn er einmal das Wort ergriffen hatte, nicht zu reden aufhören. Er fing zu sprechen an und musste von der Professorin immer wieder abgewürgt werden. In einem gewissen Sinne hatte der betreffende das Problem, den zweiten Kreuzungspunkt der Sinngenerierung zu erreichen. Er stand beständig unter dem Eindruck, noch nicht alles auf den Punkt gebracht zu haben. In seiner Psyche fehlte, was Lacan in einem anderen Zusammenhang „Vatermetapher" nennt. Sie markiert die verinnerlichte Norm, an dem das Gesetz den unendlichen Diskurs der Ordnung zuliebe abbricht. Ein ähnlich neurotisches Verhalten plagt Promovierende, die ihre Arbeit nicht abschließen können. Das Nicht-aufhören-Können wird zur Qual: mit wachsender Fülle des Geschriebenen steigt zugleich die Zahl der zu klärenden Differenzen.

III

Welche existentielle Bedeutung das oben beschriebene Eintreten in die Signifikantenkette hat, verdeutlicht das prominent gewordene Schicksal von Helen Keller. Sie war im frühen Kindheitsalter an einer Krankheit taub und blind geworden und lebte ab dem 19. Lebensmonat auf der Erfahrungsebene, die Hegel in der *Phänomenologie* als „sinnliche Gewissheit" definiert. Kognitionen fallen bar jeder semantischen Struktur (mit Lacan gesagt: bar jeder Signifikantenkette) wie ins Nichts einer nur in Umrissen erahnbaren Welt von deiktischen Referenzen: hier, jetzt, dort, etc. Aber der Ort des „Hier" wechselt für Keller permanent. Denn einmal ist „[d]as Hier z.B. der Baum", dann wieder „ein Haus" (Hegel 1986, Bd. 3 85). Ebenso verhält es sich mit der Zeit. „Jetzt ist die Nacht". Aber diese Wahrheit wird binnen Stunden und Minuten „schal", wie Hegel schreibt (ebd., 84). Plötzlich ist das Jetzt „der Tag", nicht mehr „die Nacht". Diese deiktische Welt enger Erfahrungsgrenzen erfährt eine erste Erschütterung, als Keller von ihrer Tutorin Anne Sullivan in einer in die Handflächen geschriebenen Blindenschrift trainiert wurde. Nun durchquert sie sprichwörtlich den Kreuzungspunkt rechts (! – nicht links) im Graphen und weiß trotzdem noch lange nichts mit den Zeichen anzufangen. Eines Tages geschieht jedoch genau das. Keller gerät in Kontakt mit dem zweiten Kreuzungspunkt im Graphen (später von Lacan s(A) genannt), als ihr Sullivan an einer Wasserpumpe das Wort „w-a-t-e-r" in die Hand schreibt. „Sie ließ den Becher fallen und stand wie angewurzelt da. [...] Sie buchstabierte das Wort *water* zu verschiedenen Malen. [...] Auf dem ganzen Rückweg war sie in höchstem Grade aufgeregt und erkundigte sich nach dem Namen jedes Gegenstands [...]. Alles musste jetzt einen Namen haben" (zitiert nach Cassirer 1996, 60f.).

Die Geschichte veranschaulicht den Zusammenfall des Begreifens, was ein Signifikant ist, mit dem zeitgleich auftretenden Begehren, die Signifikantenkette auszuweiten. Denn Keller möchte sofort wissen, wie die anderen Dinge um sie herum denotiert sind. Aber warum? Warum sagt sie sich nicht „Okay, das Wort *water* reicht mir für heute. Morgen lerne ich das zweite"? Die Antwort ist offensichtlich. Keller hat begriffen, dass der eine Signifikant, den sie als strukturellen Nullpunkt erkannt hat, unendlich viele Differenzen eröffnet. Es ist, als würde sie mit „water" den singulären Knotenpunkt eines Fischnetzes umgreifen. Wenn sie an ihm zieht, kommt gleichzeitig eine ganze Welt von Fakten und Tatsachen hintendrein. Sie kennt kein Ende, weil u.a. „[d]as einzige, was als Grund für das Vertreten einer Überzeugung gelten kann, [...] eine weitere Überzeugung [ist]“ (Davidson 2004, 240). Oder mit Frege gesagt: Keller hat begriffen, dass ein Wort nur in einem Satz bzw. in einem Bedeutungszusammenhang, der über das einzelne Wort immer schon hinausgehen muss, Geltung hat. Das semantische Begreifen von „water“ begründet keine Einzelding-Ontologie, sondern den Zusammenhang von Tatsachen inmitten anderer Tatsachen. Diese können in wahrheitsfähige Proposition ausgedrückt werden z.B. im Sachverhalt, „dass das flüssige Zeug in den Händen von mir, Helen Keller, Wasser ist“. Oder mit der Wahrheitstheorie von Alfred Tarski gesagt: „Der Satz „Wasser ist das Zeug aus der Wasserpumpe“ ist genau dann wahr, wenn Wasser das Zeug aus der Wasserpumpe ist.“ Und Helen Keller hat diese Einsicht in der Durchkreuzung des zweiten Kreuzungspunktes der Signifikantenkette erstmals erfasst. Die Tutorin, Anne Sullivan, ist hier sprichwörtlich der „Hort der Signifikanten“. Der Umstand, dass sofort „Vater“ und „Mutter“ von Sullivan benannt und für Keller begrifflich eingeführt werden, unterstreicht die Bindung von Bedeutung an Ordnungen der Hierarchie.

Abschließend soll in diesem Zusammenhang kurz Lacans Beschreibung eines ähnlichen Erweckungserlebnisses aus dem Jahr 1961 skizziert werden. Ich komme darauf zu sprechen, weil es denselben *ad hoc* analogen Umschwung von Stummheit in Sprachfähigkeit thematisiert. Lacan befindet sich im archäologischen Museum von Saint-Germain en Laye. Er versenkt sich in die Betrachtung von Ausstellungsvitrinen, in denen diverse steinzeitliche Jagdinstrumente mit kleinen Einkerbungen darauf ausgestellt sind. Plötzlich kommt ihm dabei die begeisternde Einsicht, dass die einzelnen Kerben als Ur-Token von Signifikanten aufzufassen sind. „Wie kann ich Ihnen das Gefühl beschreiben, das ich empfand, als ich – mich über einen dieser Glaskästen beugend – auf einem dünnen Rippenknochen, offensichtlich die Rippe eines Säugetiers, [...] eine Reihe von kleinen Strichen sah: erst zwei, dann eine kleine Pause und danach fünf, und dann geht es wieder los. Da sagte ich mir [...], deshalb ist deine Tochter nicht stumm [sic], deshalb ist deine Tochter deine Tochter, denn wenn wir stumm wären, wäre sie nicht deine Tochter.“

Lacan fährt fort: „Offensichtlich liegt darin ein gewisser Vorteil [er meint hier die Markierungen bzw. Signifikanten: Sie haben einen evolutionären Vorteil], selbst wenn man in einer Welt lebt, die der eines universellen Irrenhauses sehr ähnlich ist [...]. Diese Striche [...] erscheinen [...]

mehrere tausend Jahre, nachdem die Menschen wussten, wie man Objekte von realistischer Genauigkeit herstellt. Aber im Vergleich zu diesen Kunstobjekten der Exaktheit finden wir hier [...] die Spur von etwas, das eindeutig zum Signifikanten gehört" (Lacan 1961, Sitzung vom 6.12.1961).

Menschen hatten Lacan zufolge also schon Jahrtausende vor dem Auftauchen der Kerben die Fähigkeit, eine Art Einzelding-Ontologie mit Artefakten zu artikulieren. Geschnitzte Objekte „von realistischer Genauigkeit" stehen gemäß einer eins-zu-eins Relation für Objekte in der Welt. Sie haben Abbildeigenschaften, sind aber noch keine Signifikanten. Was Lacan an den Kerben fasziniert, ist, dass sie völlig abgelöst von einer primitiven Einzelding-Ontologie für die reine abstrakte Differenz stehen. Auf dieser Differenz ruhen die Grundstrukturen der Welt, die wie in einer berühmten hinduistischen Kosmologie aus dem 5. Jahrhundert unendlich ausgelagert sind: zuerst auf Elefanten, dann auf einer Schildkröte, einer Schlange, die ihrerseits in einem sich von ihr absetzenden und unbestimmt bleibendem Medium schwebt. Eine geschnitzte Bärenfigur kann nicht für einen „Bärenhunger" stehen. Aber eine Kerbe kann für die „Tötung" eines Tieres auf dem Jagdinstrument stehen. Tiere verstehen Zeichen („Platz", „Hol den Ball" etc.), können jedoch nicht ein Zeichen durch ein anderes austauschen und eine Bedeutungsdifferenz- und eine Bedeutungsflexibilität einführen. Eine Katze kann sehr wohl mit einer Pfote an die Balkontür schlagen, um ein Zeichen zu geben, dass sie gerne auf den Balkon gehen möchte. Sie kann jedoch nicht auf die Balkontür schlagen, um mir zu sagen, dass die Tür dieselbe Farbe, wie mein Sakko hat. Würde sie nur einen einzigen Bezug dieser Art ausführen, hätte sie sofort dieselbe Welt wie Helen Keller erreicht. Ich könnte mich mit ihr über Deutungsgesten rudimentär über alle möglichen Sachverhalte austauschen. Wenn jede Kerbe, wie Lacan vermutet, für die Tötung eines Tieres steht, ist die Gesamtheit von fünf Kerben ihre Summe. Die Kerben stehen als Signifikanten für den „Mord am Ding" (Lacan 1991b, 166, Übersetzung verändert). So nennt Lacan den Umstand, dass mit dem evolutionären Auftreten von Signifikantenketten der Mensch aus der Welt als Einheit herausgetreten ist. In Signifikantenketten sind die Dinge von sich getrennt, weil Identität von Differenz nicht zu lösen ist. Lacan sagt das explizit: „Es ist der Signifikant, der [in die Textur nicht verobjektivierbarer Welten, D.F.] einen Schnitt macht. Er ist es, der den Unterschied als solchen in das Reale [die Unbestimmbarkeit von Wirklichkeit vor ihrer Transubstantiation qua Signifikanten] einführt [...]. Ein Signifikant unterscheidet sich von einem Zeichen zunächst dadurch [...], dass Signifikanten zunächst nur die Präsenz der Differenz als solche und nichts anderes manifestier[en]" (Lacan 1961-1962, Sitzung vom 6.12.1961). Es ist der Signifikant, der einen Schnitt in die Welt macht und damit auch Welt als Effekt signifikanter Differenzen entstehen lässt. Ähnlich wie bei Keller ist Welt lesbar, insofern alles immer auch auf anderes verweist. Unter diesen Umständen kann der Himmel für das Paradies stehen und der Baum auf einer Fahne für eine Nation. Da die Differenzen keine natürlichen Verankerungen mit den Dingen haben, sondern die Dinge in Differenzen objektiv zugänglich werden, ziehen Differenzen weiter, neue Erkenntnisse produzierend. Das Signifikat, stellvertretend für die Weltseitkeit unserer Beziehungen, gleitet unterhalb der Signifikantenkette weiter. „Bedeutung" (Substanz) liegt nicht „in" der Welt, so wenig wie – nach Quine – das „Wesen" eines Hasen im Hasen liegt, oder das Wesen des Wassers in H_2O. Bedeutung liegt in der Form einer Semantik, deren Formseite (Differenzstruktur) die Inhaltsseite ausfüllt. Oder etwas abstrakter mit Hegel gesagt: Substanz ist Subjekt, d.h. Substanz ist durch Subjekte und ihre semantischen Objektivierungsbedingungen das, was sie ist und in Zukunft sein wird.

IV

Während der Graph erster Stufe die Spaltung des Subjekts mit der rekonstruktiven Struktur eines in der Sprache geäußerten Satzes verdeutlicht, so verbleibt die zweite Stufe des Graphen im Bereich der Subjektphilosophie.

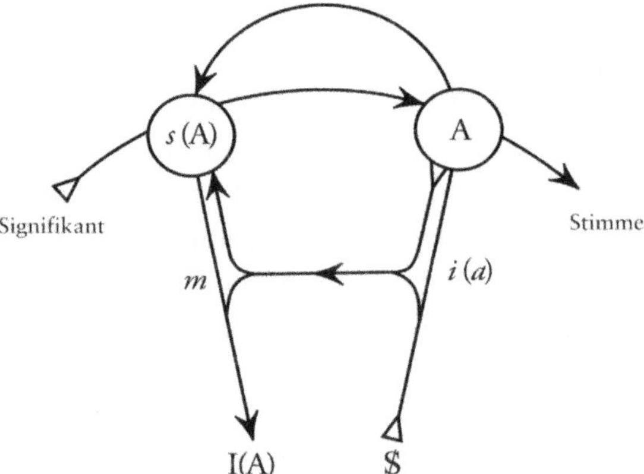

Aus diesem Grund rückt das gespaltene Subjekt ($) wieder zurück an den Ort von (Δ). Ein neues Mathem I(A) wird eingeführt, das als Ich-Ideal den Zielpunkt der Subjektivierung angibt. Um eine Instanz von Bedeutung, von Sinn und Geltung zu werden, muss das Subjekt selbst – wie gesagt – Teil holistischer Bedeutungsstrukturen werden, die die Basis zwischenmenschlicher Fakten sind. Lacan lokalisiert daher auch im Graph den Ort des großen Anderen mit dem großgeschriebenen A (autre). Er spricht vom „Schatz" bzw. vom „Hort des Signifikanten" („le trésor du signifiant") (Lacan 1986, 180, veränderte Übersetzung). Der große Andere repräsentiert den Hort von Bedeutung, der, wie wir bei Keller sahen, primär von ihrer Tutorin Anne Sullivan eingenommen wird. Denn in der Welt, in der wir leben, gibt es zwar alle möglichen Bedeutungsformationen, aber das heißt nicht, dass alle gleichwertig sind.

Das am Ende von Vektor I enigmatisch bleibende Wort „Stimme" verweist auf die Kraft der Sprachbewegung auf der Ebene reiner Medialität. Babys hören im Mutterleib die Stimmen ihrer Eltern in verschiedener Geltungsform als Tröstung, Wutausbruch, Flüstern, Gerede etc. In diesem Fall ist Stimme kein Träger von Bedeutung. Das raubt ihr jedoch nicht die Geltung. Dass Stimmen auf der reinen Materialität ihres Medium-Seins an uns appellieren, lässt sich gut an der Stimme Hitlers, beispielsweise bei seinem Auftritt in Hessen von 1938 veranschaulichen.

Ihre Wirkung als Partialobjekt, das weder eindeutig dem Geist noch dem Körper des Sprechers zuzuordnen ist, bringt Charlie Chaplin in *Der große Diktator* (1940) zur Anschauung. Das Chaplin-Hitler-Deutsch ist Gekrächze, das auch ohne verstanden zu werden, politische Wirkungen provoziert. Die Botschaft der Stimme muss nicht mit dem Inhalt der Worte übereinstimmen; sie hat Geltung auf der Ebene ihrer Form, nicht aufgrund ihrer Semantik. Mladen Dolar verweist in seinem Buch *A*

Master's Voice (Dolar 2014) auf die spektralen, d.h. geisterhaften Eigenschaften der Stimme als Medium ihrer selbst. Wenn sie zur psychoanalytischen Kategorie der sogenannten Partialobjekte gehört, so deshalb, weil sie weder dem Geist als Instanz rationaler Bedeutungsgenerierung zugeordnet werden kann (denn ihre Medialität sagt, wie ein Symptom, mehr als die vermittelten Inhalte), noch dem Körper als Medium von Praktiken, Trieben und Affekten. Schließlich wird die Stimme – wie Derridas Husserllektüre offenlegt – als Phänomen der Selbstpräsenz des denkenden Ichs und nicht des Körpers angesehen (Derrida 2003). Eine ähnliche Unbestimmtheit der Verortung erfährt die Stimme bei Kant. Hier ist es die Stimme des moralischen Gesetzes, „die den kühnsten Frevler zittern macht und ihn nötigt, sich vor seinem Anblicke zu verbergen" (Kant 1902, Bd. V, 80). Das frevelnde Subjekt wird von einem inneren Nicht-Ort, der auf ein Mehr im Subjekt jenseits topographischer Verortung hinweist, genötigt sich wegzuducken.

Zurück zum Graph des Begehrens: Am Ort von A konstituiert sich „das Signifikante [...] in einer synchronischen und abzählbaren Ansammlung von einzelnen Gliedern, deren jedes nur durch seine prinzipielle Opposition zu allen anderen von Bestand ist" (Lacan 1991c, 180). Er ist vom Kreuzungspunkt s(A) zu unterscheiden. Letzterer markiert, „was man die Interpunktion nennen könnte, in der sich die Bedeutung als Fertigprodukt konstituiert" (Lacan 1991c, 181). Man könnte auch sagen: der Vektor zwischen s(A) und A ist der symbolische Hofstaat von A. Die Königin von England als A (großer Anderer) wäre bedeutungslos ohne den Umstand, dass das *House of Windsor* sie als Hofstaat umringt. Letzterer ist das hegemoniale Autoritätsgerüst, das die Instanz der Anrufung an eine Frau verkörpert, die Königin von England zu sein. Demzufolge sähe der Prozess der Subjektivierung so aus: Das sogenannte gespaltene Subjekt $ (rechts unten im Diagramm) muss die symbolische Ordnung des „großen Anderen" (A) so durchkreuzt haben, dass es am Ende dieser Durchkreuzung die Idealisierungen, die von „A" und seinem semantischen Autoritätsfeld (s(A)-A) auf dieses gespaltene Subjekt $ eingewirkt haben, hat verinnerlichen können. Am Ende seines Zivilisationsprozesses hat dieses Subjekt in der Annahme seiner Identität die Geltungsstruktur der Signifikanten zu seiner zweiten Natur werden lassen. Dabei verdrängt es den Umstand seiner erzwungenen Wahl nach den Prämissen von A und dessen symbolischem Hof seiner Autorität (s(A)-A) und nimmt seine symbolische Rolle mal mehr, mal weniger selbstbewusst und selbstreflexiv an.

Um den Prozess der Subjektivierung in seiner Alltäglichkeit darzustellen, kann man auf das Schicksal von Prinz William verweisen. Sein symbolischer Lebensweg als Duke of Cambridge mag hier sinnbildlich für uns alle stehen. Wie wird er, der er werden soll?

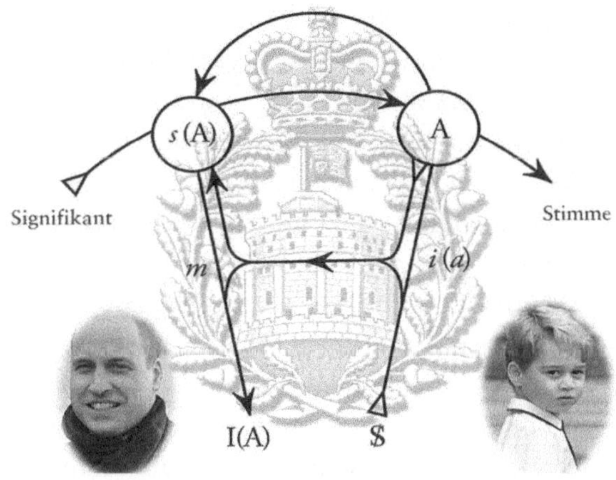

Prinz William, Duke of Cambridge, wird dann er selbst, wenn er dem Appell des *House of Windsor*, Prinz William (I (A)) zu sein, so entspricht, dass seine Selbstimagination Prinz William zu sein (i(a)), diesem Appell unbewusst nachkommt und auch wirklich Prinz William ist (m = moi). Dieses Beispiel ist eine idealtypische Vereinfachung, da Lacan zufolge das Unbewusste ein Hort der Widerständigkeit ist und kein Subjekt mit seiner erzwungenen Wahl in Eins fällt. Das Ich-Ideal (I (A)) führt in seiner symbolischen Vermittlung das Individuum dazu, sich als Ideal-Ich zu diesem in ein spiegelbildliches Verhältnis zu setzen. Das Ergebnis ist ein Bild im Spiegel, das sich „von dem Punkt aus [fixiert], wo das Subjekt als Ich-Ideal stehenbleibt“ (Lacan 1991c, 184). Aus einer imaginären Identifizierung des kleinen Prinzen wird symbolische Identifizierung. Mit den übrigen diversen Pfeilen in der Zeichnung untermalt Lacan einen Kreislauf immer neuer Identifizierung, der kein Ende kennt.

Der Ort des Anderen (A) auf der Signifikantenkette ist notwendig instabil. Hier zeigt sich Lacan als ontologischer Relativist: Bedeutung ist nicht in einer wie auch immer in ihrem An-sich-Sein auszulegenden Welt und Wirklichkeit zu finden. Sie entfaltet sich vor dem Enigma der Referenz zwischen Geist und Welt in verschiedenen Übersetzungsmanualen, mit denen wir Menschen uns gegenseitig aber auch uns selbst zu verstehen suchen. Nicht nur übersetzen wir qua Manual Bedeutungen anderer Sprachen in die unsrige, sondern diese Übersetzungsmanuale haben wir auch dann zur Hand, wenn wir – wie Quine untermalt – vor dem Problem der „Unerforschlichkeit des Bezugs" das „Übersetzungsproblem beiseite lassen und uns nur aufs Deutsche", d.h. auf unser eigenes Sprechen „beschränken" (Quine 2003, 58).

Der große Andere kann nie in sich abgeschlossen sein, weil die Signifikantenkette, die ihn stabilisiert, keine Wurzeln in einem hinreichenden Grund des Seins hat. Geist und Welt korrelieren um einen Unmöglichkeitspunkt, der uns seinerseits theologisch anruft. Deswegen kann es auch sein, dass der Königin von England eines Tages ein ähnliches Schicksal wie Ludwig XVI. zuteilwird. Beide sind vor Kritikern ihrer symbolischen Rollen nicht gefeit bzw. mit Quine gesagt – vor Menschen, die keine Möglichkeit sehen, mit ihnen in einen dialogischen Verstehensprozess ihrer verschiedenen Ontologien und Geist-Welt Bezüge zu treten. Es gibt keine Ordnung, die mir vorschreiben könnte, die Existenzweise von Königen oder Päpsten in meinem „Übersetzungsmanual" mit Bedeutung auszufüllen. Der große Andere ist zwar gegenüber der einzelnen britischen Bürgerin mächtig, denn er kann sie unterwerfen, töten, quälen, loben, befördern, verheiraten, zur Priesterin weihen etc. Aber das alles heißt nicht, dass der große Andere wirklich allmächtig ist.

Entscheidend für den Subjektivierungsprozess ist der Umstand, dass das Subjekt auf unüberwindliche Weise von seiner Selbstidentität getrennt ist. Ähnlich wie in den oben beschriebenen Fällen diverser Traumata kann es daher nicht zur Ruhe kommen. Aber ähnlich verhält es sich mit dem großen Anderen: Er kann das Feld seiner hegemonialen Ordnungsmacht nicht abschließen, da kein System die Bedingungen seiner Möglichkeiten letztbegründen kann. Jedes System ist qua seiner durch Differenzen bestimmten Grenzen zu einem Anderen notwendig exzentrisch zu sich selbst.

Noch einige Anmerkungen zur unteren Hälfte des Graphen: I(A) steht, wie erwähnt, für das Ich-Ideal. Man könnte sagen, dass die Subjektivierung besonders gut im Sinne einer Anrufung gelungen ist, wenn wir die Ideale, die die Gesellschaft hinter unseren Rücken aussendet, annehmen. Nun ist William wirklich Prinz von Wales. Im Gegensatz zu seinem im Jahr 1952 verstorbenen Vorfahren, König Georg VI., dessen Stottern den symbolischen Körper des Königs vor der Herausforderung der Sprachmaschine Adolf Hitler in Gefahr brachte (die Restauration dieses symbolischen Körpers ist Thema des Films *The King's Speech*), hat er kein Problem, in seiner Stimme als Medium der Selbstpräsenz er selbst zu sein. Er spielt keine Theaterrolle, er *ist* seine Rolle. Der Vektor i(a) nimmt diese Idealisierung im imaginierten Selbstbild des kleinen Prinz William vorweg. Er will sein, wie seine Familie ihm suggeriert, dass er sein möge. Im Gegensatz zu seinem Bruder Harry, den diverse Anrufungen scheinbar verfehlt haben, will er ein guter Thronfolger sein. Das geteilte Subjekt sieht sich hier mit den Augen des „Anderen". Wie will mich „der Andere" sehen? Wie soll ich sein?

Damit das Subjekt zu seiner Identität kommt, muss es sich mit dem „imaginären Anderen" auseinandersetzen. i(a) = ist demnach der imaginierte Andere (Ist er nicht ein großer Junge!). m = steht für das imaginäre Ego (mein Selbstbild: ja, ich bin ein großer Junge, stimmt).

Gemäß Lacans Subjektphilosophie unterwirft sich das Subjekt nicht nur dem großen Anderen gegenüber. Es setzt ihn außerdem unthematisch, d.h. unbewusst als die Bedingung der Möglichkeit seiner eigenen Autonomie. Aus der transzendentalen Notwendigkeit der erzwungenen Wahl, der Übernahme der Legitimität meiner Anrufung, setze ich als Subjekt im vorauseilenden Gehorsam immer auch erst diese Instanz. Aber genau diese Setzung ist eine, die ich als Subjekt nicht als solche erkennen kann. Die erzwungene Wahl ist zwar denkbar, aber aus der Lebenspraxis der einzelnen Psyche nicht einsehbar. In diesem Sinne wird Žižek die These aufstellen, dass die Bedingung des Subjekts seine eigene Verkennung ist: *Esse est non-percipi* (Žižek 1989, 68). Zu existieren heißt, sich nicht zu erkennen / sich zu verkennen. Die Verdrängung der erzwungenen Wahl ist Ausdruck dafür, dass unser Vernunftapparat immer einen axiomatisch-exzessiven Überschuss produziert. Dieser ist in Akten des Erkennens wirksam, aber eben auch in Verdrängungen der erzwungenen Wahl.

Es sei noch betont, dass wir es hier nie mit einem reinen Unterwerfungsprozess zu tun haben. Etwas widersetzt sich ihm strukturell – das Unbewusste. Es flockt im Prozess der Gestaltung der Ich-Funktion als das Andere im Ich notwendig aus.

Zur Übersicht sind hier noch einmal die entscheidenden Koordinaten des Graphen des Begehrens in definitorischer Kurzform aufgeführt:

1.) $ = das gespaltene Subjekt [Wer bin ich, „Che vuoi?“ was willst du?, was wollt ihr?]

2.) A = der Andere (Hort der Signifikanten, die symbolische Ordnung, die Sprache) [Noch bist Du nichts. Höre also zu, und zwar auch dann, wenn Du noch nichts verstehst.]

3.) s(A) = der Signifikant des Anderen. Bedeutung wird hier bezeichnet, die sich sprachlich ereignet haben wird. Das Subjekt wird in eine holistische Struktur gewoben unter der Oberherrschaft diverser Herrensignifikanten. [Von hier kommt Deine Fülle: Vater, Gott, Freiheit, Demokratie, der Führer.] Bedeutung konstituiert sich retrospektiv als endliches Produkt des abgeschlossenen Satzes unter dem Bogen von A nach s(A).

4.) i(a) = das selbst-imaginierte Ego durch A vermittelt [Du bist ein großer Junge wie Papa.]

5.) m (franz. moi) = mein imaginäres Ego. [Stimmt, ich bin ein großer Junge.]

6.) I(A) = Ich-Ideal [Ich bin jetzt wie Papa, Mama, meine große Schwester, meine Philosophie-Professorin, mein Führer mich sehen wollten. Mein Ideal-Ich entspricht dem, was Papa, Mama, etc. immer schon in mir gesehen haben. Ich habe es geschafft. Ich bin wirklich Prince William, Duke of Cambridge.]

Man kann diese hier abrisshaft bleibende Struktur einer „erzwungenen Wahl“ auch in einzelne Scherze wandeln, die diesen Gedanken mit einer Prise Polemik ausdrücken. Folgende sind mir eingefallen:

- Ich fühle mich zum Jesuiten berufen.
- Kein Wunder, Deine Mutter wollte es ja so.
- Hm, stimmt. Was für ein Glück!

- Hey, ich gehe wählen. Das ist wichtig für die Demokratie.
- Stimmt, denn die Demokratie sagt, dass Du wählen gehen sollst, weil es wichtig für die Demokratie sei. Vielleicht gehst Du ja deshalb wählen?
- Na deshalb gehe ich ja auch wählen!

- Ein Leben als Muslim könnte ich nicht ertragen. Das muss furchtbar sein. Was für ein schwachsinniges Gottesbild.
- Da hast du wirklich Glück gehabt. Denn Du bist ja auch kein Muslim, sondern Christ. Du hast nie etwas über den Islam gehört und weißt gar nichts über ihn.
- Ja, Du hast Recht. Gott sei Dank!

V

Betrachten wir zum Abschluss die hier zuletzt vorgestellte Stufe des Graphen: Den Vektor $ – d – S◊a. Er geht vom gespaltenen Subjekt $ aus und gelangt zu S◊a, dem Mathem für Lacans Begriff des Phantasmas. Zentral ist hier der Gedanke, dass der Eintritt des Subjekts in den Herrschaftsraum der symbolischen Ordnung immer auch als ein traumatisches

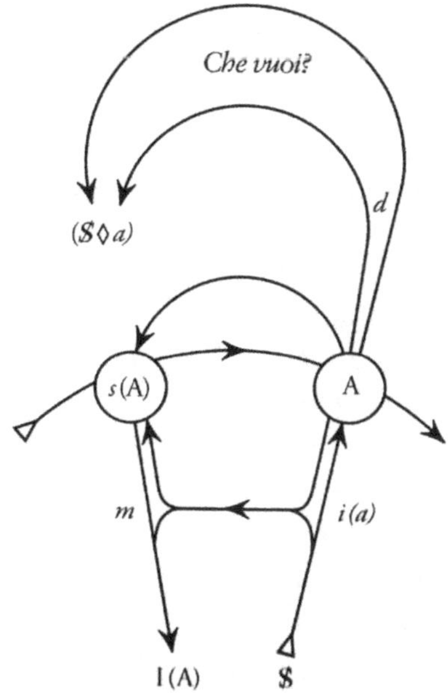

Ereignis auslegbar ist, welches als solches phantasmatisch gebunden werden muss. Lacan bringt das auf die Formel der Frage „Che vuoi?“. Er entnimmt sie einer Novelle von Jacques Cazotte, einem Wegbereiter der Phantastik, mit dem Titel *Le Diable amoureux* (1772). In einer Szene des Romans versucht der Held Don Alvaro den Teufel selbst heraufzubeschwören. Als es ihm gelingt, zeigt letzterer sich in der Form eines Kamels und gibt sich mit der Frage „Che vuoi?“ zu erkennen.

Die Frage verewigt sich jedoch, da der Teufel sich in Don Alvaro verliebt und all das zu sein versucht, was die Liebe erwidern könnte. Lacan spielt hier auf eine irritierende Dimension unseres Selbstverhältnisses an, sich in Abhängigkeit zu den Begehren Anderer zu begeben. Wir kennen diese Erfahrung aus Situationen des Verliebtseins: Was ist es, das Du willst, dass ich bin, damit Du mich endlich liebst oder endlich mehr liebst? Muss ich intelligenter sein, noch schöner, noch erfolgreicher? Soll ich meine Haare färben? Selbst der Teufel ist nicht Herr über das Rätsel des Begehrens und das Rätsel des Begehrens des Anderen. Aus diesem Grund fällt er aus seiner Fassung, wenn es um das Begehren eines anderen Begehren geht. „Was willst du?"

Wie jedoch Žižek im Anschluss an Lacan wiederholt betont, wendet sich jedes Subjekt mit dieser Frage nicht nur an eine geliebte Person, sondern auch an den großen Anderen in all seinen Gestalten, um seinen Platz in der Gesellschaft in Erfahrung zu bringen. Wie wir bei Kafka sahen, ist das, was dem Subjekt entgegengebracht wird, nicht immer eine klare Zuweisung. Manchmal kann es ein nichtssagendes Wiederholen derselben Worte und tautologischen Sätze wie die bekannten aus dem 2. Buch Mose sein: „Ich bin der ich bin" (3,14). Die obskure Autorität taucht manchmal deutlicher, manchmal weniger deutlich hervor. Zentral ist jedoch ihr selbstreflexiver Charakter. Der Führer verlangt Gefolgschaft. Warum? Weil er der Führer ist. Warum soll ich der Nation gehorchen?

Weil ich Teil der Nation bin. Warum die Demokratie verteidigen? Weil es nichts Schöneres als die Freiheit demokratischer Rechtsstaatlichkeit gibt. Aber was ist denn diese Freiheit konkret, wenn ich unter ihr so viel leide? Nun, niemand hat gesagt, dass Demokratie perfekt sei.

Ein weiteres und politisches Beispiel für einen großen Anderen und seine teils obskure Autorität ist mir im Jahr 2015 aufgefallen. Es hatte gerade in Paris das Attentat auf die französische Satire-Zeitschrift *Charlie Hebdo* stattgefunden, bei der fast alle Mitglieder der Redaktion von islamistischen Terroristen erschossen wurden. Im Anschluss an dieses Attentat fand eine berühmte Demonstration in Paris statt, bei der zahlreiche Politiker und Politikerinnen Europas zusammenkamen.

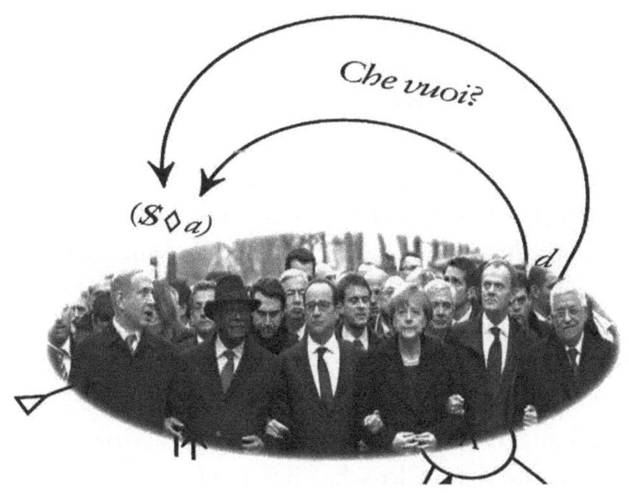

Warum ist dieser große Andere, der sich dort versammelte und zum Ausdruck brachte – Ich, die zivilisierte Welt, bin die Autorität, Du sollst keinen anderen Gott haben als die liberale Demokratie – warum ist dieser große Andere in Paris auch noch in dieser doch so eindeutigen Situation eines nicht zu relativierenden Unrechts „obskur", so dass sein Autoritätsruf uns mit der enigmatischen Frage des „Che vuoi" zurücklässt? Das drückte sich darin aus, dass zwei Hauptagenten im Konflikt zwischen islamistischer Gewalt und westlicher Gewalt sich am 11. Januar 2015 unter denselben Herrensignifikanten gestellt hatten: nämlich der israelische Ministerpräsident Benjamin Netanjahu und der Präsident der palästinensischen Autonomie-Behörde Mahmoud Abbas. Beide sind – ich denke, das darf man sagen – politische Totfeinde, die sich jeweils mit ihren Gewaltmitteln gegen die Gewalt des anderen stellen. Was vereint nun beide so, dass sie sich – mit Lacan gesagt – in eine Signifikantenkette, bzw. mit Ernesto Laclau, in eine Äquivalenzkette mit anderen Politikern Europas stellten? Was ist die Botschaft, die der große Andere in Paris mit diesem weit verbreiteten Standfoto einer Demonstration ausruft? „Keine Attentate mehr?" Was aber, wenn das Attentat eine Befreiungsaktion gegenüber dem Terror westlicher Staatsgewalt ist? Und was, wenn der Terror der Staatsgewalt eine Befreiungsaktion gegenüber unberechenbaren Attentätern ist? Wofür steht ein großer Anderer in Paris, wenn sich zwei politische Agenten, die, wie anzunehmen ist, sich gegenseitig als Terroristen wahrnehmen, unter dieselbe Hohlform einer politischen Geste stellen können? Kann man in diesem Fall nicht fragen, „Che vuoi?" Was Willst du? Was wollt ihr, dass Politik ist, wenn die Demonstration scheinbar Ausdruck einer politischen Pattsituation ist? Typischerweise war es dann auch wiederum Žižek, der, soweit ich weiß, als Einziger die Leere der politischen Geste der Demonstrantenkette und die Solidaritätskundgebung als surreales Phantasieprodukt kritisierte. In einem Interview mit der *Taz* hält er mit Kritik nicht zurück: „Das Pathos der umfassenden Solidarität, das sich nach den Pariser Morden explosionsartig ausbreitete, endete am 11. Januar im heuchlerischen Spektakel der Politiker aus der ganzen Welt, die sich an den Händen hielten. Die wahre Charlie-Hebdo-Geste wäre gewesen, auf dem Titel der Ausgabe von letztem Mittwoch eine Karikatur zu bringen, die sich spöttisch zeigt gegenüber diesem Ereignis: Netanjahu und Abbas oder Lawrow und Cameron und andere Paare, die sich leidenschaftlich umarmen und küssen, während sie hinter ihren Rücken die Messer wetzen" (Žižek, 2015).

Ich erwähne dieses realpolitische Beispiel, um zu verdeutlichen, dass der große Andere immer auch in Rätseln spricht. Was will die Bundesregierung? Sie propagiert Meinungsfreiheit und kollaboriert mit Unrechts- und Besatzungsregimen wie China, Saudi-Arabien und Israel. Was ist ihre Position? Hat sie einen Maßstab normativer Prämissen? Ist es der Maßstab des Möglichen und Pragmatischen? Aber wieso ist das Mögliche nur so möglich und nicht anders? Warum werden Sanktionen gegen Russland erhoben aber nicht gegen Israel, dessen Apartheidpolitik hinreichend dokumentiert ist? Warum kritisiert die Regierung Arbeitsbedingungen in China aber nicht den Umstand, dass in den USA siebenmal mehr Menschen in Gefängnissen sitzen als in jeder anderen westlichen Demokratie?

Fragen dieser Art untermalen, dass der große Andere einer von Kierkegaard erwähnten Elfenfigur gleicht, die innen hohl ist. Der große Andere spricht notwendig in Rätseln, schlicht und einfach, weil seine Totalität der Wirklichkeit nicht unter eine Metasprache tritt. Deshalb braucht es das Phantasma und zwar für das individuelle Subjekt, wie auch für den politischen Staatsapparat selbst. Es füllt mit Hilfe menschlicher Einbildungskraft diverse Leerstellen, wie sie in enigmatischen Anrufungen entstehen, zur Abwehr des Realen und Aporetischen auf.

Lacan zufolge braucht das Subjekt das Phantasma, weil es dem großen Anderen nicht gelingen kann, in seinem Namen das diskursive Feld seiner Autorität abzuschließen. Das Foto der Politikerinnen und Politiker in Paris ist in diesem Sinne ein Phantasma: Es ruft ikonenartig seine Bürgerinnen und Bürger zu einer bestimmten Form des Antwort-Seins und wehrt im selben Moment illusorisch den furchtbaren Antagonismus einer politischen Alltagsrealität ab, in dem sich Palästinenser und Israelis inmitten einer europäischen Kolonialgeschichte gegenüberstehen. Das Foto ist also nicht deshalb phantasmatisch, weil es in einer Nebenstraße aufgenommen wurde und nur den Schein einer wahren Demonstration von PremierministerInnen inmitten ihrer Völker evoziert, sondern weil es einen Ort jenseits des politischen Konfliktfelds postuliert, den die Anwesenden realpolitisch verhindern. Denn in der Demonstration sind die Feinde präsent und artikulieren, mit Quine gesagt, gemäß ihrer Übersetzungsmanuale je auf verschiedene Arten und Weisen, welche Gewalt sie für legitim im Kampf gegen den jeweils anderen halten. Was leistet dann die Demonstration in Paris? Die phantasmatische Lückenfüllung im Anblick einer traumatischen Katastrophe. Das Phantasma beschwichtigt die offenkundig gewordene Spaltung des Symbolischen. Im Phantasma gibt das Subjekt sich gewissermaßen selbst Antworten auf Fragen, Wünsche und Sehnsüchte, die es im großen Anderen nicht beantwortet und erfüllt sieht.

Auch deshalb untermalt Lacan mit der dritten Stufe des Graphen die Unabschließbarkeit jeder Subjektkonstitution. In das Selbstverhältnis hat sich die Frage nach dem Begehren des Anderen („d“ für désir) eingenistet. Diese Einsicht führt uns zurück zu Jean Laplanche: Er interpretiert dieses Begehren auf der Ebene einer immer auch enigmatisch bleibenden Verführungssituation zwischen Kind und Erwachsenem. Das Rätsel des Anderen ist ein Zeichen, „das ‚Zeichen gibt‘“ (Laplanche 2003, 30). Eine Un-Semantik pflanzt sich im Prozess der Übertragung enigmatischer Signifikanten in die Psyche, der die Welt der Erwachsenen gegenüber selbst opak bleibt. Sie ist „Urverführung“, zu der sich das Kind in einer Struktur zeitlicher Nachträglichkeit verhalten muss. „Was will er mir?“ (Lacan 1991c, 190). Ein immer schon verlustig gegangener Prozess der Übersetzung prägt aufgrund eines opaken Ursprungs die Negativstruktur des Subjekts. Lacan: „[D]as Ich [kommt] nur dadurch zu einem Abschluß [...], dass es nicht als Ich (Je) des Diskurses artikuliert wird, sondern als Metonymie seiner Bedeutung“ (Lacan 1991c, 184). Lacan gibt ihr die Formel „Che vuoi?“, die Žižek wie folgt übersetzt: „Du sagst etwas, aber was ist es genau, was Du in dem, was du sagst, mir sagen willst?“ (Žižek 1989, 111). Anrufung erzeugt in ihrer Opazität kognitiven Stress. Dieser wird mit dem Phantasma (S◊a) in eine Bindung psychophysisch ertragbarer Energiequantitäten überführt. Mit Hilfe des Phantasmas lernen wir folglich zu begehren, insofern wir mit ihm das Begehren des Anderen zu beantworten suchen. Es besänftigt die hysterische Disposition von Subjektivität. Das Objekt klein a in der Grafik wäre dann als verlorenes Objekt inmitten des Subjekts Grund eines unstillbaren Begehrens. Es ist kein konkretes Objekt des Begehrens, sondern metapsychologisch das „Objekt im Begehren“ (Lacan 2020, 483). Das Phantasma überdeckt die Mangelhaftigkeit im Anderen, die ihrerseits Auswirkung auf die Negativstruktur des Subjekts hat. Das Begehren richtet sich „nach dem in diesem Sinne aufgefassten Phantasma in gleicher Weise wie das Ich nach dem Körperbild“ (Lacan 1991c, 192). Žižek zufolge markiert es die Funktion einer jeden Ideologie: der immer überdeterminiert und unbeständig bleibenden Alltagswirklichkeit eine letztlich unbegründbare innere Kohärenz des „so ist so“ zuzusprechen. Aus diesem Grund liegt auch die Funktion des Phantasmas in der Abwehr des Realen als traumatischer Chaoserfahrung. „Die Phantasie vermittelt zwischen der formalen symbolischen Struktur und der Positivität der Objekte, die wir in der Realität entdecken“ (Žižek 1997, 20).

VI

Fassen wir noch einmal zusammen, was die bisherige Analyse uns zu erkennen nahegelegt hat. Es ist die bereits in der „Vorrede“ skizzierte These, dass wir Menschen in eine Welt von Fakten nur dann eintreten, wenn wir zu ihrer Erkenntnis und Rezeption im Erlernen symbolischer Formen diverse Hintergrundannahmen im Rahmen von weltanschaulichen Subjektivierungsprozessen verinnerlichen. Entscheidend dafür sind Mehrwerte produzierende Anrufungen durch Erzieher und Institutionen symbolischer Prägekraft. Sie prägen in Übertragungsprozessen den heranwachsenden Organismus so, dass dieser im Rätsel der Anderen und im Rätsel der Disziplinarmächte etablierter Ordnungen ein eigenes Unbewusstes ausbildet. Dieses ist das letztlich verborgene dritte Element in der Dichotomie zwischen Geist und Welt. Oder anders gesagt: weil jeder genealogische Subjektivierungsprozess nie alles im Organismus jedes Einzelnen / jeder Einzelnen auf seinem Weg in einen intersubjektiven Erfahrungsraum zu subjektivieren fähig ist, „flockt" ein Rest aus den Prozessen heraus. Er widersetzt sich jeder Äquivalenz eines Allgemeinen. Gerade deshalb aber prägt er die Spannung von Geist und Welt sozusagen hinter dem Schutzschirm der Vernunft. Das Unbewusste kann – mit Freud gesagt – in Psychopathologien des Alltags als etwas Unbestimmt-Bestimmtes an seinen Effekten erkannt werden. Dieses Etwas ist keine Entität und hat doch Identität: in Versprechern, Symptomen, Träumen etc. ist es hinter unserer vernünftigen Selbstreflexivität am Werk. Von dort aus prägt es die spezifische Form unserer Desorientierung, mit der unser Geist-Welt Verhältnis verfehlt ist – und doch gerade in der Verfehlung uns am meisten angeht.

3. Unendliches Begehren

9. Vorlesung

I

Wie wir bisher gesehen haben, kreist Subjektivität um einen ihr eingeschriebenen Seinsmangel. Er soll heute mit Hilfe von Lacans Theorie des Begehrens genauer analysiert werden. Damit nehmen wir erneut Bezug auf die letzte Vorlesung. Dort wurde am Beispiel vom sogenannten „Graph des Begehrens" versucht aufzuzeigen, inwiefern sich Lacan zufolge das Subjekt bzw. Subjektivität an Kreuzungspunkten verschiedener Normen und Appellfunktionen konstituiert. Das Schicksal Prinz Williams wurde als Beispiel angeführt. Die Genealogie dieses hoheitlichen Subjekts setzt nicht nur Spracherwerb, das Geben und Nehmen von Gründen und den Umgang mit „commitments" und „entitlements" voraus, sondern auch einen performativen Prozess der Anrufung. Prinz William soll den symbolischen Körper, den das *House of Windsor* auf ihn überträgt, nicht wie ein Kostüm tragen, sondern zur Einheit mit seinem biologischen Körper bringen. Mit anderen Worten: das Subjekt soll die in Appellen ausgesendeten Insignien so aufnehmen, dass es sich – wie aus der Freiheit seines selbstreflexiven Daseins – spiegelbildlich darin erkennt. Lacan nennt dies den Prozess erzwungener Wahl. Marx bringt diesen Gedanken in einer analogen Analyse zwischen der Warenform und der allgemeinen Menschenform zum Ausdruck. Im *Kapital* schreibt er: „In gewisser Art geht's dem Menschen wie der Ware. Da er weder mit einem Spiegel auf die Welt kommt noch als Fichtescher Philosoph: Ich bin ich, bespiegelt sich der Mensch zuerst in einem anderen Menschen. Erst durch die Beziehung auf den Menschen Paul als seinesgleichen bezieht sich der Mensch Peter auf sich selbst als Mensch. Damit gilt ihm aber auch der Paul mit Haut und Haaren, in seiner paulinischen Leiblichkeit, als Erscheinungsform des Genus Mensch" (Marx 1962, 67 FN). Peter wird zum Genus Mensch durch die formale Spiegelbildlichkeit seiner selbst in Paul. Die Nähe zu Lacans Konzept der erzwungenen Wahl ist offensichtlich.

Lacan zufolge kann jedoch das Subjekt nie ganz in der ihm auferlegten zweiten Natur – bzw. mit Marx gesagt im „Genus Mensch" – aufgehen. Dies ist unmöglich, weil in der Etablierung der Ich-Funktion das

Unbewusste erst als Teil, der keinen Anteil am Allgemeinen hat, emergiert. Auch deshalb muss „[d]as Subjekt [...] als ein verlorenes Objekt aufgefunden werden" (Lacan 2015, 18). Die „Maske" des Persona-Seins, die in der Sozialisierung dem Individuum sprichwörtlich angelegt wird, lässt ein Anderes unter der Maske erstehen, das erst durch diese zum Vorschein kommt. Tiere kennen diese Maske und das aus ihrer Formbedingung erstehende Unbewusste nicht, weil sie für Prozesse „erzwungener Wahl" epistemisch zu arm sind.

Damit einher geht die von Lacan thematisierte Erkenntnis, dass Subjektivität die Einführung eines „Verlustes in die Realität ist, obwohl nichts dergleichen in die Realität eingeführt werden kann" (ebd., 27). Kant hat einen solchen Verlust sowohl mit dem Begriff des „Dings an sich" markiert, der nur für epistemische Wesen, wie wir Menschen es sind, Bedeutung haben kann, wie auch mit dem Mangel im Subjekt als „Ich, oder Er oder Es (das Ding), das denkt" (Kant 1902, Bd. III, A346 / B 404) benannt. Das Ding an sich steht als „Vorstellungsrepräsentanz" (ein Freud'scher, kein Kant'scher Begriff) für eine Kluft in den Phänomenen, welche ihrerseits nicht als Phänomen unter Phänomenen aufgefunden werden kann.

Die Formalbedingungen unseres Zugriffs auf Wirklichkeit sind nie ganz einsichtig. Unser Verstandesvermögen kann in seinen historischen Erfahrungsprozessen nie den Ort seiner Gegenwart erkennen. Das Foto, das ich heute mit meinem Handy knipse, bildet nicht dasselbe ab, was ich in zwanzig Jahren darauf betrachtet haben werde. Der Ort seiner Rezeption verändert seinen Inhalt. Plötzlich erkennen wir den Skandal unserer Frisur oder Kleidung, der in der Situation vor Ort notwendig subtrahiert war. Kant brachte, wie gesagt, diesen fundamentalen Verlust auf die Formel seiner Rede vom Ding an sich. Wir erkennen die uns umgebende Wirklichkeit nur gemäß der uns zugehörigen zeitgeprägten Registraturen. Gerade deshalb sind „Dinge überhaupt" in jedem Akt der Erkenntnis von „Erscheinungen" in den Erscheinungen als das, was ihrer Selbstidentität entgegensteht, eingeschrieben. Und zwar schon in der einfachen Wahrnehmung einer zeitlichen Distanz mit Blick auf ein Foto. Oder anders gesagt: In jeder Erscheinung ist wie in einer *negative-space* Zeichnung die Subtraktion von „Dingen überhaupt" immer schon Teilelement der Erscheinungen, ohne als Teilelement bestimmt werden zu können.

Die uns umgebende Wirklichkeit ist notwendig kleiner als die Menge der sich in dieser Wirklichkeit befindenden Teile. Aber diesen Verlust

kann nur ein Subjekt zum Thema machen, kein Pantoffeltierchen und keine Fledermaus. Ungezählte Teilelemente und ihre mereologischen Summen, die Potenzmengen eröffnen, nehmen der uns umgebenden Wirklichkeit die Selbstpräsenz. Das heißt nicht, dass es *hinter* der uns umgebenden Wirklichkeit etwas Anderes gibt. Das „Andere" in der Wirklichkeit ist die unbewusste Subtraktion, dass überhaupt etwas ist. Es ergibt sich aus „Dingen überhaupt" als unsinnliche Bedingung des Sinnlichen. Aus diesem Grund taucht der von Lacan aufgezeigte Verlust in der Wirklichkeit auf, sobald wir uns auf das, was der Fall ist, beziehen. Was der Fall ist, muss immer von seinen unerkannten Teilelementen und seiner Zukunft subtrahiert werden, womit das, was der Fall ist, niemals alles ist. Tiere sind, wie gesagt, von diesen Umständen einer Verwindung von Präsenz und Absenz in unseren praktischen (urteilsanalogen) Lebensvollzügen und expliziten Urteilen über Sachverhalte in ihrem Zugriff auf die sie umgebende Wirklichkeit ausgeschlossen. Aber nicht, weil ihnen die sogenannte „sapienzielle", d.h. sprachbegabte Reflexion auf Erscheinungen abgeht, sondern weil sie – pointiert gesagt – immer mit Dingen an sich bzw. Tatsachen und Fakten, die strikt gesehen keine Zukunft und epistemischen Reste haben, in Kontakt sind. Die Sprachlosigkeit ihrer Referenzbezüge bewahrt sie vor dem, was zwischen Erkenntnisakt und Erkenntnisobjekt nicht aufgeht und zur Berufung bzw. zum Antwort-Sein zwingt.

Die Thematik der gerade erwähnten paradoxalen Verwindung von Präsenz und Absenz, die in Lacans Proposition („Das Subjekt ist die Einführung eines Verlustes in die Realität") zum Ausdruck kommt, spielt in meinen weiteren Ausführungen eine zentrale Rolle. Sie kann uns verstehen helfen, warum das Begehren des Menschen ein wesentlich unstillbares sein muss. Diese Entdeckung ist bei weitem kein Novum Lacans. Aber die Transzendentalphilosophie der Psychoanalyse hat herausragende Konzepte, um das Begehren strukturimmanent auszulegen.

II

Machen wir vorerst noch einmal einen Schritt zurück. Wenn sich im Verhältnis von Geist und Welt die uns umgebende Wirklichkeit aus einer historisch bedingten und historisch-genealogisch generierten Wechselwirkung von Subjekten mit Subjekten über die in Propositionen ausgedrückten Objekte, Sachverhalte und Tatsachen entsteht, dann ist die Mangelstruktur des Subjekts ein Moment in der Generierung von Wissen. Auf diesen Umstand hatten wir mit Hegels Konzept dialektischer Fortschrittsprozesse hingewiesen. Aber auch Lacans Rede vom Spiegelstadium spielt hier hinein. Erinnern wir uns an die siebte Vorlesung: Trotz der Nichtkoinzidenz zwischen den haptischen Unfähigkeiten des Kleinkindes, dem Mangel an Koordination etc. nimmt sich das Kleinkind als eine ideale Einheit vorweg. Sie täuscht das Kind über die Nichtkoinzidenz mit der Körpererfahrung (als „corps morcelé") hinweg.

Lacan sagt in diesem Zusammenhang nicht nur, dass das Kind sich verkennend erkennt. Er behauptet ebenso, dass das Kind sich als Objekt unter anderen Objekten wahrnimmt. Richtete sich die Wahrnehmung des Kindes noch vor dem Spiegelstadium unverfälscht und unvermittelt auf die Welt, wird diese Geist-Welt Beziehung nun von einer neuen Struktur bestimmt. In ihr erfährt von jetzt an das Individuum von seiner Ich-Funktion aus einen neuen epistemischen Zugang zur Lebenswelt. Dabei ist das Begehren des bzw. der Anderen unterschwellig in meinen Weltbezügen enthalten. Das Schicksal Prinz Williams hat dies veranschaulicht. Subjektivität kann ohne die Übertragung von immer auch enigmatisch bleibenden Botschaften der Erziehungsinstanz („che vuoi") nicht in ein Verhältnis der Selbstreflexion treten.

Lacan behauptet, dass genau in diesem Schritt, an dieser epistemischen Bruchstelle, an der das Kind aus seiner teils schmerzhaften und nur passivisch zu ertragenden Wahrnehmungseinheit hinüber in seine „zweite“, durch Andere vermittelte Natur, tritt, der Wahrnehmung des Kindes im eigentlichen Sinne etwas entzogen wird: der unverfälschte Blick des Kindes auf die Wirklichkeit in ihrem An-sich-Sein. Damit ist ein Verhältnis zur uns umgebenden Wirklichkeit gemeint, bevor diese sinnbildhaft im Spiegelstadium ihre symbolische Form bekommt, eine Form, die scheinbar einer dichotomischen Subjekt-Objekt-Dualität unterworfen ist.

Indem die Ich-Funktion zur Geltung kommt, markiert die Wahrnehmung Etwas, das das Subjekt vor seiner Subjektwerdung, also vor seiner Selbstrepräsentation, war. (Erinnern Sie sich in diesem Zusammenhang an das Fort-Da-Spiel von Freuds Enkel.) Aber dasjenige, was das Subjekt vor seiner Subjektwerdung war, kann kein Subjekt sein. Es kann auch nicht Nichts sein. Hierin liegt eine der Pointen der Spiegelstadiums-Theorie: Das Subjekt tritt aus etwas Vorsubjektivem hervor, das sich in seiner Überwindung selbst negiert und dabei als das, was nicht mehr eingeholt werden kann, negativ verdinglicht.

Man könnte nun regelrecht ein Märchen davon erzählen, dass sich diesem unmittelbaren Blick des Kindes vor dem Spiegelstadium das „Sein an sich“ oder dem Kind im Kantischen Sinne „Dinge überhaupt“ dargeboten hätten, da es noch nicht in den Sündenfall einer von Urteilen geprägten Geist-Welt Beziehung getreten ist. Friedrich Hölderlin spricht von so einer Ur-Teilung im posthum veröffentlichten Text „Urteil und Sein“ (1795).

Das Ausdrücken von Sachverhalten in Propositionen wird dort als Aufreißen einer Einheit verstanden, damit überhaupt im Urteil ein Prädikat mit einem Satzsubjekt wahrheitsmäßig verbunden werden kann. Aber die Teilung ist nur möglich, weil ihr angeblich ein ursprüngliches Sein zugrunde liegt, das den Wahrheitsbezug zwischen Subjekt und Prädikat garantiert. Worin zeigt sich das Aufreißen dieser Einheit? Nun schlicht und einfach darin, dass ich in einem Urteil zwischen Subjekt und Prädikat unterscheide und beide mit Hilfe der Kopula in Verbindung bringe. Etwas Allgemeines wird über etwas Partikuläres ausgesagt. Wenn ich sage „Das Buch steht im Regal“, dann vereine ich in der Proposition Subjekt und Prädikat mit dem Ziel, einen Sachverhalt auszudrücken. Aber das Buch bei IKEA im Regal erweist sich plötzlich als Attrappe und nicht als Buch; insofern hat mein Urteil den Sachverhalt verfehlt. Kann es dann aber die von Hölderlin postulierte ursprüngliche Seinseinheit geben?

Zumindest kann man mit Donald Davidson die These vertreten, dass die Mehrzahl unserer Überzeugungen wahrheitsmäßig den uns umgebenden Sachverhalten entsprechen muss, da ansonsten jeder Erkenntnisanspruch seine eigenen Bedingungen untergräbt und dem Skeptizismus in die Hände spielt (Davidson 2004a, 239).

III

Weil das Kleinkind noch nicht Urteilen kann, ist es ihm verwehrt, Tatsachen von ihrer Partikularität abstrahierend unter Allgemeinbegriffe (generelle Termini) zu subsumieren: sprich die Welt baut sich noch nicht in Allgemeinformen und im Medium der Reflexion über diese Allgemeinformen auf. Auch deshalb könnte man das bereits erwähnte Märchen erzählen, inwiefern Kleinkinder in der „wirklichen Wirklichkeit", in der „Welt der Dinge an sich" verharrten. Dabei handelt es sich selbstverständlich um eine metaphorische Umschreibung vom verloren gegangenen Weltverhältnis, das es in seiner postulierten Ursprünglichkeit nie gab. Ursprünglich kann je nur ein Abgeleitetes und symbolisch Vermitteltes sein, das mit dem Subjekt als symbolischem Wesen phantasmatisch Teil der Welt der Erfahrung wird. Die Formalbedingungen von reflektierbaren Erkenntnisbezügen artikulieren für Lacan strukturnotwendig einen Ursprungsverlust. Es ist ein Verlust von Etwas, das nicht extensional unter einen Begriff subsumiert werden kann. Dieses verlorene Etwas verfolgt uns in der Wissenschaft, der Politik, der Kunst, aber auch in unseren Träumen.

Um aus dem Paradies vertrieben zu sein, braucht es Urteilsformen, die uns zu Bewohnen zweier Welten machen: zu Bewohnern unseres Körpers und zu Bewohnern einer mit anderen Subjekten geteilten Allgemeinstruktur: derjenigen Welt, die u.a. Gottlob Frege als „Drittes Reich" abstrakter und wahrheitsfähiger Gedanken bezeichnet. Worauf also Lacan mit seiner Subjektphilosophie hinaus möchte ist, dass dieser verlorene Zugang zur Wirklichkeit von der menschlichen Psyche in dem Moment ihres epistemologischen Umschlags – wie das Spiegelstadium es als einen Schritt in die symbolische Ordnung markiert – verfälscht wahrgenommen wird: nämlich als etwas, das es wirklich verloren hat.

Der genannte Verlust ist retrospektiver Kollateralschaden menschlicher Subjektwerdung. Er schlägt sich u.a. im Unbewussten der Psyche nieder in Form von unbewussten Begehren nach uns selbst vor der Ich-

Werdung. Oder anders gesagt: die Entfaltung der Ich-Funktion verletzt uns in einer Weise, dass diese Verletzung uns in der Wiederholungsstruktur des Bestrebens, sie rückgängig zu machen, befangen hält. Das mag erklären, warum Filme wie *Blade Runner* einem internationalen Kinopublikum so viel Vergnügen bereiten. Hier ringen die von einer künstlichen Intelligenz belebten Heldinnen und Helden mit unserem Schicksal; genauer gesagt mit der Frage, wie sie in ihrer Entfremdung sie selbst werden können.

Die Instinkte und die Adaptationsformen von Tieren an die Umwelt haben andere Ziele als die Anpassungsformen des Menschen an die Welt. Sie bemessen eine ökologische Nische nach biologisch-instinktiven Erfahrungs-, aber nicht gemäß symbolischer Anpassungsformen. Menschen bewohnen zwar ebenso ökologische Nischen, aber auch die phantasmatische, über die biologische Natur auf ihrer ersten Ebene hinausgehende Dimension der zweiten Natur. Wir sind nicht nur auf Instinkte und durch die von der Natur in uns eingebauten Überlebensbedingungen angewiesen. Unsere Überlebensbedingungen haben sich durch die Kraft der Abstraktion exponentiell erhöht. Sprache als Abstraktionsmedium eröffnet uns den Zugang zu den Inhalten von Wirklichkeit, wie sie ohne die symbolischen Formen nie sein könnte.

Dadurch aber, dass die Wirklichkeit formbedingt durch unsere Erkenntniskräfte ist, gehen die Dinge um uns herum nie in den Formbedingungen bzw. in den Begriffen, die die zweite Natur der Dinge und die zweite Natur der Menschen ausmachen, auf. Kant war einer der ersten, der darauf hinwies, dass wir die Dinge immer nur in der Ausschnittform von Phänomenen vor dem Hintergrund eines den Phänomenen inhärenten Mangels erkennen. Zwar kennt die Tierwelt Begehren, die sich Instinkten und Trieben gemäß auf natürliche Objekte richten: Nahrung, Paarung etc. Aber diese Begehren sind anderer Formstruktur als menschliche. Menschliches Begehren ist vermittelt durch einen in der Symbolform unserer Verstandes- und Vernunftkraft inhärierenden Mangel. Lacan: „Das Begehren ist eine Beziehung des Seins zum Mangel. Dieser Mangel ist Mangel an Sein/Seinsmangel/manque d'être im eigentlichen Sinne" (Lacan 1991d, 283). Das Begehren des Menschen als Seinsmangel ist nicht Mangel an diesem oder jenem, sondern Mangel an Sein, *wodurch Sein existiert.* Begehren kennt keinen Stillstand, kein Ende.

Wie sollte es, da dasjenige, was begehrt wird, nur strukturell den Ort markiert, von dem aus begehrt wird. Darauf beruht die Strategie einer jeden Form von Werbung: „Begehre!" Das menschliche Begehren ist in dem Sinne tatsächlich ein unnatürliches, ein ver*rückt*es Begehren, weil es aufgrund unserer Exzentrizität auch durch die willkürlichsten Beziehungen nicht zu stillen ist. Die Unendlichkeit von Signifikanten, die nicht stillstehen, steht sprichwörtlich für die Unendlichkeit all der Dinge, die ich begehren kann. Das nächste iPhone, das nächste Auto, die nächste Seife...

IV

Lacan hat für dieses Begehren eine Kurzformel erfunden, Objekt klein a bzw. objet petit a. Das kleine „a" verweist auf den Anfangsbuchstaben des französischen Wortes „autre" und möchte auf die essentielle Verbindung zum Anderen hinweisen. Es verkörpert sowohl die phantasmatische Illusion einer Genussfülle als auch die Unmöglichkeit, diesen Genuss durch ein konkretes Objekt mir wirklich einverleiben zu können. Demnach gleicht Objekt klein a einer Gräte im Hals meines Begehrens. Weil ein Tier weder die Quadratwurzel aus neun ziehen, noch eine schlichte Prädikation aussagen kann, ist es von einer Welt mit verschiedenen Objekten klein a ausgeschlossen. Das hat zur Folge, dass das Tier kein mit dem Menschen vergleichbares Unbewusstes entwickeln und immer nur eine Mohrrübe instinktiv „haben möchte", aber nie „begehren" kann, wenn sie z.B. von Joseph Beuys signiert ist. Die freie Marktwirtschaft ist auch gerade deshalb die Gesellschaftsform merkantiler Höchstleistung, weil sie sich die unendliche Metonymie des menschlichen Begehrens zunutze macht und dabei den nicht zu leugnenden positiven Nebeneffekt einer allgemeinen Anhebung des Bruttosozialprodukts durch andauernden Konsumverkehr erzeugt.

Lacan versucht folglich mit Objekt klein a ein Objekt zu denken, das weder radikal auf der Seite des Subjekts zu finden ist, noch auf der Seite der Außenwelt, d.h. auf der Seite der anderen Subjekte. In einem gewissen Sinne gehört das Objekt klein a zu beiden und zu keiner Seite. Es ist Teil von mir, aber es ist auch Teil von allen Anderen. Objekt klein a ist, wie Lacan in *Die vier Grundbegriffe der Psychoanalyse* sagt, „ein kleines Etwas vom Subjekt, das sich [von ihm] ablöst, aber trotzdem ihm zugehörig ist, von ihm bewahrt wird" (Lacan 1987, 68). Es ist etwas, das dem Subjekt ganz intim zu eigen ist und das gleichzeitig außerhalb von ihm auftauchen kann und von dem wir glauben, dass wir es dann, wenn es vor uns irgendwie auftaucht, ergreifen können. Eine Depression kann u.a. als psychischer Zustand verstanden werden, wenn das Objekt klein a uns nahezu unerreichbar erscheint. Wir sind begehrensschwach geworden und müssen lernen, unser Begehren auf etwas anderes zu richten, das uns wieder an den Horizont von Möglichkeiten rückbindet. Auch deshalb ist Objekt klein a das psychoanalytische Objekt par excellence.

IV. Ideologie als Ontologie

1. Erhabene Objekte

10. Vorlesung

I

In der achten Vorlesung wurde Lacans Anrufungstheorie vorgestellt, um zu veranschaulichen, dass sich Subjektivität in diverse Begründungsstrukturen dessen, was in Wahrheit ist, nicht einfach wie ein Puzzleteil in inferentielle Cluster objektivierbarer Verhältnisse integrieren lässt. Nicht-Identität durchkreuzt eine klare Teil-Ganzes Beziehung und macht sie heteronom. Subjekte sind immer mit Über- und Unterdeterminierungen der sie umgebenden Bedeutungscluster, in denen Objekte aller Art verhandelt werden (abstrakt, middle-sized, physikalisch, politisch, künstlerisch...), konfrontiert, wie auch mit den unter anderem daraus folgenden Über- und Unterdeterminierungen in ihrem Selbstverhältnis. Auf der Seite des Subjekts sind speziell unsere Träume Beweis dieser Heteronomie. Es würde sie nicht geben bzw. nicht in der Art, wie sie Menschen betreffen, würden wir in den symbolischen Formen wie Tiere in der Natur aufgehen. Aber auch Witze, Symptome und Freud'sche Versprecher sind prominente Beweise von Schwellenphänomenen, die Unbewusstes inmitten des Bewusstseins offenlegen.

Zwar ist Subjektivität immer auch ein teilrekursiver Effekt vorausgehender Anrufungs- und Begründungsformen (wie ich am Beispiel von Prinz William zu verdeutlichen versuchte), aber das heißt nicht, dass Subjekte zur Gänze in den Signifikantenketten und ihren Feedback-Loops, die sie umgeben, aufgehen. Dafür verantwortlich ist sowohl der Mangel innerhalb gesellschaftlicher Begründungstrukturen (Lacans großer Anderer), aber auch der notwendige Mangel in uns selbst.

Darüber hinaus hatte ich oben angedeutet, dass Formen der Anrufung, die das Kind erreichen, durch diverse Instanzen symbolischer Prägekraft immer auch traumatische Momente mit unterschiedlichem Intensitätsgrad in sich tragen können. Lacan bringt das auf die seltsame Frage „Che vuoi?“. Was wollen beispielsweise meine Eltern, dass ich bin? Was ist meine Berufung vor Gott? Was will der jüdische Talmud, dass ich in ihm entdecke? Warum soll ich vor dieser Buddha-Statue niederknien, wie meine Eltern es tun? In welche Schicksalsgemeinschaft bin ich gestellt, dass man mich einen Naturalisten, eine Richterin, einen Kapitalisten oder Islamisten nennt?

Mir ist das bei einer Reise nach China deutlich geworden. Ich war dort auf einer Konferenz in Hangzhou, wo eine der bedeutendsten buddhistischen Klosteranlagen Chinas steht. Kinder beobachteten die Verbeugungen ihrer Eltern und taten es ihnen gleich. Nun müssen die Eltern nicht unbedingt die Verkörperung klar angebarer Gründe für die rituellen Handlungen sein. Dementsprechend überträgt sich etwas, das auch den Eltern enigmatisch bleibt, wiederum enigmatisch auf die Kinder. Ein Kind mag denken, dass die verehrte Statue einem Superhelden analog ist und mit dieser Phantasie eine Wissenslücke versuchshalber ausfüllen. Aber wie gesagt: Ich bezweifle, dass auch die beobachteten Eltern wussten, was sie im Buddha-Tempel tun. Sie müssen es nicht, wenn das Ritual der Verbeugung als Ehrerbietung gegenüber einer anderen Wirklichkeitsdimension ähnlich wie in Kirchen oder sonstigen Tempeln von anderen Menschen in ihrer Umgebung auch vollzogen wird.

Žižek bringt diese Gedanken Lacans mit Bezug auf die Rätselhaftigkeit von Bedeutungen in den Kontext politischer Philosophie. Denn so wie es den gerade beschriebenen Eltern mit Bezug auf die Buddha-Statuen geht, mag es uns gegenüber dem Bild der Bundeskanzlerin an der Wand ergehen. Und auf diesen Umstand soll in diesem Vorlesungsblock mit Bezug auf Žižeks Theorie „erhabener Objekte der Ideologie“ eingegangen werden.

Knapp gesagt, strukturieren „erhabene Objekte der Ideologie“ bestehende Diskurse in einer Streitarena so, dass Gravitationszentren darüber mitentscheiden, welche Begründungsketten (oder moderner ausgesagt: Mengen von Propositionen / sets of propositions) überhaupt in der Diskussion zugelassen sind und welche nicht. Ein kurzer Einblick in Bundestagsdebatten verdeutlicht uns, dass Thesen und Gegenthesen in der Regel gegeneinanderstehen und oftmals nicht bessere Argumente, sondern Mehrheitsverhältnisse aus diesem Patt heraus Entscheidungen erzwingen. Wie aber kann es dann überhaupt gelingen, diskursiv in einer Debatte um Werte, Normen oder Sachverhalte die Oberhoheit einer Faktenklärung zu verteidigen, wenn scheinbar das bessere Argument nicht mit Notwendigkeit zum Sieg verhilft? Dies gelingt, wenn ein Argument im politischen Diskurs die Behauptung aufstellt, über dem politischen Diskurs erhaben zu sein, weil es (scheinbar) über alle politischen Differenzen hinweg bedeutungsvoll zu sein beansprucht. Oder noch einmal anders gesagt, da der Kampf der Diskurse im Bereich des Politischen (SPD, Grüne, AfD etc.) strikt gesehen innerhalb der Diskurse nicht zu lösen ist, braucht es einen Ort außerhalb des Diskursiven, wo der Machtkampf um das Vorrecht der Meinungen angeblich entschieden werden könnte. Und genau diesen Effekt zeitigen Žižek zufolge erhabene Objekte der Ideologie.

Machen wir es konkret und fangen bei den Grünen an. Hier steckt das erhabene Objekt der Ideologie im „Grün"-Sein der Partei als Ausdruck besonderer Naturverbundenheit. „Grün" steht für die Anerkennung von einer zu schützenden Natur als die entscheidende Ressource unserer Lebensgrundlage heutiger und zukünftiger Generationen. Andererseits ist der Begriff der Natur gleichzeitig unterbestimmt. Denn warum sollte ein Endlager für Atommüll nicht ebenso sehr zur Natur gehören wie der Tiergarten in Berlin oder ein Waldgebiet im Amazonas? Natur ist demnach ein anthropozentrischer Begriff. Natur ist das, was das Überleben von Menschen sichern soll. Zumindest habe ich noch kein Parteiprogramm gelesen, welches die Anzahl der Menschen auf dem Planeten der Überlebenschance von Blauwalen zuliebe reduzieren möchte. Sie sehen, worauf ich hinaus möchte. Der scheinbar selbstverständliche Natur-Begriff ist sowohl unter- wie auch überdeterminiert. Darin liegt seine politische Kraft als „Außen-Ort" des Politischen und erhabenes Objekt der Ideologie eine nicht zu hinterfragende Gültigkeit zu erlangen.

Einen ähnlich ideologischen Effekt kennzeichnet der Begriff der „Freiheit des Einzelnen" im Parteiprogramm der Liberalen. Kein Zweifel, dass er wichtiger als die Natur ist. Denn welcher Mensch möchte in einer Ökodiktatur, die Blauwale auf Kosten von Menschen schützt, leben? Individuen leben nicht dem Überleben von Insekten und Blauwalen zuliebe. Zum Wesen des Menschen gehört Freiheit und zwar auch dann, wenn sie auf Kosten von Fröschen geht. National-konservative Parteien werden wiederum die Nation und die Volksgemeinschaft als das einende Band, das eine Gesellschaft zusammenhält, verstehen. Mustergültig ist hier immer noch das amerikanische Schlagwort in Präsidentenreden, wenn von „the American people" als homogener Volksblock die Rede ist. Hierbei wird ein allgemeiner Term verwendet, der einen Referenzbezug nur vortäuscht, da das Objekt, auf das er sich bezieht, mindestens politisch gespalten, wenn nicht gar zerbröselt ist. Andererseits kann kein politischer Diskurs auf hohle Gesten verzichten. Schließlich ist – mit

Ernesto Laclau gesagt – politische Emanzipation nur durch Spaltung des Politischen im Namen nobler Lügen möglich (Laclau 2013). Es gibt keine Politik, ohne dass Fragen nach Gerechtigkeit, Wahrheit, Emanzipation, in historisch kontingenten Kontexten zur Geltung kommen, die andere Gerechtigkeiten, Wahrheiten, Emanzipationen zu ihren Kollateralschäden machen.

Was haben die genannten Begriffe („Natur", „Freiheit", „The American People" etc.) gemein? Sie versuchen durch einen möglichst inhaltsleeren und gleichzeitig überdeterminierten Signifikanten den Raum des Politischen von einem Außen-Ort zu hegemonialisieren. „Ideologisch" ist dann genau derjenige politische Kampf, der mit Hilfe „erhabener Objekte der Ideologie" darüber entscheidet, 1. welche Begriffe einerseits nur über ihre Beziehungen zu den anderen Begriffen (Parteien) definiert sind und welcher von diesen Begriffen 2.) scheinbar das Privileg besitzt, diese Beziehungen zu prä-strukturieren, um damit das Medium der Organisation der anderen Begriffe selbst zu sein. Da es keine Politik ohne diese Begriffe gibt, gibt es auch keine Politik ohne Ideologie.

In den letzten Jahren konnten wir unter anderem sehen, wie Parteien im Bundestag mit der AfD genau in diesen Kampf traten, d.h. in den politischen Kampf über die Frage, ob diese Partei eine demokratische Partei sei. Damit wird ihr das Schicksal einer jeden Partei zu eigen, die glaubt eine Lücke der Repräsentation gefunden und durch Wahlstimmen auch empirisch abgedeckt zu haben. Die etablierten Parteien sehen in der Regel für die neue Gruppierung strukturell keine Legitimität. Nun ist aber die AfD im Parlament, d.h. der Verfassungsschutz hat ihre Legitimität bestätigt. Das impliziert jedoch nicht, dass die anderen Parteien nun klein beigeben müssen. Sie können weiterhin versuchen, dieser Partei das Recht abzusprechen, im Bundestag zu sitzen. In diesem Fall wäre das „erhabene Objekt der Ideologie" ein Bild der Bundesrepublik Deutschland, das auf keinen Fall einen Nährboden für rechts-nationales Gedankengut akzeptieren dürfte, weil damit die hegemonial erworbenen Errungenschaften, die die Bundesrepublik Deutschland als Anti-AfD-Ort auszeichnen, hinfällig wären. Nach diesem ideologischen Narrativ ist die AfD eine illegitime Partei, die im Bundestag nur aufgrund eines Irrtums sitzt.

Wir können uns den Konflikt um die Hoheitsmacht politischer Diskurse auch karikaturartig wie einen Streit in einem indigenen Dorf vorstellen. Alle Parteien tragen diverse Totempfähle herbei, um vorschreiben zu wollen, wo die Mitte des Diskurses anzusiedeln sei, ob um den Begriff der „Natur“, der „Freiheit“, oder der rechtsstaatlichen Parteilichkeit, die keine AfD kennt. Denn genau danach streben, stark vereinfacht gesagt, erhabene Objekte der Ideologie: einen Außen-Ort im Innern der Differenzen/Streitigkeiten zu lokalisieren, der alle anderen Diskurse in eine direkte bzw. indirekte Abhängigkeit bringt. Warum? Nun, weil mit diesem, dem Totempfahl als Sinnbild eines erhabenen Objektes der Ideologie, ein über-differentielles Bedeutungszentrum suggeriert wird, dem sich alle anderen normativen Ansprüche unterordnen müssen. Von diesem aus können hegemoniale Machtansprüche ein Zentrum definieren und von dort aus Positionen wie „rechts“, „links“ und „extremistisch“ zuschreiben. Die Mitte gleicht einem Bereich der Unantastbarkeit, weil er für sich behaupten kann, die Extreme als Anderes des Eigenen außen vor, wie auch auf Distanz zu halten. Zeitgleich macht die politische Mitte ihre eigene extremistische Machtgeste unsichtbar.

Ich möchte das bisher Gesagte noch einmal zusammenfassen: Die Aufgabe von „Herrensignifikanten“ im politischen Diskurs besteht darin, ein Höchstmaß fiktiver Idealisierungen aufrechtzuerhalten, um das Trauma der „unmöglichen Gesellschaft“ gering zu halten. Zahlreiche Autoren von Ernesto Laclau, Didier Fassin, Chantal Mouffe, über Jacques Rancière bis zu Oliver Marchart haben sich diesem Thema gewidmet.

Wenn Žižek in diesem Kontext explizit auf den Kantischen Begriff des Erhabenen Bezug nimmt (Žižek 1989, 202-207), so deshalb, weil für ihn die genannten Herrensignifikanten im ideologischen Feld als „empty signifier“ einen ähnlichen Effekt wie das Erhabene nach Kant bewirken. Sie versuchen uns emotional zu überfordern, wie es Kant zufolge das Erhabene im Verhältnis zum Schönen tut. Wenn Barack Obama von „The American People“ spricht, dann sind wir ergriffen, weil dieser Begriff unendliche Bedeutungsassoziationen aufrufen kann, von den verstorbenen Helden am D-Day beim Sturm auf die Steilküste der Normandie bis zu den Opfern von Terror und Gewalt am 11. September 2001. Das Subjekt steht den genannten „erhabenen Objekten der Ideologie“ also in einer eigentümlichen Spannung gegenüber. Diese markiert eine Überforderung („toomuchness“, Santner), die paradoxerweise auch gerade mit der Leere und Überdeterminierung des Herrensignifikanten verbunden sein kann.

Herrensignifikanten wie „Natur“, „Freiheit“ „The American people want...“, aber auch abendländische Geschichte prägende Propositionen wie „We the People of the United States of America...“ oder „Die Würde des Menschen ist unantastbar“ *vorerfinden* dabei aber immer auch phantasmagorisch, was sie abzubilden behaupten; ein Faktum, das scheinbar als selbstevidente Norm den Bereich der Politik grundlegt und ihm als Postulat vorausgeht. Ein phantasmagorisches Moment inszeniert eine Form-Inhalt-Bestimmung und verdrängt den kontingenten Moment, aus dem der normative Anspruch sich bildet. Der Selbstimagination des Staates und den in ihm verhandelten erhabenen Objekten der Ideologie geht nichts voraus. Rechtswirklichkeit eröffnet sich vielmehr erst durch ihn. Analog dazu erfährt bei Kant die phänomenale Wirklichkeit durch das Ding an sich ihren Urgrund. Selbsttranszendenz von Form und Inhalt durch die Inhaltssetzung der Formgeste ist in beiden Erklärungsformen entscheidend. Diverse Metanarrative aus der Politik inszenieren diese strukturell phantasmagorischen Vorerfindungen des Faktischen. In diesen Fällen beanspruchen sie, von der Monarchie bis zur Demokratie, einen nicht zu hinterfragenden Grund ihrer Begründungen – auch unter sogenannten „postfundamentalistischen“ Bedingungen (vgl. Marchart 2013).

Das vielleicht anschaulichste Beispiel eines solch supplementären Herrensignifikanten, der seine eigene Setzung auslöscht, bietet erneut ein Hinweis auf Kants Rede vom Ding an sich, und zwar nicht nur zufälligerweise. Denn auch ihm kommt im Netzwerk von Gründen, sowohl der theoretischen als auch der praktischen Transzendentalphilosophie eine Begründungsfunktion zu. Das Ding an sich ist Quelle der sinnlichen Anschauungen als auch Residuum der Postulate der praktischen Vernunft. Oder anders ausgedrückt: Das Ding an sich ist das entscheidende Konzept, das dem Kantischen Theorie- und Weltanschauungsgebäude Kohärenz verleiht. Als „ens rationis“ verkörpert es eine bereits von Friedrich H. Jacobi beobachtete paradoxale Struktur. Es ist in Kants Erkenntnisbedingungstheorie zugleich ein- und ausgeschlossen. Innerhalb der Theorie besteht das Ding an sich außerhalb derselben, außerhalb der Theorie ist es im Zentrum phänomenaler Wirklichkeiten verortet und betrifft sowohl unser theoretisches Wissen als auch, wie gesagt, unser praktisches Handeln. Die mit Phantasien umrankten erhabenen Objekte der Ideologie weisen eine analoge Struktur auf. Oder mit dem Wortlaut von Bertrand Russells berühmter Mengen- bzw. Klassen-Antinomie ausgedrückt: Kants Ding an sich ist (irgendwie) ein Teilelement der Wirklichkeit, insofern der Bereich der Erfahrung darin wie in einer unbestimmten Menge aller Mengen aufgefangen ist, aber just im Bereich der Erfahrung darf es nicht vorkommen, da sonst die Transzendentalphilosophie mit ihrer Differenz zwischen Noumena und Phaenomena untergraben wird. Die Phänomene erfahren im Ding an sich ihre Erscheinungskraft, aber das Ding an sich kann – obwohl es Teil der Erscheinungswelt sein muss – nicht Teilelement derselben sein. Diese antinomische Grundstruktur hatte bereits Jacobi in starke Verwirrung gebracht, da er „ohne jene Voraussetzung [des Dings an sich] in das [kantianische] System nicht hineinkommen, und mit jener Voraussetzung darin nicht bleiben konnte“ (Jacobi 2019, 109).

Mit Hilfe seiner Theorie der Register des Symbolischen, des Imaginären und des Realen, zeigt Lacan, wie sich im Zuge der Gemeinschaftsbildung übermäßig idealistische Phantasmagorien in kollektiven Netzwerken ausbreiten müssen. Sie bilden den „Kitt“ des Zusammenhalts und zwar besonders auch durch Überschüsse von Signifikation, durch gegenseitige Übertragungsprozesse und geheime Transgression.

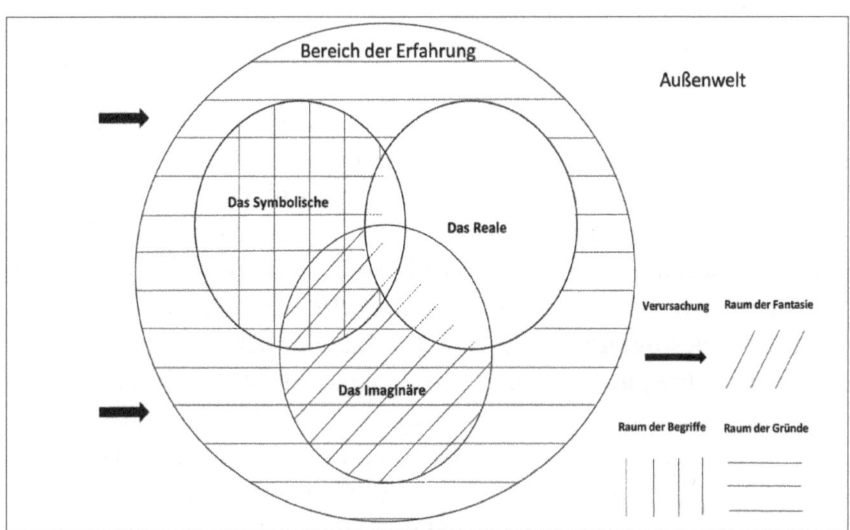

Der englische Sozialreformer und Utilitarist Jeremy Bentham hatte den Einfluss von Phantasien in sozialen Netzwerken bereits in seiner Theorie der Fiktionen aufgewiesen, die Lacan in seinen Seminaren wiederholt kommentiert. Gerade weil den Phantasien nichts jenseits der Wirklichkeit, die sie eröffnen, entspricht, das heißt, sie auf keine Fakten verweisen, außer wenn diese durch sie in Netzwerken von Gründen verbürgt sind, können sie nicht nur ein Mehr, einen Überschuss im Raum des Gebens und Nehmens von Gründen evozieren, sondern sie sind der Überschuss immer schon selbst. Aus diesem Grund nennt Jean-Paul Sartre Phantasien und Fiktionen in seiner Phänomenologie der Einbildungskraft „Irrealitäten" (Sartre 1971, 206). Sie verkörpern die oben erwähnte supplementäre Elementstruktur, die einen paradoxen Ein- und Ausschluss auszeichnet.

Sie, Elementstruktur und Strukturelement, eröffnen einen Raum, der vorerfunden wird, obwohl die Vorerfindung erst rückwirkend ihre Geltung in Anspruch nehmen kann. Die Elementstruktur wird faktisch und erfahrbar erst nach der Setzung des Strukturelements (unser Beispiel oben war Kants Ding an sich), impliziert jedoch schon mit dessen Stiftung eine Figur der Latenz. Für Sartre hat das den Vorteil, mit Hilfe der Einbildungskraft immer wieder gegen den Bereich von Fakten neu angehen zu können. Deshalb ist auch „wesenhafte Armut", Tatsachen-Nichtung, Unterbestimmtheit und eine Tendenz zur schematisierten Allgemeinheit im Imaginierten/Imaginären Sartre zufolge nicht als Mangel auslegbar (ebd., 89).

Die Aufgabe von Politik besteht daher unter anderem darin, mit Hilfe von Phantasien als Elementstrukturen und Strukturelemente zugleich, den Raum, der vorerfunden werden soll, zu begründen. Das politische Gemeinwesen und seine Phantasien müssen daher mit affektiven und vitalen Kräften kontinuierlich gepflegt und verwaltet werden. Allentscheidend kann allerdings ebenso sein, das Gemeinwesen in Krisenzeiten, in denen die ideologischen Gefüge destabilisieren, phantasmatisch herauszu- und dadurch zuweilen zu überfordern. Dies kann so weit gehen, die Gründung der Gemeinschaft aus einer konstitutiven und sogar regelrecht obszönen Phantasie, die ganz bewusst eine Spaltung der Gesellschaft (zugunsten der Gemeinschaft) provoziert, neu zu inszenieren. Die hier erwähnte Differenz zwischen Gesellschaft und Gemeinschaft geht auf die Differenz zwischen Politik und dem Politischen zurück, wie sie als Leitdifferenz in der Sozialphilosophie und der politischen Philosophie u.a. von Nancy, Rancière und Mouffe geprägt wurde.

Politik steht für die von der Gesellschaft verwaltete ‚Kunst des Möglichen'. Sie grenzt sich von der Gemeinschaft als treibender Kraft des Politischen ab, die als Wortführerin des Dissenses und des Widerstreits das scheinbar politisch Unmögliche verlangen kann. Der Bereich des Sozial-Imaginären wird sodann im Namen der Gemeinschaft durch ein „radikal Imaginäres" durchbrochen, aber in der Durchbrechung neu begründet. Dieser Begriff ist von Cornelius Castoriadis geprägt, der zu den Lacanianern der ersten Generation gehört. Castoriadis versteht das „radikal Imaginäre" als die „elementare und nicht weiter zurückführbare Fähigkeit, ein Bild hervorzurufen" (Castoriadis 1984, 218). Es setzt sich vom in sozialen Institutionen erhärteten „aktualen Imaginären", das über die Grenzen hegemonial bestimmter Differenzmaximen nicht hinausgehen kann, ab. Das radikal Imaginäre beinhaltet Spaltungskraft. Als Verkörperung menschlicher Freiheit kann es auf nichts als auf sich Bezug nehmen. Daher interessieren mich in Anlehnung an Lacan besonders Phantasien, die, ähnlich wie in der theoretischen Philosophie Kants das Ding an sich, einen Selbstein- und Selbstausschluss evozieren. Es geht um eine Begegnung mit dem Anderen im vermeintlich Eigenen, das nicht anders als phantasmagorisch sein kann und doch – wie Lacan sagt – seine „sinnliche Evidenz in der Realität" retrospektiv entfaltet. Oder mit anderen Worten ausgedrückt: Es geht um phantasmagorische Elementstrukturen, die faktisch erst erfahrbar werden nach Setzung des phantastischen Strukturelements.

III

Betrachten wir zur Veranschaulichung dieser noch abstrakt bleibenden Ausführungen die vielkommentierten Naziphantasmagorien einer jüdischen Weltverschwörung in Deutschland in den 1930er Jahren oder die

Propagierung einer arischen Rasse. Beiden Phantasien gelang es, stark vereinfacht gesagt, verschiedene inhärente Widersprüche der deutschen Gesellschaft während und nach dem Scheitern der Weimarer Republik zu überdecken. Sie vereinten einen Teil der Gesellschaft (nichtjüdische Deutsche) und ersetzten innere soziale Widersprüche durch politischen Genuss an einem „Erhabenen" im vermeintlich ‚Eigenen' (die arische Rasse). Von nun an bestimmte ein neuer Phantasierahmen, dass Bürger und Bürgerinnen zum Beispiel in Mitteleuropa allgemein Staatsbürgerschaftsrechte innehatten, jedoch nicht, wie in Deutschland des Jahres 1935, wenn sie jüdischen Glaubens waren. Heideggers *Rektoratsrede* von 1933 in Freiburg mag ein herausragendes Beispiel sein für die elementstrukturellen Formen und Ausformungen von gemeinschaftstiftenden Phantasien in gesellschaftlich instabilen Zeiten. Sie inszenieren den Ruf (bzw. eine Anrufung) nach einem neuen, kollektiven Genießen, das damit beginnt, sich durch Imaginationen zu einem gemeinen Willen, einem gemeinsamen „Schicksal" in einer Zeit, die zur Entscheidung drängt, zu vereinen. In seinem Fall findet hier unter phantasmagorisch zu bezeichnenden Vorzeichen eine ‚philosophische Auslegung' statt, insofern Heidegger den (ein kollektives und potentiell ‚illegales' Genießen evozierenden) Glauben verbreitet, die deutsche Gesellschaft könne sich unter der Führung auserwählter Philosophen und mithilfe der Nationalsozialisten einem neuen philosophischen Aufbruch anschließen, wie er seine Ursprünge bei den Griechen fand.

Das soll untermalen, dass mit Phantasien Mechanismen in Gang gesetzt werden können, die speziell aufgrund ihrer Überdeterminierung gesellschaftsimmanente Aporien durch Genießen am „Wir" abblenden. Und der Nationalsozialismus tat dies mustergültig. Der Verweis auf Heidegger macht deutlich, inwiefern gemeinschaftlich-phantasmagorische Elemente Strukturen ermöglichen und konstituieren, die sodann zur Ausbildung von Phantasie zur Wirklichkeit beitragen.

Wenn Aporien in den ideologischen Gefügen einer Gesellschaft eine gewisse Tragweite erreichen, können sie für den Bereich der politischen Auseinandersetzung gefährlich werden. Durch Narrative gestaltete Verheimlichungen von Antagonismen können versagen, die zuvor den Raum der Gründe als einen durch gemeinschaftsbildende Genusspolitiken und Genussgeschichten bzw. Genuss-Narrative konstituiert geprägt hatten. Nun ist es in bestimmten Situationen genau dieser (teils auch willkürliche) implizit mitgeführte Aus- und Einschluss (aus angestammten Bürgerrechten z.B.), der als Erweckungsbedingung die neue Gemeinschaft (gegen die überholte Gesellschaft) begründet. Er verbindet Menschengruppen in einer „erhabenen“ Phantasie, die das phantasmagorisch erfundene ‚Eigene' in der Differenz zum Fremden spürbar macht. Die auf Žižek zurückgehende Rede von einem „obszönen Genießen“, welches das Gemeinwesen mitvereint, muss als eine Freude an der Übertretung der bisher etablierten Traditionen und als Evozierung des „Erhabenen“ im ‚Eigenen' rezipiert werden. Die Übertretung vereint Betroffene wie in einem heimlichen „Ehrencode“ zur phantasmagorischen Abblendung gesellschaftlicher Widersprüche (Finkelde 2018).

Žižek spricht in diesem Zusammenhang auch von der obszönen Unterseite des Gesetzes. Sie tritt in dem Moment auf den Plan, wenn das scheinbar neutral-aufgeklärte Recht von einzelnen Bevölkerungsgruppen aufgrund offenkundiger Schwächen als dem Scheitern nahe empfunden wird. Dann füllen Phantasien „die Leerstellen“, die „durch formale Symbolstrukturen geöffnet“ wurden, aber durch sie nicht mehr geschlossen werden können (Žižek 1997a, 7). Der geheime Ehrencode besteht in der Transgression herrschender Doxa und einem nunmehr möglich gewordenen, geteilten Willen zur Radikalität, aber – und das ist entscheidend – im Namen des (bedrohten) Rechts. Exzess-Phantasien, die mit Einschränkungen auf Castoriadis' Begriff des „radikal Imaginären“ als Medium „sich gestaltende[r] Schöpfung von ‚Bildern'“ zurückgeführt werden können, verkörpern die von mir oben mit Bezug auf Russell erwähnte antinomische Struktur. Sie generieren als „Andersheit und als beständiger Ursprung von Anderswerden“ gleichzeitig einen performativen Ein- und Ausschluss (Castoriadis 1984, 603). Sie entbergen ein Neues, in dem sich diejenigen, die die Phantasien gegenseitig unter ihresgleichen übertragen, retrospektiv wiedererkennen. Phantasierende erschaffen einen Bereich ihrer Realität und legen sich darin als Teilelement nieder.

IV

In den vielfältig verwundenen Ausführungen seines Seminars zur *Logik des Phantasmas* aus den Jahren 1966-1967 legt Lacan Wert darauf zu betonen, dass Phantasien extim (im Gegensatz zu intim) sind. Sie sind ein sozial konstruiertes Phänomen (Lacan 1966-1967). Als solche bilden sie die Grenze zwischen Subjekt/Individuum und Objekt/Gemeinschaft und ermöglichen dem Menschen analog zu Kants Schematismuslehre aus der *Kritik der reinen Vernunft*, die Wirklichkeit in Bedingungen geteilter Gefühls- und Phantasiemuster wahrzunehmen. Phantasien haben soziale Eigenschaften, wie sie Geld und Ehe als zwei Institutionen sozialer Interaktion zukommen. Sie sind primär in Besitz von Gruppen, sekundär von Individuen. Das Handeln in Richtung einer Welt ist abhängig von einem autopoietischen Wirklichkeitsrahmen, der innerhalb des durch die Gemeinschaft vermittelten Objekts und im Anschluss daran auch innerhalb des Subjekts ist. Phantasien bilden die Matrix kultureller und oft nicht-kognitiver Valenzen, die unbewusst dem diskursiven Verständnis des Individuums und der Gemeinschaft in Bezug auf lebensnormative Gewissheiten vorausgehen. Daher ist es wichtig zu verstehen, wie Strukturen des Genießens durch kollaborative Phantasien Gemeinschaften konkret vereinen können.

Die Aufgabe jeder politischen Gemeinschaft besteht nun üblicherweise darin, das Moment der Vernähung eines „Volkskörpers", wie ihn z.B. das berühmte Frontispiz von Abraham Bosse zu Thomas Hobbes' *Leviathan* piktographisch als auch Heidegger in seiner *Rektoratsrede* darstellen, durch die Evozierung eines Erhabenen im Eigenen aktuell zu halten und zwar auch dann, wenn es scheinbar schon genug Phantasien gibt, auf die das Gemeinwesen aufruht.

Ziel ist es, einen Urakt der Gemeinschaftsgründung immer wieder neu zu zitieren. Er verknüpft als paradoxes Element die im Alltag politischer Administration immer auch instabil werdenden Signifikantenketten im ideologischen Feld der Gemeinschaft neu. Dabei treten neben dem Phänomen von Materialermüdungen, das den voranschreitenden Schädigungsprozess in einem Werkstoff beschreibt, auch Phantasieermüdungen auf. Phantasien korrodieren. In politischen Krisenzeiten platzen sie wie Nahtstellen im Gesellschaftskörper auf und befördern die Auflösung von Signifikantenclustern. Es geht bei diesen Phantasieexzessen folglich um einen phantasmagorisch inszenierten Ausbruch aus reinen Formalbedingungen, was es heißt ein „body politic" zu sein – speziell in Krisenzeiten. Und gerade in Deutschland ist der phantasmatische Begriff des „Verfassungspatriotismus", der unter anderem von Habermas mitgeprägt wurde, ein gutes Beispiel für eine solche Formalbedingung. Er wurde aufgrund des Versuchs, „den Faschismus auf Dauer zu überwinden", normativ in Abgrenzung zu einem ethnischen Staatsverständnis vorgegeben (Habermas 1990, 152).

Streng genommen kann es nie genug Phantasien darüber geben, worauf das Gemeinwesen aufruht, beziehungsweise welche Gestalt sein erhabener Körper morgen und in der Zukunft annehmen wird. Unter dem, was Phantasien abbilden, gibt es einfach zu viel Mangel und Überschuss. Speziell in Krisenzeiten kann dann, wie erwähnt, die Aufgabe der Politik darin bestehen, die Gesellschaft neu um imaginäre Extremformen der Universalisierung durch Spaltung zu konstituieren. Phantasien erweisen sich als besonders wirkmächtig, wenn sie – gegen die Formalbestimmung eines „Verfassungspatriotismus" beispielsweise – eine geheime Transgression verkörpern und ein Mehr-Genießen evozieren.

Diese Ausführungen mögen veranschaulichen, inwiefern ein Herrensignifikant seine strukturierende Macht im Verhältnis zu anderen Elementen in einem inferentiellen Bedeutungsfeld durch eine Art Inversion zum Ausdruck bringt.

Diese Form von Verkennung durch paradoxale Naturalisierung eines Diskurses (im Namen von „The American People", „Freiheit", „Natur" etc.) begegnet uns allüberall, nicht selten auch in der Philosophie. Eine Philosophin vermag nicht immer zu erkennen, wieviel Bedeutungskraft und Wahrheit am Grunde des Feldes ihrer Forschung liegt, just, weil das Geflecht der Theorie, in das sie sich einarbeiten musste, mit zu vielen inkohärenten und sich widersprechenden Begriffen so überdeterminiert sein kann, dass nur noch wenige zu einer Synthese in der Lage sind. Gerade diese Art der Überdeterminierung, die ebenso etwas mit erhabenen Objekten der Philosophie als Ideologie zu tun haben mag, kann dann dazu führen, dass sie ihr ganzes Leben mit Blödsinn verbringt ohne es rechtzeitig zu wissen. Auch in diesem Fall wären wir im Bann eines „erhabenen Objekts der Ideologie". Dann schreiben wir vielleicht ein sehr komplexes Buch mit acht zentralen Begriffen, die für uns die Kohärenz unserer These ausbilden. Aber mindestens vier von diesen Begriffen mögen so überdeterminiert sein, dass fünf der Kollegen, die mein Buch überhaupt weltweit verstehen können, just über zwei Begriff so im Widerspruch der Auslegung stehen, dass wie beim Domino-Effekt dann auch schnell meine anderen zentralen Begriffe ins Wanken geraten. Meine Theorie kann sich an zentralen Stellen durch „noble Lügen" getragen glauben, die vor zehn Jahren noch geglaubt wurden, aber heute die *academic community* nicht mehr überzeugen.

Und tatsächlich erleben wir diese Prozesse ständig. In diesem Zusammenhang sei kurz die Empörung des Evolutionsphilosophen

Daniel Dennett gegenüber seinem ewigen Widersacher im Bereich der Philosophie des Geistes, David Chalmers, erwähnt. Denn als letzterer auf einer Konferenz eingestand, mit dem von ihm eingeführten Begriff eines „harten Problems des Bewusstseins“ eigentlich gar nicht gewusst zu haben, was dieser Begriff genau bezeichnen sollte, sah Dennett sich bestätigt. Als er im Anschluss an Chalmers seinen Vortrag begann, gab er seiner Frustration Ausdruck, immer schon gewusst zu haben, dass der Begriff („the hard problem of consciousness“) ein leerer Signifikant sei, der nur aufgrund einer geschickt lancierten Überdeterminierung weltweit Philosophinnen und Philosophen in Bann hielt und die Publikation zahlloser (und folglich in ihrem Gehalt nichtiger) Artikel und Bücher im Bereich der Philosophie des Geistes zu verantworten habe. Wie Dennett wiederholt in Interviews eingesteht, kann er den akademischen Output auf der Seite seiner Gegner nur mit Kopfschütteln betrachten und darin lediglich einen „waste of talent“ erkennen.

2. Phantasiepflege und Transgression

11. Vorlesung

I

Lacan betont, dass das Symbol keine „sinnliche Evidenz in der menschlichen Realität" hat, das aber anschließend genau diese Realität seine „Bestätigung [im Symbolischen] finden" kann (Lacan 2006, 54). In diesem Sinne ist das Sozial-Imaginäre im Anschluss an Lacan – aber auch im Anschluss zahlreicher anderer Autorinnen und Autoren wie Benedict Anderson, Chiara Bottici oder Raymond Geuss – immer schon von einer paradoxen Selbstein- und Selbstausschlussstruktur bestimmt. Es schafft einen Raum aus sich, in dem es ein Teilelement ist und seine Wirklichkeit aus der performativen Kraft seiner Grenzbestimmungen bestätigt wiederfinden kann. Das Sozial-Imaginäre verkörpert performative Virtualitätsmacht und die Energetik zur Aufrechterhaltung der Virtualität. Das ist uns aus dem politischen Alltag vertraut, wenn Politikerinnen und Politiker Propositionen wie „Yes, we can" beziehungsweise „Make America great again" oder „Wir schaffen das" von sich geben. Diese Worte verweisen auf Fakten, die performativ evoziert werden. Diese Art von Gründungsgesten, die in Radikalität stark differieren können, müssen in den Raum des Politischen immer wieder neu injiziert werden. Warum? Nun weil, wie gesagt, eine rein formale Gesellschaftsstruktur nicht dauerhaft den Kitt von Gemeinschaft zu bilden vermag.

Das Sozial-Imaginäre ist keine Übersetzung von etwas körperlich Materiellem in ein Imaginäres und/oder Symbolisches. Es ist unsere, das heißt des Menschen einzigartige Seinsart und diese macht, wie Castoriadis unterstreicht, „Wissen" zu einer Möglichkeit; aber eben nicht im Sinne eines „Wissens von" (Castoriadis 1984, 471). Die Psyche ist „ein Formant, der nur in dem von ihm Geformten, durch es und als dieses besteht. Sie ist Bildung und Einbildung" (ebd.). Das in Bildern, Imaginationen, Ideen etc. sich ausdrückende geistige Wesen des Menschen hat weder unmittelbaren Zugang zur „Realität" und auch gar kein Interesse an der „Realität" (Castoriadis 1997, 151). Es gibt für Castoriadis kein Bewusstsein in Individuen, das nicht immer schon exzentrisch in anderen und den mit ihnen symbolisch geteilten Formen auftritt. Castoriadis bestreitet deshalb auch, dass die Grammatik des Seins als „bestimmt zu sein" auszulegen sei (Castoriadis 1994, 148).

In den Vereinigten Staaten erlebten wir während der Präsidentschaft Donald Trumps mustergültig die performative Kraft von exzessiven Phantasien in Kombination mit erhabenen Objekten der Ideologie. Verschiedene Phantasieformationen, mit denen sich Vertreter der Partei der Republikaner von Vertretern der Partei der Demokraten absetzten, stoßen bis heute aufeinander im Kampf um eine umstrittene Zukunftsvision des Landes. Speziell die Republikaner promulgierten eine Universalität ihrer Vision im Kontext eines unverborgenen Willens zur Spaltung der Nation in Linksliberale und Rechtskonservative. Sie generieren dabei mustergültig einen geheimen und obszön zu nennenden Ehrencode. Letzterer sollte als Freude an der Transgression des etabliert Normativen an die Wählerschaft ausgeteilt werden und Gemeinschaft in Opposition zu einer angeblich durch Korruption „versumpften" und zu linksliberal gewordenen Gesellschaft (vertreten durch Washington – „the swamp") stiften. Zahlreiche von Donald Trumps heftig umstrittenen Propositionen verkörpern diesen Aufruf zur Transgression im Namen einer obszönen Unterseite der normativen Ordnung. Verblüffend selten wurden seine selbstwidersprüchlichen Äußerungen und Entscheidungen von seiner Wählerschaft kritisiert. Das legt den Gedanken nahe, dass das, was Trump politisch verkündet, nicht im angestammten Bereich des „Gebens und Nehmens von Gründen" angesiedelt ist. Vielmehr sahen und sehen seine Anhänger in ihm einen Willen zur Brechung herrschender politischer Traditionen verkörpert. Sie können aus diesem Grund völlig zu Recht inhaltliche Widersprüche als sekundär erachten, wenn sie von der Notwendigkeit der Rettung der Gemeinschaft vor der Gesellschaft überzeugt sind. Phantasien von einem neuen Amerika, das angebliche Fehlentwicklungen linksliberaler Politik korrigiert, provozieren in ihrer Universalität einen Einschluss und einen Ausschluss. Diejenigen, die diese Phantasien – über Illegale, über den „Sumpf" in Washington, über die internationale Vormachtstellung der USA et cetera – teilen, gehören dann „zu uns", wohl wissend, dass Fakten durch diese geteilten und sich sozusagen performativ einstellenden Phantasien eine andere Wertigkeit in der bekannten Alltagssprache des Politischen bekommen als es zuvor der Fall war. Denn wichtiger noch als die im Januar des Jahres 2017 heftig umstrittene Frage, wie viele Menschen bei Donald Trumps Inauguralrede am 20. Januar 2017 vor der Westfront des Kapitols versammelt waren, ist diejenige, ob die Vereinigten Staaten zu ihrer alten Größe zurückkehren können, wenn sie beispielsweise eine Mauer zu Mexiko errichten oder Minderheitenrechte (wie sie von der LGBTQ-Bewegung gefordert werden) beschneiden.

Der Status einer phantasmagorischen Betrachtung von Einwanderern ist in diesem Kontext der Kanalisierung von politischen Genüssen aufschlussreich. Denn wie sollte man beurteilen können, dass Schwerverbrecher als Teilelemente der Menge illegaler Einwanderer an der Grenze, die die USA mit Mexiko teilt, eine Phantasie, ein Faktum oder eventuell beides zugleich sind? Nur diejenigen, die die Phantasie der Bedrohung teilen, können „zu uns" gehören, unabhängig davon, ob die Phantasie durch Fakten verifiziert wird oder nicht.

Was Politik erhabener Objekte der Ideologie leistet, ist folglich genau dies: die Verwaltung der Vorerfindung eines erhabenen Körpers, beziehungsweise die Erschaffung eines paradoxalen Phantasmas, das diejenigen erst als Gemeinschaft konstituiert, die daran glauben. Das Paradox liegt nicht inhaltlich auf der Ebene eines empirischen Phänomens z.B. illegaler Gewaltverbrecher. Es liegt in der Form der geteilten Phantasie. Letztere ist in den Bereich des Empirischen, den es eröffnet, ein- und ausgeschlossen, weil es diesem Bereich erst seine sozialkonstruktivistische Materialität zuspricht. („Wir werden bedroht!") Diejenigen die daran glauben, konstituieren sich in Abgrenzung zu Ungläubigen und Phantasieverderbern, die im Glaubensakt von der Gemeinschaft abgegrenzt werden. Prominent sind dies in den Jahren 2021-2022 VertreterInnen der Partei der Demokraten, die, so ein weit verbreiteter Vorwurf, in illegalen Einwanderern entweder Billigarbeitskräfte oder hilfsbedürftige Menschen, deren Flüchtlingsstatus zu klären sei, sehen. Ziel ist die Neugründung der/einer Gemeinschaft aus exzessiven Phantasien zur Abwehr von Aporien in den ideologischen Gefügen der Gesellschaft. Ein illegaler Urakt der Gemeinschaftsgründung wird zitiert. Oder anders ausgedrückt: Politik inszeniert ein der verfassten Gemeinschaft vorgängiges „Eigene" oder „Eigentliches". Es bedient sich, mit einem Ausdruck von Roberto Esposito gesagt, einer „Semantik des proprium" (Esposito 2010, 3). Durch sie wird eine imaginäre Einheit angerufen. (Phantasien von der Superiorität der USA als Hegemonialmacht bis zum Glauben an die Einzigartigkeit ihrer Demokratie können natürlich denselben Effekt provozieren.) Entscheidend ist, dass diese Anrufung und Beschwörung eines „proprium" auf einer Form der Spaltung aufruht, einem konstitutiven

Antagonismus, der erst einen spürbaren Universalismus artikuliert. In diesem Sinne geht es nicht um irgendwelche Phantasien, sondern um paradoxe, die, wie schon wiederholt gesagt, den Raum der Gemeinschaft durch ein Moment einer konstitutiven Spaltung und paradoxalen Ein- und Ausschlussstruktur vorerfinden. Rückwirkend wird sich dann dieser Ort in seiner Legitimität als natürlicher ergeben haben, zumindest dann, wenn er politisch siegreich war.

II

In auf Spaltungen der herrschenden politischen Doxa abzielenden Propositionen kann oftmals über die in den Propositionen verhandelten Phantasien, die in die Wirklichkeit, die sie erschaffen, ein- und ausgeschlossen sind, nicht mehr klar geurteilt werden. Das veranschaulicht der schon erwähnte Bezug auf die in den Vereinigten Staaten der Gegenwart heftig umstrittene Mauer zu Mexiko. Sind die Gewaltverbrecher, die sie abhalten soll, eine Phantasie oder nicht? Das kann nur retrospektiv beurteilt werden, da ein Teilelement von Gewaltverbrechern unter illegalen Einwanderern gar nicht ausschließbar ist. Allein, wie dieses Teilelement ausgelegt wird, ist entscheidend. Und doch spielt in dieselbe Auslegungs- und Interpretationsfrage über ein Faktum die Phantasie, über das, was statistisch nicht bewiesen werden kann, immer schon hinein. Eine Instanz, die über das empirische Faktum der Phantasie von Gewaltverbrechern in diesem Fall zu entscheiden vermag, existiert nicht vor der Übernahme oder Ablehnung der Phantasie. Gerade das macht das Thema zum Vehikel der gewollten (National-)Spaltung und offen für gemeinschaftsstiftende Phantasien. Denn nun ist es tatsächlich eine Frage des Glaubens, wer die Phantasien von immigrierenden Gewalttätern annimmt oder als polemisch-populistische Sprachgeste ablehnt. Im ersten Fall ist dann der/die Gläubige „eine(r) von uns". Als Bedingung der affektiven Bindung ist in diesem Fall die exzessive Phantasie Maß für den Raum der Gründe und das heißt abgeblendete Bedingung von politischer Rationalität. Der positive Aspekt von Phantasien dieser Art ist die Versöhnung des body politic um einen erhabenen Körper. Er hat sich im Moment einer konstitutiven Freund-Feind-Spaltung und der Evozierung eines obszönen Ehrencodes erhoben.

Mit der Rede von sich selbst ein- und ausschließenden Phantasien verweise ich auf einen unbewusst auftretenden illegalen Genuss eines

Nicht-mehr-so-genau-Nehmens normativer Ansprüche. Die Verwerfung etablierter und auch international anerkannter Rechtstraditionen vereint dann erst die neue Gemeinschaft zuungunsten der Gesellschaft. In den Vereinigten Staaten wurde dies im Sommer 2018 im Kampf gegen illegale Einwanderung mit Bezug auf die Trennung von minderjährigen Kindern von ihren Eltern deutlich. Diese Politik wurde bewusst als transgressiv und rechtsverletzend propagiert. Die politische Führung demonstrierte angeblich Durchsetzungskraft *im Namen des Rechts gegen das Recht*. Und auch dafür ist die Politik erhabener Objekte der Ideologie mitverantwortlich. Die Obszönität des Genusses an Phantasien kann das Gemeinwesen zu einem transgressiven Wesen neu vereinen und inhärente Aporien überbrücken helfen. Wenn dies gelingt, dann kann in bestimmten Fällen die Transgression der traditionellen Rechtskultur, wie sie die oben erwähnte „family separation policy" auszeichnete, nicht wahrgenommen werden. Diese Obszönität bringt das Gemeinwesen erst auf eine Interferenzsequenz des Begehrens. Sie macht spürbar, was es heißt, ein „Wir", besser, ein neues, willensstarkes „Wir" zu sein. In meiner Studie *Phantaschismus. Von der totalitären Versuchung unserer Demokratie* (2016) habe ich unter anderem aufgezeigt, wie für Hannah Arendt dieser Prozess mustergültig die frühe Apartheidpolitik des Staates Israels betrifft, der sich, wie der Historiker Benny Morris bekundet, ohne ethnische Säuberungen ebenso wenig wie ohne staatlich verwaltete obszöne Freund-Feind-Genüsse hätte konsolidieren können (Morris 2004). Aber wie gesagt, die transgressiven Phantasien zitieren Gründungsgesten politischer Narrative und sind deshalb paradox. Sie inszenieren einen Einschluss durch einen Ausschluss, und wer dann Willens ist, die Phantasien anzunehmen (und zwar unabhängig von Fragen der empirischen Verifizierung, wie Trump immer wieder in seinen abstrusesten und sich selbst widersprechenden Stellungnahmen veranschaulicht) ist Teil der Spaltungsgemeinschaft gegen die Gesellschaft. Der Genuss des Gemeinwesens an einem obszönen „Wir" ist strukturell unantastbar; er ist ihre axiomatische Bedingung.

3. Sehnsucht nach Führung. Die Zeit der Hast

12. Vorlesung

I

Wie aus den letzten Vorlesungen hoffentlich deutlich geworden ist, können philosophietheoretische Fragen nach den Grenzen menschlicher Erkenntnis wie auch philosophiepraktische Fragen nach den Begründungen unserer Handlungen ebenso wenig von Analysen der Entstehung des Unbewussten aus der Konfrontation mit enigmatischen Signifikanten abgelöst werden, wie von Analysen zur „unbewussten Struktur der Realität". Was letztere betrifft, so haben Appellkräfte „erhabener Objekte der Ideologie" immer schon ihre Wirkmächte ausgestreut. Räume von Erfahrungen etablieren sich in Übertragungs- und Verkennungsprozessen und in diese spielen wiederum psychotheologische Momente hinein. Prominente Erkenntnistheorien der Gegenwart beschäftigen sich wenig mit diesen Themen. Gerade deshalb sind aber auch die zurzeit in bestimmten Kreisen viel von Anhängern der sogenannten Pittsburgh School (Robert Brandom und John McDowell) ins Zentrum sozialer und kognitiver Kompetenzanalysen gestellten Begriffe wie „commitments", „entitlements" und „trust" hier von marginaler Bedeutung. Enigmatische Signifikanten als Wirkmächte der Interpellation gehen den mit diesen Theorien analysierten Strukturen, die die Etablierung sozialvermittelter Erfahrungsräume eröffnen, in allen Lernprozessen voraus. Auch deshalb sollen die bisher vorgebrachten Erkenntnisse zur Einflusskraft von solchen Übertragungsprozessen in der heutigen Vorlesung vervollständigt und auf das immer auch Irritationen auslösende Motiv der Abhängigkeit des Subjekts von einem Meister bzw. einer Meisterin erörtert werden.

Das Thema wurde bereits in der achten Vorlesung tangiert. Wir haben dort auf den Einfluss des *House of Windsor* auf den neugeborenen Körper eines zukünftigen Prinzen ebenso Bezug genommen wie auch auf die Anrufungskraft der Königin von England auf die ihr ergebenen Untertanen. Inwiefern aber in Übertragungsprozessen ambivalente Verhältniswechsel von Liebe und Hass in Strukturen der Gefolgschaft eine Rolle spielen, wurde noch nicht kommentiert. Dies soll hier geschehen.

Liebe und Hass in Gefolgschaftsverhältnissen haben auf die Geist-Welt Beziehung unbezweifelbar einen Einfluss, da die Instabilität politisch oder wissenschaftlich verwalteter Erfahrungsräume ihren Ursprung auch in nie ganz zu ordnenden Unterwerfungs- und Anrufungsstrukturen hat. Und diese können dazu führen, der einst geliebten Königin nur noch mit Hass begegnen zu können, evtl. weil ein plötzlicher Abrutsch in das Prekariat die ehemalige Liebe zum Oberhaupt der anglikanischen Kirche in einen Hass auf die Reichsten der Reichen kippen lässt. Legitimationsmangel im Medium der Anrufung kann plötzlich auftauchen. Innerhalb weniger Tage mag dann aus teils kontingenten Umständen ein Umschlag von Liebe zum Führer in Hass auf ihn umschlagen: das Zentrum erhabener Größe transsubstanziiert zur Ausgeburt dessen, was unbedingt zu überwinden ist.

Deutlich wurde mir die Struktur dieses Wechselspiels von Liebe und Hass in Strukturen Subjekte-generierender Interpellationen speziell in der Betrachtung sektenartiger Unterwerfungsstrukturen. Sie tauchen prominent in psychoanalytischen Zirkeln, besonders auch bei Lacanianern auf. Aber der eigentliche Auslöser der folgenden Analyse war das verstörende Schicksal der durch einen Massenmord düstere Berühmtheit erlangt habenden US-amerikanischen Sekte *The People's Temple*. An ihr lässt sich das paradoxale Verhältnis von Liebe und Hass in Übertragungsprozessen kollektiver Gefolgschaft, das für alle politischen Gemeinwesen gilt, studieren. Die Sekte wurde vom Kultführer Jim Jones Mitte der 1950er Jahre im amerikanischen Bundesstaat Indiana gegründet und siedelte sich nach vielen Jahren der Ausbreitung in Kalifornien schließlich im südamerikanischen Land Guyana an. Für meine Kommentare entscheidend ist ein Abschiedsfest, das zu Ehren eines Gastes aus den USA, dem Kongressabgeordneten Leo Ryan, gegeben wurde. Dieser war am 15. November 1978 im Rahmen einer Untersuchung mit einer Delegation von MitarbeiterInnen und Journalisten nach Guyana geflogen. Es hatte neben den zahlreichen positiven Berichten über *The People's Temple* auch schon aus der Zeit in Kalifornien stammende Missbrauchsvorwürfe gegen ihren Kultführer gegeben und diesen gingen Ryan und seine Mitarbeiter beim Besuch in Guyana nach. Der Amerikaner konnte jedoch zuerst die Vorwürfe nicht bestätigt finden. Auch deshalb gab am Abend des 17. November vor seinem Abflug Jim Jones ihm zu Ehren das Fest. An ihm lässt sich, wie gesagt, die Zerbrechlichkeit der Geist-Welt Beziehung veranschaulichen. In diese ragt immer eine Ambivalenz, die die Rolle von Liebe und Hass in Strukturen geteilter Gefolgschaft unterstreicht.

Das Fest war ausgelassen und fröhlich. Originalaufnahmen des Abends, die im Dokumentarfilm *Jonestown: The Life and Death of The People's Temple* von Stanley Nelson aus dem Jahr 2006 zu sehen sind, lassen daran wenig Zweifel. Senator Ryan berichtete mit einem Mikrophon in der Hand von sehr positiven Gesprächen mit Mitgliedern der Bewegung.

Unabhängig davon steckten einzelne Sektenmitglieder heimlich den Mitgliedern der Delegation Botschaften zu, in denen sie zum Ausdruck brachten, mit in die USA zurückfliegen zu wollen. Ryan sicherte den Aussteigern seine Unterstützung zu und versprach, dass sie unter dem Schutz seiner Autorität als US-Senator den Hoheitsbereich von Jonestown verlassen könnten.

Jim Jones und seine Anhänger wurden von Journalisten auf die heimlichen Briefbotschaften angesprochen; und wie bei einer Kettenreaktion kollabierte wenige Stunden nach der Veranstaltung eine zuvor noch als unerschütterlich erlebte Gefolgschaftskultur (siehe Reiterman/Jacobs 1982, 445-570). Es brach regelrecht eine kollektive Panik aus; nicht nur bei den Sektenmitgliedern, die mit dem Flugzeug des Senators zurück in die USA abreisen wollten, sondern speziell bei Jones und seinen Anhängern. Sie wurden extrem gewalttätig, so als müssten sie mit dem plötzlichen Abfall der Überzeugungskraft in ihre Führung das Ideal einer utopischen Gemeinschaft mittels einer kollektiven Katastrophe schützen. Am Flughafen von Port Kaituma in Guyana begann diese. Kurz vor dem Abflug der amerikanischen Delegation wurden der Senator und mehrere seiner Begleiter erschossen. Wenige Stunden später begingen die Sektenmitglieder einen kollektiven Suizid auf Anweisung von Jones, bei dem mehr als 900 Menschen starben. Von Jones sind die Worte überliefert, dass es sich dabei um einen revolutionären Selbstmord handle als Einspruch gegen eine inhumane Welt. „We committed an act of revolutionary suicide protesting the conditions of an inhuman world" (zitiert nach Chidester 1988, 138).

Auch wenn der erwähnte Dokumentarfilm von Stanley Nelson nicht erklärt, warum plötzlich eine heitere Abendgesellschaft in ihr Gegenteil kippen und eine Katastrophe für Ryan und *The People's Temple* auslösen konnte, so liegt eine potentielle Antwort nahe. Wahrscheinlich war die Gefolgschaft gegenüber Jones bei einzelnen Sektenmitgliedern schon für längere Zeit brüchig, eventuell sogar fingiert. Angst vor gewalttätigen Repressionen und mangelnden Lebensalternativen hatte sie am Führungs- und Organisationsstil der Sekte zweifeln lassen. Viele taten dann wohl nur so als seien sie von der Botschaft ihres Kultführers noch überzeugt, während sie heimlich über Ausstieg und Flucht nachdachten. Sie nahmen dann die Möglichkeit in dem Moment wahr, in dem sich das Fenster einer Chance durch den Besuch der amerikanischen Delegation eröffnete. Dies ist sicher die wohl am schnellsten sich aufdrängende Erklärung, um den abrupten Überzeugungswechsel zu verstehen und ich kann mir sehr gut vorstellen, dass es sich so verhalten hat.

Diese Interpretation unterschätzt jedoch, dass wir als Subjekte gegenüber den Begründungsstrukturen, in denen wir leben, immer schon unthematisch andere Gedanken über Alternativen zu der uns umgebenden Lebenswelt aus Werten und Normen und auch Zweifel an dieser im Bewusstsein haben. Wie gesagt, sind Ideologien davon abhängig, dass sie eine unbewusste Struktur der Gefolgschaft und des „So-sind-die-Verhältnisse-wirklich" produzieren. Wie tief aber diese unbewusste Struktur in Praktiken und in gesprochene und für sich behaltene Gedanken der angesprochenen Subjekte dringt, ist aus der Perspektive der Ideologie aber auch aus der Perspektive des Individuums nie ganz einsichtig.

Aus diesem Grund mag es dann auch ein kontingentes Moment sein, welches plötzlich verborgene bzw. unbewusste Gedanken und Zweifel im

Bewusstsein eines Einzelnen in den Vordergrund kippen lässt und eine inhärente Panik freisetzt. Aus Gelassenheit wird Hast für eine nur undeutlich gefühlte Überzeugung, die eventuell durch mein Eingebunden-Sein in eine kollektive Struktur mit anderen nie richtig aus dem Vor- oder Unbewussten ins Bewusstsein (des Individuums, wie auch der Gemeinschaft) steigen konnte. Besonders jedoch in Momenten, wo plötzlich andere offenbaren, von denselben unreflektierten Hintergrundzweifeln geprägt zu sein, tritt eine Wahrheit hervor, die in ihrer Latenz zu spät Berücksichtigung fand. Und mag die Gewalt der Sekte gegenüber den Aussteigern wie auch gegenüber sich selbst nicht damit zusammenhängen – mit dem Auftauchen von Zweifeln in einer Struktur von „Reziprozitätsrelationen" (Lacan 1994, 115), die Liebe-in-Gefolgschaft in Hass auf ‚Verräter' und auf eine anonyme, „unhumane" (Jones) Welt umschlagen lässt? Zumindest ist das die These, die im Weiteren näher entwickelt wird.

II

Eine Situation, wie sie das Schicksal von Jones' Anhängern in den letzten Stunden der Existenz von *The People's Temple* ausmacht, ist dem Gefangenen-Sophisma, das Lacan im Jahr 1945 vorstellte, nicht unähnlich (Lacan 1994). Worum geht es dabei? Lacan analysiert darin die temporale Zeitstruktur der „Hast" (ebd., 116) als etwas, das Subjektivität aufgrund zwischenmenschlicher „Reziprozitätsrelation[en]" (ebd., 119) zu anderen Menschen nicht überwinden kann. Hast wird als Subjekt-konstituierend und in Abgrenzung zur Intuition einer „objektiven Zeit" (ebd., 116) ausgelegt. Sie ergibt sich – stark vereinfacht gesagt und ein wenig die Pointe des Sophismas vorausnehmend – aus der Unsicherheit heraus, dass andere aus der Sehnsucht einer Selbstbestimmung ihrer Identität auf mich schauen, während ich aus derselben Sehnsucht heraus auf diese blicke. Dass das sehr nach den uns bekannten Analysen zur Exzentrik von Identität, wie sie das Spiegelstadium und den Graphen des Begehrens betreffen, klingt, ist naheliegend.

Konkret geht es bei dem Sophisma um ein Gedankenexperiment mit drei Gefangenen. Da jeder einzelne von ihnen nicht weiß, ob er von fünf potentiellen Farbtafeln (von denen drei weiß und zwei schwarz sind) eine weiße oder eine schwarze Farbtafel zur Identifikation auf dem Rücken trägt, muss er seine Identität aus der Beobachtung der Markierung auf dem Rücken der anderen zwei Gefangenen und deren Reaktion, auf das, was sie sehen, ableiten. Sprechen ist dabei nicht erlaubt. Das Dilemma besteht nun konkret darin, dass alle Gefangenen – die, um freigelassen zu werden, vor den je anderen erschließen müssen, welche Farbtafel auf dem Rücken sie identifiziert – ausschließlich weiße Identifizierungsscheiben angebracht bekommen haben. Niemand kann folglich schnell aus der Beobachtung der Markierung der Anderen eine klare Herleitung der Farbtafel auf dem eigenen Rücken ableiten. Um den Anderen in dieser Erkenntnis zuvorzukommen, bleibt nur Hast oder die „Dringlichkeit" (ebd., 113).

Der Einzelne muss erraten, ob er eine weiße oder schwarze Farbtafel auf dem Rücken trägt unter der Bedingung, dass nicht sowieso schon einer der anderen Gefangenen den Raum schnell verlassen hatte. Durch das Zögern aller muss ihm bewusst werden, dass keinem bisher eine klare Herleitung gelang und sich der Schluss nahelegt, dass jeder eine weiße Farbtafel trägt. „Die Rückkehr selbst der Bewegung des Begreifens, unter der die Instanz der Zeit, die sie objektiv stützt, geschwankt hat, setzt sich beim Subjekt in einer Reflexion fort, in der diese Instanz für es wieder auftaucht im subjektiven Modus einer *Zeit des Verzugs* gegenüber den anderen in eben dieser Bewegung und sich logisch darstellt als Dringlichkeit des *Moments des Schließens*" (ebd., 112-113). Was interessiert Lacan aber an dieser seltsamen Geschichte und was hat sie mit *The People's Temple* zu tun? Das wird gleich deutlicher.

Lacan entfaltet das Sophisma, um die Mangelstruktur von Identität in einer Spiegelstadiums-analogen Wechselbeziehung zu den Blicken des bzw. der Anderen auszulegen. Blicke gehen im „Prozess suspendierte[r] Bewegungen" (ebd., 108) zwischen Subjekten hin und her, aber weniger mit dem Vorsatz, die Identität der Anderen zu entziffern, sondern um in den Blicken der Anderen die eigene Rückenmarkierung, die eigene Identität in Abgrenzung zu den Reaktionen in den Augen der Anderen auf mich zu erfassen. „Nach Ablauf der Zeit, *um den Moment des Schließens zu begreifen*, kommt der *Moment, die Zeit zum Begreifen zu schließen*" (ebd., 113). Da, wie gesagt, jeder der drei Gefangenen parallel zu logischen Ausschließungen von Alternativen beobachten muss, was die Anderen tun, um zu wissen, welche Farbtafel auf dem Rücken die seine ist, so können ihm allein Blicke und Reaktionen der Anderen über seine Identität Auskunft geben. Auf diese Weise wird die Selbstbeziehung eingebunden in eine reziproke Spiegelung in den Blicken anderer. Was wagt der Einzelne, damit er sich selbst zu bestimmen fähig ist? Im beschriebenen Patt des Sophismas ist es eine *adhoc*-artige Identitätszuschreibung im Anblick der Unsicherheit der Anderen. Eile ist also „nicht [...] wegen der Schwere des Einsatzes oder des Eifers des Spiels" geboten, sondern „wegen der Dringlichkeit der logischen Bewegung *überstürzt* das Subjekt zugleich sein Urteil und seinen Aufbruch" (ebd.).

Diese Konstellation ist der Situation auf dem Abschlussfest zu Ehren des amerikanischen Senators nicht unähnlich. Hier sind Individuen vereint, von denen Einzelne die Vergewisserung ihres Identitätsstatus, Gefangene eines Wahnsinnigen oder freie Gefolgsleute eines Propheten zu sein, abhandengekommen ist. Sie sind auf die Blicke anderer verwiesen, die wiederum auf ihre Blicke schauen. Ähnlich kann man sich die Situation in den letzten Tagen vor dem Untergang der DDR vorstellen, wenn Mitglieder der Staatssicherheit sich auf den PVC-Fluren gegenseitig in die Augen schauen und im Blick der Anderen zu erkennen suchen, ob sie noch hinter „der Partei" stehen.

Sieht die Einzelne dann aber nicht in einer solchen Situation um so mehr aus dem eigenen Zweifel heraus auf diejenigen, die zur Klärung ihres Zweifels eventuell wiederum auf sie schauen? Ebenso wie im Gefangenen-Sophisma konnten sich die Sektenmitglieder offensichtlich nicht einfach über den Status ihrer Identität in Abhängigkeit von Jones und seinen engsten Gefolgsleuten austauschen. Oder im Vokabular von Brandom gesagt: „commitments", „entitlements" und „trust" sind in der Schwebe ihrer Anwendungsbedingungen geblieben und in den primär unbewusst herrschenden Übertragungsbedingungen nicht mehr wirkmächtig. Wie in Lacans Narrativ, in dem von der Gefängnisleitung jegliche Kommunikation zwischen den Gefangenen untersagt war, machte auch in *The People's Temple* Sozialkontrolle eine Thematisierung von Zweifeln unmöglich.

Dann richtet das einzelne Subjekt den Blick auf den Anderen, d.h. begehrt zu erfahren, wer der Andere ist, um auf diese Weise zu erfahren, wer es selbst ist. Und wenn man erfährt, dass hier keine Klärung der Identität (sind wir Gefangene? sind wir Freie? sind wir Verbrecher?) folgt, muss dann nicht die Chance ergriffen werden, um auf jeden Fall mit der US-amerikanischen Delegation in eine noch so unbestimmte Freiheit zu fliehen? Wenn ich und die Anderen nicht wissen, gefangen oder frei zu sein und dies im zögernden Aufschub der Identität im Blick auf die Anderen offensichtlich werden mag, dann ist – wie bei Lacans Sophisma – der

Sprung in die Hast die einzige Wahlmöglichkeit. Diese Art von Hast kennen wir aus revolutionären Umbruchsituationen, bei denen nicht klar ist, ob einzelne Aktionen gerechtfertigt oder illegal sind.

Ist der Aufstand von Palästinensern an den Grenzen von Gaza, wie er wiederholt in den Jahren 2018-2019 stattfand, ein illegaler Akt von Terroristen oder eine Befreiungsaktion gegenüber einer Besatzungsmacht? Wer riskiert die herrschenden Übertragungsprozesse eines bestimmten Narrativs zu durchbrechen? Selbst europäische Politiker mögen hier aufgrund ihrer eventuell als unerwünscht rezipierten Meinungsäußerungen eine ähnliche Angst vor Repressalien haben, wie die Anhänger der Sekte von Jim Jones am genannten Abschiedsfest. Die Angst nicht zu wissen, wie der große Andere (in diesem Fall die politische Mehrheit) denkt, führt zur Unterdrückung der eigenen Überzeugung aus Angst vor demokratischer Repression. Generationen später werden davon evtl. keinen „Begriff“ mehr haben und eine kollektive Struktur blinder Gefolgschaft, die Unrecht fortschreibt, kaum nachvollziehen. Die Konsequenz der gerade beschriebenen Zwangslage – man denke noch einmal an das Sophisma – kann nur noch ein bedingt rationaler Akt sein, da auch die Gefangenen von Jonestown evtl. eine Chance von fünfzig zu fünfzig haben, Verräter oder Gefolgsmann zu sein. Die Hast der Flucht mag ihrerseits in einen Hass der Zurückgebliebenen auf die Fliehenden fortwirken und gleichzeitig auch eine Liebe zum betrogenen Kultführer evozieren. Denn zumindest bei einigen, die zurückbleiben, muss sich mit nahezu absoluter Sicherheit die Erkenntnis einstellen, zumindest in ihrer Wahrnehmung zu spät reagiert zu haben.

4. Verrat in Zeiten der Überdeterminierung

13. Vorlesung

I

Unabhängig von der oben erwähnten Gefolgschaftsstruktur zwischen Liebe und Hass in einer Sekte, gibt es multiple andere Formen mangelnder Wissenszustände, die uns als Individuen betreffen und eine Struktur gegenseitiger Verkennung bedingen. Schon im Alltag erfahren wir fortwährend, wie wir in Begründungsmustern zu Tatsachen stehen, die als Teilelemente kollektiver Rechtfertigungsstrukturen (und den ihnen intrinsisch zugehörigen Übertragungsprozessen) nie von uns in ihren inferentiellen Beziehungen im Ganzen durchschaut oder hergeleitet werden können (Finkelde 2020). In Debatten der Erkenntnistheorie wird dieses Thema im Disput zwischen „Externalisten“ und „Internalisten“ verhandelt. Erstere vertreten, vereinfacht gesagt, ein Verständnis von Wissen als gerechtfertigt wahre Überzeugung, derzufolge unsere Überzeugungen in inferentielle Metastrukturen von Gründen eingebunden sind und so auf den mir nicht notwendig zugänglich seienden Erkenntnissen Anderer aufruhen (BonJour 2010). Die Einzelne kann in der Regel nicht mit derselben Kompetenz Fakten erläutern, wie diejenigen, deren Überzeugungen sie im alltäglichen Urteilen zu ihren gemacht hat. So mag jemand wissen, dass „Massen sich anziehen“ und „dass Wasser H_2O ist“ und trotzdem weder physikalisch noch chemisch die beiden Propositionen wissenschaftlich näher begründen können. In Bezug auf zahlreiche Fakten, die selbstverständlich auch Fragen der Ökonomie und Politik betreffen, urteilen Individuen folglich nur allzu oft unter den Auspizien des großen Anderen in Form inferentiell (scheinbar) abgesicherter Gewissheiten, ohne die Kompetenz der Begründung und Herleitung tatsächlich im Detail verbürgen zu können. So weiß ich persönlich mit hundertprozentiger Sicherheit, dass Massen sich anziehen und dass Platon 35 Dialoge zugeschrieben werden. Ich könnte aber nicht im Ansatz begründen, warum Massen sich auch tatsächlich anziehen oder nach welchen Kriterien die 35 Dialoge, die von Platon überliefert sind, ihm zugeordnet werden.

Demgegenüber vertritt der Internalismus, dass Überzeugungen einer Person nur dann epistemisch begründet sein können, wenn sie „cognitively accessible to that person“ bzw. „internal to his cognitive perspective“ sind (BonJour 2010, 364). Und während eine sogenannte Internalistin – auch wiederum sehr reduktiv ausgedrückt – niemandem in den genannten Fällen einen Wissensanspruch (ohne dazugehörige Begründung) zugestehen kann, gehen Externalisten davon aus, dass es keine Alternative zu diesen ausgelagerten Grundüberzeugungen gibt, die unser Bewusstsein sowohl stabilisieren als auch destabilisieren. Der Begriff des Wissens würde sich auflösen oder dem Alltagsverständnis absurd radikal entgegenstehen. Dies ist hier erwähnt, um zu veranschaulichen, inwiefern viele unserer Urteile auf unhinterfragbaren Übertragungsprozessen aufruhend unreflektiert Wissen ausdrücken, obwohl tatsächlich nur Expertengruppen inferentiell Gründe für unser Wissen angeben könnten. Auch in diesem Fall stoßen wir auf Prozesse von Übertragungen. Hilary Putnam spricht in diesem Zusammenhang prominent von einer „division of linguistic labor“, ohne die eine komplexe Gesellschaft nicht auskäme (Putnam 1975, 144).

Diese Reflexion auf erkenntnistheoretische Debatten der 1970er und 1980er Jahre hat insofern mit dem Schicksal von *The People's Temple* zu tun, als sie verdeutlicht, wie wir Menschen notwendig auf Ebenen einfachster Urteilsbezüge unterdeterminierte Wesen sind und immer in der Situation stehen, bestimmte Inferenzen von Begründungen passiv (und teils durch enigmatische Signifikanten, die unser Unbewusstes mitprägen) zu übernehmen. Das erhöht den in den vorangegangenen Vorlesungen wiederholt erwähnten Charakter der Enigmatik in Appell- und Übertragungsstrukturen aller Art. Gleichzeitig erklärt es den hier entscheidenden Punkt, dass innerhalb der Lebenskontexte von Gemeinwesen abrupt innere Widersprüche auftreten und eine als gut begründet geglaubte Geist-Welt-Beziehung unterminieren können. Überzeugungen und Praktiken können schlagartig als unbegründet und widersprüchlich dastehen.

Ein treffendes Beispiel mag das hier nur im Vorbeigehen erwähnte Zerwürfnis zwischen Daniel Dennett und Sam Harris über die Frage der menschlichen Freiheit sein. Die beiden Vertreter eines zeitgenössischen und eliminativ reduktionistisch geprägten Naturalismus, die in den Jahren 2004-2009 gemeinsam als wegweisende Religionskritiker auftraten, sahen sich plötzlich in ausschließenden Lagern stehen, als sie die Frage nach dem freien Willen trennte. Harris konnte nicht verstehen, wieso ein Meisterdenker wie Dennett, der der Wortführer eines neu erstarkten Naturalismus war, noch an einem alltagspsychologischen Freiheitsverständnis festhalten konnte (Harris 2014). Mit anderen Worten: Sein

Mentor erwies sich mit Bezug auf die Frage menschlicher Freiheit als genau so dogmatisch, wie es Religionsvertreter Dennett zufolge gegenüber ihren unhinterfragbaren Glaubensgrundsätzen sind.

Sekten mögen für solche Wechselverhältnisse besonders anfällig sein, weil in ihren Normen- und Wertstrukturen speziell modal vage Fakten (religiöser, ethischer... Art) zum Tragen kommen und nicht modal robuste, wie sie die *hard sciences* auszeichnen. Aber wie der Disput zwischen Dennett und Harris verdeutlicht, sind auch die *hard sciences* nicht davor bewahrt.

II

Freud analysierte diese Anrufungskräfte, weshalb er eine Masse als „eine Anzahl von Individuen" auslegt, „die ein und dasselbe Objekt an die Stelle ihres Ichideals gesetzt und sich infolgedessen in ihrem Ich miteinander identifiziert haben" (Freud 1994, 128). Zwei Gefühlsbindungen, wie er sie in der Massenpsychologie freilegt, die Identifizierung und die Objektbesetzung, entstammen dem intimen familialen Umfeld des Individuums. Sie werden auf das Feld der Masse übertragen und machen diese zu einer Familie höherer Ordnung. Die Masse rekonstruiert die Familiensituation und lebt davon, dass alle nach denselben Zielen streben, für die der Anführer / die Anführerin als paternale Autorität das verkörperte Ichideal ist. Das mag erklären, warum speziell Begründungen, die ihre Bindekraft vom subjektiven Ort einer paternalen Autorität erfahren, sprunghaft wegbrechen und einen Wechsel von Liebe auf Hass auslösen können. Die Philosophie ist von diesen Wechselverhältnissen zwischen Hass und Liebe geprägt. Das erklärt die zahlreichen Polemiken zwischen Denkschulen, von denen die viel kommentierte „analytic-continental divide" nur eine von vielen Konfliktlinien markiert. Exemplarisch verdeutlicht das im Bereich Lacan'scher Theorie der akademische Lebensweg von Dylan Evans. Der Autor des vielzitierten *Lacanian Dictionary* beschreibt in einem Artikel aus dem Jahr 2005 mit dem Titel „From Lacan To Darwin" seine Abkehr von Lacans Philosophie hin zum Naturalismus als einen Weg aus der Dunkelheit der Spekulation in das Licht der Naturwissenschaften.

„Soweit ich weiß, gibt es in den USA und in Großbritannien immer noch viele Literaturwissenschaftler, die sich in ihrer Arbeit auf die Lacan'sche Theorie stützen. Das halte ich für sehr traurig. Vielleicht ist ihr fortwährendes Vertrauen in Lacan auf ihr schlechtes Verständnis von Wissenschaft zurückzuführen, so wie es bei mir der Fall war. Ich habe den starken Verdacht, dass sie zu ähnlichen Schlussfolgerungen wie ich kommen würden, wenn sie sich mit den Prinzipien wissenschaftlicher Entdeckung und den Entdeckungen der modernen Biologie und Psychologie vertraut machen würden" (Evans 2005, 54).

Auffällig ist Evans' dichotomische Unterscheidung des präsentierten Urteils in den bivalenten Kategorien von richtig und falsch. Er kann der Lacan'schen Theorie, die zweifelsohne sektenähnliche Anhängerschaften produziert(e), nicht die kleinste Teilhabe am Aufklärungsweg der modernen Wissenschaften zusprechen. Sie verkörpert für ihn nach seiner Abkehr nur noch ein „schlechtes Verständnis von Wissenschaft". Aus diesem Grund sei es „traurig", dass Geisteswissenschaftler in einem Zustand der Verblendung blieben, den Evans glaubt überwunden zu haben. Man ist, wie gesagt, überrascht diese Worte zu lesen, da Evans selbst das Verdienst zukommt, die Philosophie Lacans begrifflich präzisiert zu haben. Eine Verbindung zwischen Wissenschaft und Lacan'scher Theorie ist für ihn nicht mehr einsehbar. War Lacan für ihn zuvor die Quelle von sinnvoller Erkenntnis von immer auch enigmatisch bleibenden Begriffen, so ist er nun als Scharlatan überführt.

Es sei hier abschließend noch einmal betont, dass Gefolgschaftsstrukturen, wie sie Sekten (religiöser und philosophischer Art) prägen, nicht pauschal zu verurteilen sind. Oftmals entstehen Formen dieser Gefolgschaft mit nicht zu unterschätzenden emanzipatorischen Absichten in Abgrenzung zu kollektiven Formen Anderer, als falsch anerkannter Begründungsnetzwerke größerer Gemeinwesen, denen Mitglieder einer Sekte zu entkommen versuchen.

Die Hulu-Serie *The Path* bringt dies treffend zum Ausdruck. Entgegen dem ersten Eindruck eines rein negativen Blicks auf Abhängigkeitsverhältnisse unter Sektenmitgliedern, entfaltet sie dadurch eine unwiderstehliche Spannung, dass ein sektenkritisches Mitglied seine eigentliche Berufung dadurch erfährt, die Sekte zu verlassen, um sie anschließend neu zu gründen.

V. Genießen als ontologischer Faktor

1. Jouissance

14. Vorlesung

I

Im diesem Vorlesungsblock soll abschließend auf einen Begriff eingegangen werden, der im Zentrum von Lacans Philosophie steht: der Begriff des Genießens. Mit seiner Hilfe verdeutlicht Lacan nicht nur, inwiefern Genuss in der Art und Weise, wie wir als Subjekt unseren symbolischen Körper als Teil einer kollektiven Genusspolitik wahrnehmen, eine Rolle spielt, sondern wie es darüber hinaus uns auch passieren kann, im Versuch einer Neubestimmung unserer subjektiven Verortung in den Äqui valenzverhältnissen des Allgemeinen, uns regelrecht als ausgestoßene Objekte (im Vokabular von Julia Kristeva: als Abjekte) in den Sozialstrukturen um uns herum zu gebären. Damit soll ein letzter Begriff dargelegt werden, der in Lacans Denken eine zentrale Rolle in der Geist-Welt Beziehung spielt.

Gemäß der französischen Wortbedeutung, wird der Begriff der Jouissance als eine eigenwillige und abnormale Form des Genießens interpretiert (Braunstein 2003; Chiesa 2015; Evans 1999; Miller 2000; van Haute 2002). Diese Form des Genießens ist deshalb abnormal, da die ihr zukommende Lustökonomie, die gleichzeitig von Schmerz-Erfahrungen durchdrungen ist, im Gegensatz zu Freuds Lustprinzip steht. Freud selbst entdeckte die Paradoxie eines Genuss produzierenden Leidens. In *Trauer und Melancholie* von 1917 erwähnt er die „unzweifelhaft genussreiche Selbstquälerei“ (Freud 1982, Bd. III, 205), und in *Jenseits des Lustprinzips* von 1920 stellt er fest, wie ein lebensverzehrender Genuss von Traumapatienten diesen noch etwas zurückgibt, indem er, der Genuss am Leiden, die Betroffenen in „die Situation [...des] Unfalls zurückführt“ (Freud 1982, Bd. III, 223).

Lacan folgt Freud und spricht im Zuge seiner Entwicklung des Konzepts von Überschussgenuss (plus de jouir), der oft als „Mehr-Genießen“ übersetzt wird: ein paradoxes Vergnügen, das eine bestimmte Art von

Leiden mit zum Teil gewaltsamen Folgen beinhaltet, die den Geist und den Körper bedrohen. Jouissance, sagt er, kann ein „Weg zum Tod" (Lacan 2007, 18) sein, denn „um zu diesem Genuss zu gelangen[, ist] eine Übertretung notwendig" (Lacan 1986, 215). Aus diesem Grund ist Jouissance eine Eigenschaft von Sozialverhältnissen. Sie setzt, mit den Worten von Matthew Sharpe ausgedrückt, „die Existenz [...] des ‚Anderen' [...] des Systems und der Gesetze einer Gemeinschaft voraus, denn sie ist es, die darauf besteht, wann ein Subjekt sich dem nähert, was dieses Gesetz als unzulässig ‚off limits' bezeichnet hat" (Sharpe 2004, 110). Jacques-Alain Millers oft zitierter Aufsatz über die „Sechs Paradigmen der Jouissance" präsentiert einen Überblick der Entwicklung des Konzepts von den frühen Seminaren Lacans bis zu den späteren (Miller 2000). Er zeigt, wie Lacan Jouissance in verschiedenen Stadien seines Werkes mit seinen „drei Registern", dem Symbolischen, dem Imaginären und dem Realen, verbindet, in die Subjektivität libidinös und normativ wie in einer aus drei Schnüren bestehenden Kordel gewoben ist. Er unterstreicht damit, dass Jouissance narzisstisch sein kann, da sie in einer imaginären Dyade von Ego und Alter Ego gefangen ist, aber sie kann auch symbolisch sein, insofern Jouissance von lebensbedrohlichen Selbstanforderungen ausgeht (*Seminar V*). Und sie kann das Lacan'sche Reale als das nicht Darstellbare und Traumatische betreffen. In diesem Fall genießt der Mensch auf Kosten seines eigenen Wohlbefindens eine Erfahrung, die jenseits von Normen und Vorstellungen liegt. Und dieser Genuss ist dann sein Wohlbefinden, auch wenn sein Wohlbefinden genau das ist, was bei diesem Genießen verloren geht.

In dem Vortrag „Psychoanalyse und Medizin" schreibt Lacan: „Was ich Jouissance nenne – in dem Sinne, in dem der Körper sich selbst erfährt – hat immer den Charakter einer Spannung, eines Zwanges, einer Verausgabung, ja einer Ausbeutung. Zweifellos beginnt die Jouissance in dem Moment, in dem der Schmerz auftritt, und wir wissen, dass nur auf dieser Ebene des Schmerzes eine ganze Dimension des Organismus erfahrbar wird, die sonst verborgen bleibt" (Lacan 1967, 47).

II

Die folgenden Ausführungen konzentrieren sich insbesondere auf das, was Miller „unmögliche Jouissance" nennt (Miller 2000, 19); nicht jedoch, um Millers Einsichten zu wiederholen, sondern um seine Lesart der Jouissance als Überschuss-Genuss im Hinblick auf Lacans Konzept der „erzwungenen Wahl" zu erweitern, d.h. der unbewussten Unterwerfung, die – wie in den letzten Vorlesungen dargelegt – ein Individuum in der Genealogie seiner Ich-Funktion ertragen muss. (Lacan stellt seine Theorie der „erzwungenen Wahl" insbesondere, aber nicht ausschließlich im *XI. Seminar* auf.) Ziel dieser Untersuchung ist es, Jouissance als eine libidinöse Einflusskraft in der Geist-Welt Beziehung zu verstehen, die den Menschen dazu bringen kann, seine Lebensbedingungen neu zu bestimmen, indem er die sogenannte symbolische Ordnung (verkörpert durch das, was wir wiederholt als „großen Anderen" beschrieben haben) durchkreuzt.

Denn jemand kann ein erfülltes Leben führen und auf allen Ebenen dessen, was die moderne Gesellschaft zu bieten hat, glücklich sein und dennoch einer sehr spezifischen Form von Jouissance nicht widerstehen – alles zugunsten einer kleinen und obszönen Abweichung vom Gewöhnlichen zu riskieren – und zwar vielleicht nur deshalb, um die Welt im Akt einer Übertretung allgemeiner Formen des Normalen und Guten für das eigene psychische Überleben neu zu begründen. Das mag – wie im später kommentierten Fall des US-amerikanischen Politikers Anthony Weiner – durch eine gefährliche WhatsApp-Nachricht an eine Minderjährige geschehen, in der man sich halbnackt zeigt; durch Kokainkonsum provoziert werden oder durch ein Foto eines thailändischen Mädchens im Teenagealter, das heimlich in einer Schrankecke versteckt ist. Das Leben des Individuums verdichtet sich dann symbolisch in der Konfrontation mit der sündigen Abweichung vom Normativen, die paradoxerweise nur dadurch wirksam wird, wenn sie tatsächlich potenziell in der Lage ist, das symbolische Universum des Individuums auch wirklich zu zerstören. Das mag auf den ersten Blick eine wenig verbreitete Grundhaltung der menschlichen Psyche sein, und scheinbar nur auf pervers veranlagte Menschen zutreffen, aber wie schon Freud wiederholt betont, haben alle extremen Anomalien ihre Abkömmlinge in jeder noch so normalen und noch so gesunden Psyche – so verhält es sich auch mit dem Begriff der Jouissance.

Die scheinbar „geringfügige Abweichung" (Epikur), die von mir im Folgenden in Anlehnung an Kristeva auch „Abjektion" genannt wird (Kristeva 1982), kann als traumatische und übermäßig intensive Begegnung mit einem Anderen positiv die Fähigkeit des Subjekts beeinflussen, das volle ontologische Gewicht seiner Welterfahrung zu akzeptieren –

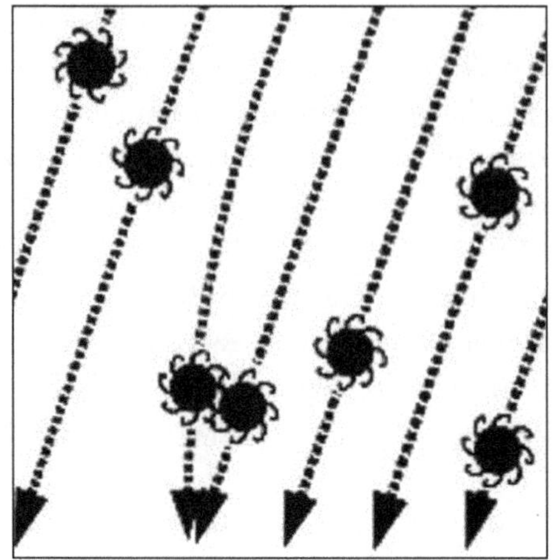

und zwar deshalb, weil die Welt der allgemeinen Äquivalenzen von der Ebene des Subjekts für einen kurzen Moment suspendiert wird.

Lacans Begriff der Jouissance hilft uns, diese Art von Überschreitung/Abweichung, die immer auch eine Transgression ist, zu verstehen, die ein Individuum möglicherweise als eine Wiederholung dessen riskieren muss, was Lacan die „erzwungene Wahl" der Subjektivität nennt. In der Konzentration auf das Motiv der „Abjektion" versucht dieser letzte Vorlesungsblock zu zeigen, dass sich in Lacans Konzept der „unmöglichen Jouissance" (aus seiner mittleren Periode) auch eine „Jouissance rätselhafter Rache" inmitten der Geist-Welt Beziehung als eine subjektkonstituierende Wegwerfgeste des Weltganzen auf der Ebene der Subjektivität auffinden lässt.

Auch deshalb ist es angebracht, Jouissance nicht ausschließlich als klinisches, sondern auch als ontologisches, die Geist-Welt Beziehung betreffendes Konzept zu interpretieren – da es Lacan zufolge keine solche Beziehung geben kann, wenn in ihr nicht widersprüchliche Genußschematismen integriert sind. Subjektivität erfährt sich nicht nur als ein immer wiederkehrendes Steckenbleiben in Beziehungen zu allen möglichen Objekten (mit ihren Ansprüchen, ihrer Attraktivität und ihrer Negativität). Subjektivität kann sich darüber hinaus buchstäblich in ein „Abjekt" der Welt verwandeln, mit dem Ziel, die Welt, wie das Subjekt sie fordert, aus der Position seiner Singularität neu zu kalibrieren.

Im Gegensatz zu Kristevas Verwendung des Begriffs „Abjektion" bezieht sich die Intension des Konzepts Jouissance in der hier vorgestellten Form nicht auf etwas, das sowohl „die Identität, das System oder die Ordnung stört" als auch „Grenzen, Positionen [oder] Regeln nicht respektiert" (Kristeva 1982, 4). Im Gegenteil, wird hier die autistische Singularität als eine Form interpretiert, durch die man seine Existenz verwirklicht, indem man das berührt, was nicht repräsentiert werden kann, der Bereich seiner von uns in den vorhergehenden Vorlesungen wiederholt thematisierten „erzwungenen Wahl". Diese ausagierende Eigenschaft der Jouissance (passage à l'acte) wird in meinen Ausführungen als Abjektion/Verwerfung an zwei Beispielen verdeutlicht. Das erste entnehme ich der Fiktion, das zweite der Politik. Das Ausagieren, hier Abjektion genannt, ist paradox, da die fraglichen Subjekte einen Lustgewinn dadurch erzielen, dass sie ihre eigenen Bedingungen des symbolischen Lebens nicht nur in Frage stellen, sondern an den Rand der Annihilation bringen. Jouissance wird als erotische Kraft der Psyche eines Individuums beschrieben, die die Grundlagen der eigenen Realität in Frage stellt, indem es, das Individuum, sich selbst in ein Abjekt der Welt verwandelt.

Begründen möchte ich, wie gesagt, die Theorie anhand von zwei Individuen: Das erste ist einem fiktiven Werk, dem Film *The Thin Red Line* (1998) von Terrence Malick entnommen, in dem ein Oberst seinen unbedingten Daseinsgrund in einer sein und das Leben anderer Soldaten in Gefahr bringenden sinnlosen Bergschlacht findet. Das zweite Beispiel ist einem politischen Skandal aus den 2010er Jahren entnommen: Anthony Weiners obszöner Genuss eines Bilderaustausches mit einem minderjährigen Mädchen. Der ehemalige US-amerikanische Politiker der Demokratischen Partei zerstörte seine politische Karriere, indem er sexualisierte Fotos von sich an eine Minderjährige schickte. Die Verhaltensweisen der beiden Persönlichkeiten veranschaulichen „leichte Abweichungen" (oder unvorhersehbare Ausweichbewegungen) in Handlungsketten von Individuen, die als traumatische und übermäßig intensive Begegnungen mit einem „Anderen" innerhalb des Symbolischen den Individuen die Fähigkeit verleihen, das volle ontologische Gewicht ihrer Welterfahrung und Welterkenntnis zu akzeptieren.

Mit anderen Worten, diese letzten Vorlesungen sollen offenlegen, wie Menschen versucht sein können, durch eine obszön schmerzhafte und freudige Überschreitung ihre eigene Genealogie der Unterwerfung im Prozess der Zivilisation zu reinszenieren, indem sie im Moment dieser Überschreitung den normativen und evaluativen Gebrauchswert dessen, was seit Aristoteles allgemein als „das gute Leben“ verstanden wird, außer Kraft setzen.

Das Versenden von halbnackten Selbstporträts an eine Minderjährige (der Fall Weiner) oder der Beginn einer Militäroperation mit exzessiven Verlusten (der Fall Colonel Tall) verändert das Leben der Subjekte auf dialektische Weise in einer Art und Weise, die Lacans Faszination für Jouissance als ontologischen Faktor widerspiegelt. Jouissance als Konzept legt offen, woraufhin Subjektivität angelegt sein kann: selbst eine Grenze der Welt zu sein und von dort aus in Kontakt mit seiner Überschüssigkeit in Form einer Abjektwerdung zu kommen.

Jouissance drückt weniger Lacans hegelianische Überzeugung aus, dass Subjekt und Objekt sich durch die Zeit hindurch vermitteln, sondern dass Subjekte versucht sein können, genau die Beziehung zu Objekten zu durchtrennen, um die Singularität ihres Seins wiederzugewinnen. Was hat sie dazu getrieben, so weit zu gehen? Welche Kräfte sind für die scheinbar katastrophalen Ergebnisse verantwortlich?

Diese Fragen werden im Folgenden geklärt, um zu verdeutlichen, dass Subjekte durch den Eintritt in die soziale Welt gezwungen werden, normative Einschränkungen zu akzeptieren. Dies bedeutet den Verzicht auf ihr präsymbolisches Genießen, das gerade aus dieser Position der Abdrängung heraus zurückzuschlagen vermag. Es bricht als Jouissance in gewaltsamen Momenten durch und versucht, eine neue Seinsordnung zu etablieren – eine, in der die Regeln des Allgemeinen in der Geist-Welt Beziehung durchbrochen sind und die spezifische Jouissance des Subjekts als Singularität in der Geist-Welt Beziehung zu ihrem Recht kommt. Gehen wir der Reihe nach.

III

In Terrence Malicks Film *The Thin Red Line* von 1998 zwingt ein Oberst der US-Armee namens Gordon Tall (gespielt von Nick Nolte) seine Einheit während des so genannten Guadalcanal-Feldzugs gegen das Kaiserreich Japan einen kleinen, dicht bewachsenen Hügel zu erobern. Gegen die Einwände seines Hauptmanns, das Risiko einer Niederlage sei zu hoch, bricht der Colonel wütend aus: „Ich habe mein ganzes Leben lang auf diesen Moment gewartet! Ich habe gearbeitet, geschuftet und eimerweise Scheiße gefressen, um diese Chance zu bekommen, und ich lasse sie mir jetzt nicht entgehen!“

Die Soldaten, die um ihr Leben fürchten, versuchen dem Colonel die Entscheidung mit Kosten-Nutzen-Rechnungen auszureden, aber der ‚Ruf' des einzunehmenden Hügels ist stärker: Wie Tall selbst zugibt, verkörpert dieser eine existenzielle Lebensaufgabe für einen bedeutungslosen Militär und seine einzige Hoffnung auf Erlösung. Gerade weil also der Oberst die umkämpfte Anhöhe nicht als strategischen Eroberungspunkt im Kampf gegen die Japaner, sondern als individuelle Bastion seines Lebens sieht, veranschaulicht seine Wut Lacans Verständnis von Jouissance als einem Exzess, der die Grenzen des Freud'schen Lustprinzips überschreitet. Es scheint, als ob Talls Leben nach einer langen und schmerzhaften Periode der Unterwerfung unter die ihn umgebenden Umstände die Chance hat, eine lang vermisste Konsistenz zu erfahren. Und der Oberst äußert dies ausdrücklich gegenüber seinem verwirrten Hauptmann. Mit einem Verweis auf ein berühmtes Zitat aus Lacans *XI. Seminar* könnte man sagen: Das Bild des Hügels ist im Auge des Obersts, aber er selbst ist „im Tableau" (Lacan 1987, 102). Damit verkörpert der Oberst für einen Moment einen Wesenszug, den Lacan als Paranoia beschreibt, denn „im Gegensatz zum normalen Subjekt, dem die Realität auf dem Teller serviert wird, hat es [das psychotische Subjekt], eine Gewißheit, nämlich, dass das, worum es sich handelt – von der Halluzination bis zur Interpretation – es betrifft. [...Den Paranoiker] kümmert keine [objektive] Realität, sondern Gewissheit" (Lacan 1997, 91, veränderte Übersetzung).

Und Colonel Tall erfährt diese Gewissheit. Plötzlich hat sein elendes Leben die Chance, eine Art Absolution von einer anderen Dimension der Realität zu erfahren. Der Hügel wird buchstäblich zu dem, was Freud in einer Randbemerkung seines *Entwurf einer Psychologie* „das Ding" nennt. Es steht für ein Objekt mit verstörender Andersartigkeit, das das Individuum aufgrund einer Irritation umso mehr angeht. Lacan greift diesen Begriff in *Seminar VII (Die Ethik der Psychoanalyse)* auf, um die psychologische Quelle des Überschussgenusses zu erklären. Er verbindet Freuds Begriff mit Kants Faszination für „das Gesetz", das durch unerfüllbare Gebote das Subjekt per definitionem überfordert. Das Ding ist nichts weniger als der Ur-Drehpunkt, um den die Wirkungen des Unbewussten kreisen, schreibt er. „Das Ding", sagt er weiter, „ist eine ursprüngliche Funktion [...] auf der initialen Ebene der Einsetzung der Gravitation der unbewussten Vorstellungen" (Lacan 1986, 79).

Gerade weil das Ding den obskursten Kern des Unbewussten einnimmt, verdient es, als die elementarste Triebursache des menschlichen Verhaltens identifiziert zu werden. Mit den Worten von Jacques-Alain Miller: „Was ist also mit dem Ding gemeint? Es bedeutet, dass die Befriedigung, die Wahrheit, der Trieb [...] weder im Imaginären noch im Symbolischen zu finden ist, dass sie außerhalb des Symbolisierten liegt, dass sie von der Ordnung des Realen ist" (Miller 2000, 7).

Hier fungiert das Ding als melancholisches Objekt des Verlustes, das niemals vom Subjekt aufgenommen werden kann, da sein Verlust, ähnlich wie das sogenannte Objekt klein a, eine apriorische Bedingung der Subjektivität ist. Dennoch muss es als verloren phantasiert werden, da ein Subjekt, das nicht für immer von der Erfahrung geplagt wird, seiner Substanz beraubt worden zu sein, überhaupt kein Subjekt wäre. So sind wir gezwungen, beständig nach dem Ding zu greifen und da wir es nicht erreichen können, begrenzen wir unser Begehren mit Hilfe von *Substitutionen* des Dings: verschiedene Objekte des Begehrens, von Lacan „objets petit a" genannt. Die „normale Jouissance" (um Millers 5. Paradigma der Jouissance zu zitieren) kann sich an Objekten klein a festhalten, das unmögliche Begehren der Jouissance jedoch nicht. Es strebt nach mehr.

Man könnte auch sagen, dass etwas in Colonel Tall nicht in der Ordnung der Signifikanten zum Ausdruck gekommen ist und dass die Situation des lebensbedrohlichen Stresses, in der er sich befindet, ein Ausweg aus dieser Sackgasse ist, koste es, was es wolle. Während also das Begehren nach Lacans sogenannten „drei Registern" (dem Symbolischen, dem Imaginären und dem Realen) über das Imaginäre und das Symbolische als eine Art Barriere gegen das Reale operiert, ist es im Gegensatz dazu die Jouissance, die zur treibenden Kraft des Realen gegen die Register des Imaginären und des Symbolischen wird. Eine neue Form der Singularität nimmt Gestalt an. Sie ist, wie Eric Santner behauptet, ein „nicht-beziehbare[r] Überschuss, der mit keiner Allgemeingültigkeit irgendeiner Klassifikation oder Identifikation zusammenpasst." (Santner 2010, 90).

Beliebige Lebensabschnitte sind im Begriff, in eine Totalität zu fallen, die für Tall plötzlich Sinn macht. Es muss nur alles in Gefahr gebracht werden, so dass alles, was riskiert werden kann, im Moment eines möglichen Scheiterns zu dem wird, was es vielleicht schon ist: eigentlich nichts, verhinderter Genuss eines schlecht behandelten Soldaten, der keine Chance hatte, einen Anteil dessen, was ihm zufolge zusteht zu bekommen. Jouissance begegnet uns hier in der Form des exzessiven Begehrens des Obersts als traumatisches Element, als ein Kern der Intensität, der der Mäßigung widerspricht. Das Ding benennt den unzugänglichen und doch bestimmenden Motor des Begehrens und damit die Kernfrage, die für die Subjektivität selbst konstitutiv ist. „Dieses das Ding ist nämlich im Mittelpunkt just in dem Sinne, dass es ein ausgeschlossenen ist. Das heißt, dass es in Wirklichkeit als ein Außen gesetzt werden muss, dieses das Ding, dieser prähistorische Andere, der unmöglich zu vergessen ist, der, wie Freud behauptet, eine notwendige erste Setzung ist" (Lacan 1986, 89).

Für Gordon Tall ist der Hügel dieses Außen. Es ist sowohl phantasmagorischer Platzhalter für multiple Entbehrungen, die sein Leben geprägt haben, als auch Projektionsfläche eines prähistorischen und apriorischen Begehrens, das sich erst durch die zuerst genannten Erfahrungen des Mangels als außersymbolisches Ziel, das eingenommen werden muss, eröffnet.

2. Verletzung des Lustprinzips

15. Vorlesung

I

Eine Eigenschaft von Lacans Konzept der Jouissance besteht darin, zu unterstreichen, dass für uns Menschen die Welt in ihrem common-sense-Verständnis des Alltags nicht als kohärent erlebt werden kann. Wenn das stimmt, dann hat diese Einsicht in eine bestimmte Form von Inkohärenz die paradoxe Eigenschaft, unser Leben bzw. unsere Geist-Welt Beziehung zu sanktionieren und zwar gerade dort, wo wir es sowohl unglücklich und vom Scheitern bedroht als auch von zu viel Perfektion und Harmonie erdrückt finden. Dies mag erklären, warum Lacan Jouissance seit den 1960er Jahren als eine Form des „moralischen Masochismus" (Freud 1982, Bd. III, 349) interpretiert. Mit Bezug auf Kant behauptet er in demselben Kontext, dass „[w]enn man aus der Moral jedes Gefühlselement eliminiert, wenn man uns jede durch unser Gefühl gegebene Führung entzieht, als ungültig erklärt, dann ist de Sades Welt [...] im Extrem begreifbar als eine der möglichen Verwirklichungen einer von einer radikalen Ethik beherrschten Welt, von der Kant'schen Ethik, wie sie 1788 niedergelegt wird" (Lacan 1986, 99).

Lacans Verweis auf das kantische Moralgesetz aus der zweiten *Kritik* ist entscheidend, da es sich tatsächlich um ein Gesetz handelt, dem zu genügen dem Menschen unmöglich ist. Es ist ein Gesetz der antizipierten Unerreichbarkeit, das ein unendliches Begehren in sich trägt. Oder mit anderen Worten gesagt: Es handelt sich um ein Gesetz, das eine unendliche und übermäßige Forderung in sich trägt. Als solches kann es eine paradoxe Inspiration der Unruhe sein. Es prägt eine existentielle Elektrizität, die dem Subjekt sogar in Situationen dient, in denen es sein eigenes Leben oder das Wohl der Gemeinschaft riskiert (Finkelde 2018).

Jouissance bezieht sich nicht auf kleine Vergnügungen oder Formen der Übertretung, die zum Beispiel in der Silvesternacht kollektiv in exzessiven Formen des Ausgelassenseins gefeiert werden. Lacan meint lebensbedrohliche Formen des Vergnügens – ähnlich der Obsession von Oberst Tall. Sie beruhen auf einer radikalen Infragestellung der Auf-Eins-Zählung der symbolischen Ordnung, deren Teilelement das Subjekt ist. Es ist erwähnenswert, dass diese Art von Jouissance von Lacan in Teresa von Ávilas spirituellen „mystischen Ejakulationen" aufgedeckt wird, „die weder leeres Geschwätz noch leeres Gerede sind“ (Lacan 1986b, 83, veränderte Übersetzung). Lacan spricht von einer Jouissance jenseits des Phallus (ebd.), d.h. von einem Genießen, das von der Ordnung der Signifikanten nicht eingeschränkt oder abgegrenzt werden kann. Denn, wie Lacan in Bezug auf Berninis Teresa sagt, „hat sie [Teresa] einen Orgasmus [..., weiß aber] nichts davon“ (ebd., veränderte Übersetzung).

II

Ein ähnliches Beispiel wie Colonel Talls exzessiver Genuss, der eine Lust-am-Schmerz-Ökonomie jenseits des „guten Lebens“ und die Verstörung der Geist-Welt Beziehung mit sich bringt, lässt sich anhand des tragikomischen Schicksals des amerikanischen Politikers Anthony Weiner verdeutlichen. Der Vertreter der Partei der Demokraten ruinierte seine Karriere und die seiner Frau, die zwischen 2015 und 2017 zu den engsten Beratern von Hillary Clinton gehörte, indem er wiederholt ein Foto von sich mit einem Badetuch um die Hüfte an ein minderjähriges Mädchen über sein Mobiltelefon schickte.

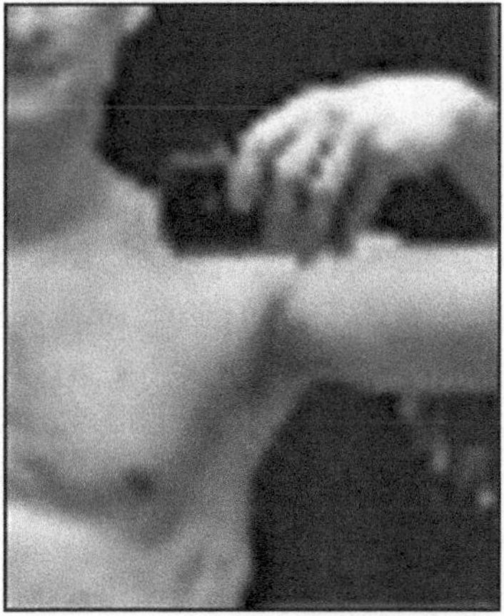

Die veröffentlichten Bilder von Weiner sorgten bei einem breiten Publikum für Erheiterung, denn auf einem der Fotos fasst sich Weiner buchstäblich an seinen Namen. Kurioserweise war es aber weniger die Tatsache seines fragwürdigen Verhaltens, sondern die Tatsache, dass er einige Monate nach dem Abklingen des Skandals erneut in einer ähnlichen Pose erwischt wurde. Sie brachte seine öffentliche Karriere zu einem Ende.

Meine zugegebenermaßen spekulative These (die eine maximal wohlwollende Lesart verlangt) ist, dass Weiner, wie im Falle von Oberst Tall, gegen alle Widerstände von Kosten-Nutzen-Kalkülen von seiner Singularität aus so handeln musste, wie er es tat, da seine Welterfahrung in seiner Psyche nur durch diese Form einer konstitutiven Verletzung der symbolischen Ordnung und seiner Rolle darin – die in das Umfeld einer potentiellen Präsidentin (Hillary Clinton) ragte – innerhalb dieser Ordnung ihre ontologische Konsistenz hatte aufrecht erhalten können. Die Verletzung des Lustprinzips, die als Prinzip des Leidens auf einen Ort-ohne-Ort in den etablierten Äquivalenzketten des Allgemeinen abzielt, „[ist] dazu da [...], uns diesseits [des im Genießen angezielten Jenseits] zu halten" wie Lacan sagt (Lacan 1986, 224). Wir leben, um das Leben zu destabilisieren, da das Leben ohne sein anderes, lebensbedrohliches Gegenstück unerträglich werden würde.

Da Lacan speziell im *VII. Seminar (Die Ethik der Psychoanalyse)* Jouissance als ethisches Prinzip begreift (was nicht dasselbe ist wie ein Prinzip innerhalb der Ethik), könnte seine Distanz zu Aristoteles und der ihm eigenen Lust- und Begierdeverwaltung innerhalb des aristotelischen Verständnisses des „guten Lebens" nicht größer sein. Zu Beginn von Buch sechs der *Nikomachischen Ethik* definiert Aristoteles wiederholt das Konzept des richtigen bzw. „rechten" Begehrens als notwendige Bedingung für erfolgreiches praktisches Denken und moralische Vortrefflichkeit (Aristoteles 1985, 1139a, Z. 30). Er schreibt: „[D]a die sittliche Tugend ein Habitus der Willenswahl und die Willenswahl ein überlegtes Begehren ist, [muss] der Ausspruch der Vernunft wahr und das Begehren des Willens recht sein, wenn die getroffene Wahl der Sittlichkeit entsprechen soll, und es muss eines und dasselbe von der Vernunft bejaht und von dem Willen erstrebt werden" (Aristoteles 1985, 1139a, Z. 20-28).

Das Vergnügen / der Genuss, ein Haus zu kaufen, soll uns nicht über die Grenzen der Vernunft hinausführen. In diesem Sinne wird das rechte Begehren durch die praktische Vernunft begrenzt. Es braucht Grenzen, um ein Maß an wahrer Befriedigung und um wahren Genuss zu erreichen. Erst dann ist dem Individuum geholfen, sich zu entfalten. Rechtes Begehren passt also zu unseren grundlegenden Genüssen als Bedürfnisse, die zur menschlichen Natur gehören. In diesem Sinne ist der Begriff der guten Wahl objektiv, insofern er auf Tatsachen über die Welt (einschließlich Tatsachen über meinen Platz in dieser Welt) und auf Tatsachen darüber beruht, was menschliches Wohlbefinden – gemäß im Allgemeinen verankerter Äquivalenzketten – ausmacht. Wenn unsere Entscheidungen mit diesen Fakten übereinstimmen, dann ist unser Begehren richtig. Praktisches Denken und Begehren sind auf dasselbe Ziel gerichtet (eupraxia = gut handeln). Begehren und Intellekt haben denselben Inhalt.

Kein Wunder also, dass – wie Jonathan Lear behauptet – der vollkommene Genuss im unbewegten Beweger verkörpert ist (Lear 2000, 99). Lear zufolge kann man den Genuss auch in der wahren Kontemplation finden. Dies erklärt zum Teil, warum Aristoteles die Sophisten in seiner Ethik kritisiert und sie als Feinde der wahren Ruhe darstellt. Sie verbreiten ein falsches und eitles Verständnis des Genusses um des Genusses Willen durch Gerede, das nicht der Wahrheit dient. „Wenn daher die Natur eines Wesens einfach ist, so muss eine und dieselbe Handlung ihm beständig die größte Lust erwecken. Darum besteht die Seligkeit Gottes ewig in einer einzigen und einfachen Freude. Denn es gibt nicht nur eine Tätigkeit in der Bewegung, sondern auch eine solche in der Freiheit von Bewegung, und die Lust findet sich mehr in der Ruhe als in der Bewegung“ (Aristoteles 1985, 1154b, 25-30).

Der aristotelische unbewegte Beweger verkörpert eine besondere Einheit von homöostatischem Genießen, Sein und Denken. Wie gesagt, unterscheidet Aristoteles dieses Vergnügen der Ruhe im Gleichgewicht des guten Lebens in Abgrenzung zur Auffassung der Sophisten. Ihr Philosophieren stört die homöostatische Ordnung des Seins. Es artikuliert sich nicht um der Wahrheit willen, sondern produziert die Lust am Sprechen zugunsten eines normativitätsfreien Genusses um des Genusses willen. Dies ist ein Grund, warum Lacan seit den 1960er Jahren Aristoteles dem kantischen Gesetz des moralischen Willens gegenüberstellt.

Das ist hier erwähnt, da sich Weiners Lebenswelt in dem Moment, in dem das erwähnte Foto verschickt wurde, zu einer Erfahrung libidinöser Intensität zusammengezogen haben mag – einer Intensität, die das Lustprinzip in seiner gewöhnlichen Form des „rechten Begehrens“ schon längst hinter sich gelassen hat. Aus dieser mit sexueller Lust erlebten Intensität heraus mag das Individuum als Singularität ahnen, dass es die kommende Katastrophe in seiner Geist-Welt Beziehung nicht mehr einholen kann und dennoch den Befehl – das Foto zu senden – von einem Anderen im Eigenen nicht verweigern kann. Wir haben hier eine ähnliche Zwangslage von Singularität wie unter der Ägide des moralischen Gesetzes nach Kant. Wir finden hier Jouissance in ihrer reinsten und – wie gesagt – die Geist-Welt Beziehung subvertierenden aber sie gleichzeitig immer schon betreffenden Form: eine minimale ontologische Inkonsistenz, die durch eine „geringfügige Abweichung“ als Element des Zufalls (lat. „clinamen“; Lukrez und Epikur) in eine scheinbar homöostatische Grundstruktur des Seins injiziert wird – ausgelöst durch das Drücken des „Send“-Knopfes auf dem Handy.

Warum aber, so könnte man als guter Aristoteliker und als Verfechter des guten Lebens einwenden, ist Jouissance nicht einfach ein Affekt, der zu unserem psychischen Haushalt gehört, und der nach einer langen philosophischen Tradition von Platon bis Kant neben Vernunft und Gefühl der Seele zugeschrieben wird? Genuss wäre in dieser Argumentation eine Fortsetzung der klassischen Dreiteilung von „epithymetikon“ (Appetit), „thymos“ (Temperament) und „logos“ (Vernunft), die, wenn sie ausgelöst wird, nichts anderes ist als „Willensschwäche“ oder ein „syllogistischer Bastard“ wie zuerst Aristoteles und Donald Davidson im Anschluss an ihn behaupten (Davidson 2006). Für Lacan vernachlässigt diese Unterwerfung von Jouissance unter den Appetit oder das Temperament ihre unsinnig-sinnvolle Aufgabe: dazu beizutragen, die Äquivalenzverhältnisse des Allgemeinen in der Lebenswelt des Singulären als erzwungene Wahl durch die Infragestellung des symbolischen Universums durch eine geringfügige Abweichung insgesamt zu erschüttern. Ich erwähne diese aristotelische Denktradition als Kontrastfolie, um deutlich zu machen, dass in den abjektartigen Verhaltensweisen der hier vorgestellten zwei Individuen (Tall und Weiner) eine Sehnsucht artikuliert wird, die im Prozess der Zivilisierung angenommene „erzwungene Wahl“ des Selbstseins in den Signifikantenketten allgemein anerkannter Äquivalenzen zu durchbrechen. Da meine Ausführungen zu Lacans Begriff der erzwungenen Wahl schon einige Vorlesungen zurückliegen, wird die nächste Vorlesung mit einer Wiederholung des Theorems beginnen.

3. Das Ding

16. Vorlesung

I

Für Lacans Verständnis des Vergesellschaftungsprozesses des Ichs ist die Beschreibung einer Opfersituation von zentraler Bedeutung (mein Beispiel war Prinz William). (Lacan entfaltet das Konzept erzwungener Wahl auf verschiedene Arten und Weisen, vom Graph des Begehrens bis zu seinem Slogan „Geld oder Leben“ (Lacan 1987, 259)). In der Opfersituation muss eine präsymbolische Lebenssubstanz des Genießens aufgegeben werden, die paradoxerweise mit der Eingliederung in die symbolische Ordnung als die andere Seite der Selbstreflexivität des Ichs überhaupt erst im Bewusstsein des Individuums auftaucht. In der Gestaltung der Ich-Funktion wird immer etwas ausgeschlossen. Nicht alle Begehren des Individuums (seien sie psychologischer oder biologischer Art) können in die Ich-Funktion hinübergerettet werden. Einige Begehren, z.B. diejenigen nach einer intimen Liebesbeziehung mit der Mutter, müssen geopfert werden. Die Opfersituation ist konstitutiv und betrifft im Kontext verschiedener Gesellschaftsvertragstheorien die Einbindung des Subjekts in die verwaltete Form gemeinschaftlichen Genusses und gemeinschaftlicher Gründe und Begründungen dessen, was in Wahrheit ist. Donald Davidson spricht von „Triangulation“ in einem analogen Sinne in seiner Rede von Prozessen des Spracherwerbs, um die Transsubstantiation eines empfindungsfähigen Wesens in ein wissensfähiges zu beschreiben. Letzteres unterwirft sich mehrfach gerechtfertigten wahren Überzeugungen innerhalb von Signifikantenketten und kommunitären Regelmustern (Davidson 2004).

Diesen Prozess der Aufopferung bezeichnet Lacan, wie erwähnt, als „erzwungene Wahl“ (auch als „Geld oder Leben!“). Prinz William Duke of Cambridge ist erzwungen er selbst und das ist großartig (siehe dazu Žižek 1993). Das Subjekt, das seine Gemeinschaft frei wählen soll (denn nur eine freie Wahl ist moralisch verbindlich), existiert nicht vor dieser Wahl. Es wird durch sie konstituiert. Die Wahl ist also im Prinzip paradox. Soweit das einzelne Individuum die Freiheit der Wahl behält, tut es dies nur, wenn es bereits die *richtige Entscheidung* der Unterordnung unter den bereits bestehenden Gesellschaftsvertrag der Gemeinschaft getroffen hat. Wenn ich mich für das „Andere“ der Gemeinschaft entscheide, riskiere ich die Freiheit, selbst die Wahl zu verlieren. „[I]n klinischen Termini gesagt, wähle ich die Psychose" (Žižek 1993, 73).

Eine der Quellen Lacans ist Hegel. Denn wie wir am Beispiel von Hegels Auslegung von Negativität gesehen haben, trägt Hegel zufolge, das, was er Geist nennt, das Opfer als formale Struktur seiner selbst als das Andere seiner selbst in sich. Die verschiedenen Empfindungen, die das Individuum durch die Sinneswahrnehmung beispielsweise empfängt, werden nicht nur direkt vom Individuum wahrgenommen und erlebt, sondern auch als ein Moment der Selbstreflexivität der Ich-Funktion in ihrer Co-Abhängigkeit von anderen vermittelt. D.h. rudimentäre Erkenntnisakte sind Teil eines das Subjekt immer schon spaltenden kollektiven Trainings, in dem Fakten und Werte gleichen Ursprungs sind. Geopfert wird nach Lacans Theorie des Wahlakts das, was er, wie bereits erwähnt, mit Bezug sowohl auf Kant als auch auf Heidegger und Freud u.a. das „Ding" nennt. Es ist das inzestuöse Objekt, in dem ein unmögliches Genießen in die Geist-Welt Beziehung eingeschrieben ist, während die Fülle dieses Genießens gleichzeitig als das verlustig gegangene Objekt unserer selbst phantasiert wird. Das Ding als das Unmögliche ist das, „was wir das Signifikats-Außerhalb nennen möchten" (Lacan 1986, 69).

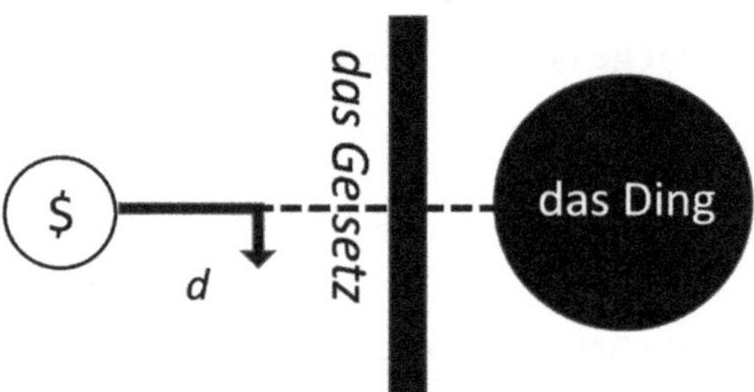

Das Streben nach dem unmöglichen Genießen wird zu einer unserer grundlegendsten Lebensaufgaben. Es führt dazu, dass wir alle an „Kultur*arbeit*" (Freud) in ihren verschiedenen Formen teilnehmen. Sie gleicht einer Kompensation für den unerreichbaren Überschussgenuss. Nur ein unmögliches Objekt kann der Beweis dafür sein, dass es im Subjekt mehr gibt als das Subjekt selbst und die Geist-Welt Beziehung als Begehrensbeziehung aufrechterhalten.

Lacan bringt diesen Gedanken unter anderem im Graph des Begehrens zum Ausdruck (Lacan 1991c). Sie erinnern sich: Ein Organismus opfert eine präsymbolische Lebenssubstanz des Genusses, die Kollateralschaden seiner Subjektwerdung ist, um nicht nur die Rolle eines Prinzen zu spielen, sondern die Symptome eines Prinzen als seine eigenen zu genießen. Ein epistemischer Rest verweist wie ein nicht stillbares Jucken auf ein Anderes, das aus der Subjektivierung ausflockt und nur noch in Symptomen – auch in gesellschaftlichen Symptomen – zum Ausdruck kommt.

Der amerikanische Neopragmatist Robert Brandom beschreibt diese Opferprozesse analog in seiner Theorie des Inferentialismus. Intelligente Wesen werden so lange geschult, bis ihre Empfindungseigenschaften den rationalen Fähigkeiten in einem Spiel der gegenseitigen „Kontoführung" von Begründungen untergeordnet sind (Brandom 2004). Dieser Prozess hat antinomische Dimensionen, die bereits von Rousseau erkannt und über Kant auf Hegel als „Paradox der Autonomie" übertragen wurden – wobei das Paradox der „erzwungenen Wahl" aus einem anderen Blickwinkel betrachtet wird. Sie, die gerade erwähnten antinomischen Dimensionen, treten zutage, wenn man versucht, die erwähnte Kompetenz auf ein bestimmtes kognitives Vermögen oder ein bestimmtes Erwachsenenalter festzulegen. Kant umgeht das Problem, indem er im Unterschied zu Brandom betont, dass z.B. Moral nicht erlernt werden kann, da sie u.a. von einer Gesinnungsrevolution abhängt (siehe Finkelde 2015, 66-87). Moralität wird als ein Übermaß an Verantwortung dargestellt, das Ursache-und-Wirkungsketten natürlicher Verhältnisse im Namen menschlicher Autonomie durchbricht. Mit anderen Worten: Der Mensch kommt auch für Brandom immer wieder zu spät zu seinen „richtigen Zügen" und das verunsichert ihn im Verhältnis zur Welt. Die Schwelle zwischen dem Ort, an dem wir als moralische Wesen ausgebildet werden, und dem Ort, an dem wir in unserem moralischen Verhalten autonom sind (und das Spiel des Gründe-Gebens und nach Gründen-Verlangens richtig spielen), ist von einem Prinzip der Ungewissheit umgeben, das wiederum in die Bedingung hineinspielt, dass man gezwungen ist, seinen „Charakter" (Kant), sein Leben, seine Moral zu wählen ohne genau zu wissen, wie das in Anblick einer gespaltenen Subjektivität möglich sein soll. Lacan: „Das Begehren ist eine Beziehung des Seins zum Mangel. Dieser Mangel ist Mangel an Sein [...]. Dieser Mangel ist jenseits all dessen, was ihn vergegenwärtigen kann" (Lacan 1991d, 283).

II

Mit Lacan könnte man also sagen, dass das Subjekt gemäß der Subjektivierungsthese des Graph des Begehrens den großen Anderen (das moralische Gesetz im Sinne Kants) retrospektiv erschließt, da das Individuum selbst unbewusst durch den großen Anderen (das Gesetz, die symbolische Ordnung) *gesetzt* wird. Dabei spielen Selbstbilder eine entscheidende Rolle, die vom großen Anderen mitdefiniert und ab dem sogenannten Spiegelstadium bestätigt werden. Das Selbstbild legt eine primäre Bifurkation in die Gesamtheit der libidinösen Energien des Organismus. Eine Folge davon ist, dass die Einheit der Imago immer unzureichend sein muss für die Fülle der Wünsche, die in unseren vorsymbolisierten Körpern herumschwirren und einen nicht zu überschätzenden Anteil von Übertragungen des Unbewussten der Erzieher und des Kollektivunbewussten der sozialen Mitwelt in sich trägt. In diesem Sinne könnte man dann auch im Anschluss an Franz Rosenzweigs Rede vom „unsterblichen Selbst" in Abgrenzung zum sterblichen Individuum sagen, dass das Unbewusste schon deshalb nicht sterblich ist, da es im strikten Sinne innerhalb der Äquivalenzketten des Allgemeinen nicht existiert. Und wie sollte etwas, das nicht existiert, sterben können? Es gibt immer einen Wunsch, der übrig bleibt, der im Aufstieg in der Imago nicht befriedigt wird.

Es ist dieses Verlangen, das im Leben von Oberst Tall und Anthony Weiner (aber letztlich natürlich in jeder singulären Geist-Welt Beziehung von uns Menschen) als das entscheidendste Teilelement ohne Anteil der Äquivalenzen aufzutauchen vermag. Lacan: „Dieses Bild [vom Ich, das es in seiner Ich-Funktion u.a. erwirbt] ist der Ring, der Hals, durch den das wirre Bündel von Wünschen und Bedürfnissen hindurch muss, um es zu sein, das heißt, um seine imaginäre Struktur zu erreichen" (Lacan 1990, 226). Die Imago / Gestalt steht für einen Stillstand. Dieser strukturelle Prozess der Subjektivität ist immer ein Leidensweg, da die Psyche, allegorisch gesprochen, durch den erwähnten Ring geschoben wird, um erkannt und symbolisch mit einer freudigen Investition ausgestattet zu werden, die das Individuum an Phantasien über Faktenbildungsprozesse bindet, die sich an der Grenze von Individualität und Sozialität befinden. Die erzwungene Wahl kann trotz allem nicht zur Ruhe gebracht werden. Sie verweilt in der Selbstreflexivität und verursacht lustvolle Schmerzen in der Selbstbeziehung des Ichs zu dem, was es – aus dem Unbewussten kommend – nicht ist.

Tall und Weiner veranschaulichen die Abhängigkeit der Subjektivität von der Jouissance als ontologischem Faktor in Bezug auf die „erzwungene Wahl" in einer Weise, die über Lacans klinische Kommentare zu exzessiven Genüssen hinausgeht. Nun ist interessant, dass auch Kant seine Theorie der moralischen Wahl mit Hilfe einer rein apriorischen Theorie einer revolutionären Wahl des moralischen Charakters eines jeden Menschen begründet. Bevor wir empirische Subjekte wurden, haben wir – so Kant – unsere „Disposition" mit Bezug auf das Moralgesetz *gewählt* (Kant 1902-, Bd. VI, 20). Kant spricht von einer apriorischen, quasi noumenalen Wahl zwischen Gut und Böse, da diese für ihn eine notwendige Bedingung für die Begründung des moralischen Subjekts in einer phänomenalen Sphäre von Kausalprozessen in Raum und Zeit ist. Nur diese Wahl kann garantieren, dass wir als empirische Wesen innerhalb kausaler Strukturen der Natur Verantwortung für unsere bösen Taten übernehmen können. Mit anderen Worten, etwas Anderes in uns hat unsere moralische Disposition erwählt, ohne dass es einen empirischen Beweis für diese ursprüngliche „erzwungene Wahl" gibt.

Gleichzeitig ist die kantische Wahl in ihrer noumenalen Dimension immer auch noch im Entstehen begriffen und prägt so notwendig die aktuale Geist-Welt Beziehung (siehe Finkelde 2015, 66-77). Die „erzwungene Wahl" zwischen Gutem und Bösem hat stattgefunden und doch verfolgt sie uns jedes Mal, wenn wir mit dem Moralgesetz konfrontiert werden. Da wir nie wissen, welche Art von Disposition unser noumenales Selbst gewählt hat, wissen wir auch nicht, wie wir in der Gegenwart zwischen Gut und Böse wählen werden. Wir sind zwar scheinbar durch unsere Urwahl prädestiniert, aber wie genau diese kantische Prädestination ausgefallen ist, zum Guten oder zum Bösen, können wir immer erst zu spät an Indizien unseres Lebens erahnen. Eine absolute Erkenntnis unseres noumenalen Wesens ist uns verwehrt. Im Leben der Einzelnen ist diese Wahl sozusagen permanent in der Schwebe, denn „ich lebe noch" und muss mich deshalb immer wieder dem Moralgesetz in meinen alltäglichen Bezügen zu Fakten in der Welt stellen. Aber, wie gesagt, dies gilt nicht nur für Fragen der Moral, sondern auch für die „erzwungene Wahl" im Lacan'schen Sinne. Sie hat immer stattgefunden (in der Vergangenheit) und ist immer noch im Entstehen begriffen (in der Gegenwart) – schlicht und einfach, weil ein jedes „Ich" ein zwischenmenschliches Wesen, und das, was darin nicht aufgeht, ist.

III

Oberst Tall und Anthony Weiner schlagen, spekulativ gesagt, gegen diese „erzwungenen Wahl" aus, eine Wahl, die immer auch im Prozess ihrer Genese ist. „Ungezählte Eimer Scheiße" (Tall) sollen in Überschuss-Genuss umgewandelt werden, was auch immer der Preis des Lebens für Oberst Tall sein mag. Das Ziel ist eine transzendentale Phantasie: Die Wiederherstellung von Talls oder Weiners hinreichendem Grund für ihre Überschussgenuss entbehrt habende Existenz. Die Fähigkeiten der höheren Ordnung des Verstandes mögen tatsächlich vergessen haben, was sie im Prozess des Eintritts in einen Gewissheitsrahmen (und dessen Etablierung) zu wählen hatten, aber das bedeutet nicht, dass unbewusste Teile der Psyche den aufgezwungenen Prozess des Vergessens/Wählens teilen. Es setzt eine antiplatonische „Anamnesis" ein mit Konsequenzen, die alles durchkreuzen, wofür das platonische Verständnis von Anamnesis steht. Es werden keine möglichst klar definierten Universalien gefunden, sondern Kräfte einer Unterwelt innerhalb des Ichs freigesetzt. Diejenigen Teile der Psyche, die sich den erzwungenen Entscheidungen widersetzt haben, können in der erwähnten Form einer lustvollen Schmerz- und Luststörung weiter existieren, die sowohl beunruhigend als auch elektrisierend ist. Aus diesen Gründen können wir durch unsere Träume, aber auch durch unsere Handlungen, wie sie oben von Oberst Tall und Anthony Weiner veranschaulicht wurden, erschreckt und verwirrt werden. Wofür stehen solche Handlungen? Sie können für einen unbewussten Einspruch gegen die erzwungene Wahl durch eine scheinbar geringfügige Abweichung stehen.

Im Einklang mit den oben dargelegten Argumenten verstehe ich Jouissance (1) in Übereinstimmung mit vielen KommentatorInnen auf dem Gebiet der Lacan'schen Philosophie der Psychoanalyse als eine schmerzhafte Lust in der libidinösen Ökonomie der Psyche. Insbesondere „unmögliche Jouissance" (Miller) erfasst eine paradoxe und letztlich notwendig obszöne Operation unseres Geistes, um bestimmte legale und homöostatische Formen der internalisierten symbolischen Normen zu überschreiten, denen sich unsere Psyche in ihrer Selbstbeziehung unterwerfen musste. In der Folge verstehe ich Jouissance (2) jedoch darüber hinaus als ein rätselhaftes Rachebedürfnis, das versucht, die Geist-Welt Beziehung auf der Ebene der erzwungenen Wahl regelrecht nachzustellen: unter den Prämissen eines Vorgangs der Abjektion.

Das „Subjekt, das mehr ist als das Subjekt selbst" verspürt nicht nur den lustvollen Drang, normative Grenzen zu überschreiten, sich gegen die Anlage des Egos aufzulehnen, sondern es will die erzwungene Wahl durch Abjektion wiederholen, allerdings diesmal aus einer vermeintlich ermächtigten Position heraus, die dem Individuum eine angemessene Wahlmöglichkeit gibt – was immer es auch für sein Leben im Symbolischen oder für das Leben Anderer kosten mag. D.h. Jouissance kann als ein Drang definiert werden, die ursprüngliche und letztlich unbewusste Geste der erzwungenen Wahl – der Unterwerfung – aufzuheben. Sie zielt darauf ab, die individuelle Bedingung der Lebensunterwerfung zurückzusetzen, indem der große Andere quasi selbst zurückgesetzt wird.

Durch obszönes Vergnügen lernen die Menschen die tiefere Wahrheit kennen, die ihnen von den Herrensignifikanten ihres Regimes suggeriert wird: „Nation", „Gott" oder „unsere Lebensweise" und so weiter. Žižek argumentiert, dass es solche vordergründig unpolitischen und kulturspezifischen aber letztlich genusspolitischen Praktiken wie diese sind, die jede politische Gemeinschaft unersetzlich von ihren Feinden unterscheidet. Aber was Žižek über Jouissance als politischen Faktor sagt (Žižek 1994), gilt noch mehr für die libidinöse Ökonomie des Subjekts gegenüber sich selbst in einem ontologischen Sinne. Daher ist es, wie bereits erwähnt, in der Tat zu einfach, irrationale Verhaltensmuster auf Emotionen und Affekte zu reduzieren, die die Vernunft besiegen und einen syllogistischen Bastard produzieren (Davidson 2006). Die Vernunft selbst besiegt unter der Ägide der Singularität die Affekte im Namen der Abjektion um ihrer selbst willen. Und das kann sehr vernünftig sein.

Wenn das vom „Es" korrumpierte „Über-Ich" von Tall oder Weiner in den oben genannten Situationen sprechen könnte, würde es vielleicht sagen: „Unterbrich für den Bruchteil einer Sekunde den Alltag mit all seinen normativen Lasten, auf die du angewiesen bist. Jetzt hängt alles von dir ab." Oder: „Zeige, was niemand sehen darf. Setze dein Begehren in seiner reinsten Form allen symbolischen Ansprüchen gegen dich aus." „Berühre das Ding. Berühre das, was du opfern musstest, um in diesem (unglücklichen oder so genannten perfekten) Leben zu sein."

Wie erwähnt, erkennt Lacan ähnliche Arten des Genusses jenseits der Lust neben Teresa von Ávila auch in der erhabenen Persönlichkeit der Antigone. Diese von Lacan speziell in seinem *VII. Seminar* und in der Folge von vielen Lacanianern prominent kommentierten Beispiele hemmungslosen Genießens zwingen uns jedoch oft dazu, vorschnell zu übersehen, dass Jouissance nicht nur, wie bei Antigone, sublime Ideen begünstigen muss, sondern auch obszöne und sogar grausame: den Tod Anderer oder Kinderpornographie.

Dies vorausgeschickt, muss betont werden, dass, auch wenn das „gute Leben“ in meiner Argumentation als Kontrastfolie zur Arbeit der Jouissance in ihrer Alles-oder-Nichts-Form dient, wir natürlich immer wieder auf bestimmte Aspekte der freudigen Rebellion gegen Teile des etablierten guten Lebens stoßen. Millers viertes und fünftes Paradigma, genannt „normale Jouissance“ und „diskursive Jouissance“, können hier zusammen mit Slavoj Žižeks, Mari Rutis, Jodi Deans und meinen eigenen Hinweisen auf den Genuss als politischen Faktor erwähnt werden. „Normale Jouissance“ wird von Miller im Hinblick auf das *XI. Seminar* erläutert, in dem Lacan Jouissance in verschiedene Objekte aufspaltet (siehe Finkelde 2018). Diese Art von Jouissance wird nicht durch heroische Überschreitung erreicht, sondern durch die Vergegenwärtigung des Triebes. Hier spielt Jouissance offensichtlich eine weniger destruktive Rolle. Die Menschen haben die vorgefertigte symbolische Ordnung, die sie von Geburt an erhalten haben, akzeptiert und bewältigen sie nun, in dem Bestreben Genuss daraus zu ziehen. Der Fokus meiner Ausführungen auf Jouissance als rätselhafte Rache (gegen die „erzwungene Wahl“) will diese geringeren Formen des Genießens nicht schmälern. Die Fokussierung auf Jouissance der rätselhaften Rache beruht ausschließlich auf dem Bestreben, die verborgenen ontologischen Implikationen des Konzepts in der Subjekt-Welt Beziehung so weit wie möglich durch Akte der Abjektion zu umreißen.

IV

Weiner folgte, sehr spekulativ gesagt, einem unbewussten Befehl, a-rational (nicht irrational) zu sein: alles für nichts zu riskieren. Denn, wie gesagt, er hat es wieder getan („encore“). Jouissance ist im Lustprinzip enthalten, gehört aber nicht zu diesem Prinzip. Sie ist ein Begriff der Überzähligkeit, der nicht als Exzess gesehen werden kann, weil seine Skala in seine eigene, von der Norm losgelöste Form fällt. Und diese Form außerhalb der Form wird von Kant in seiner Moralphilosophie reflektiert, da sie gerade in ihrer „Heiligkeit“ (Hegel) Kants Begriff des „teuflisch Bösen“ am nächsten kommt (vgl. Zupančič 2001, 101-121).

Das Schicksal von Oberst Tall verdeutlicht dies. Für Tall hängt alles davon ab, seinen Anteil an der ungezähmten Logik der Welten zu bekommen. Diese Logik konnte ihm weder eine gerechte Verteilung des Wohlbefindens noch einen Ort garantieren, an dem sein Dasein zur Ruhe kam. Das Gleiche könnte für das Schicksal von Anthony Weiner gelten. Indem er die erwähnten erotischen Fotos verschickt, kann er beweisen, dass er in der Lage ist, das volle ontologische Gewicht seiner symbolischen Welt zu akzeptieren. Er muss nur seinen Ruf, den Ruf seiner Frau und den Ruf einer potenziellen Präsidentin der Vereinigten Staaten riskieren und den „Send"-Knopf drücken. Nicht nur bei Lacan, sondern auch bei Kant wird der Mensch von dem heimgesucht, wofür er nicht verantwortlich ist und doch Verantwortung übernehmen muss. Jouissance ist hier in der menschlich libidinösen Ökonomie allgegenwärtig, da die Subjekte nach der Wahrheit ihres Seins streben und sich von der erwähnten Wahl zu befreien suchen, die nie eine gerechte oder wahrhaftige war, eine Wahl, die der Subjektivität ihr „suum cuique" verlieh. Man könnte auch sagen, dass wir als Menschen nach dem „Ding" streben, d.h. nach der Entität, der wir als Subjekte innerhalb der erwähnten Opferstruktur beraubt wurden. Jouissance strebt danach, den noumenalen Bereich dieses Dings als noumenale Entität in den Griff zu bekommen, der für die Subjektivität abgelehnt werden musste, damit Objektivität entstehen konnte. Das „Ding" ist der phantasmagorische Archetyp eines verlorenen Objekts, durch das absoluter Genuss möglich wäre. Und das ist es, was die oben erwähnten „kleinen Abweichungen" (lat. „clinamen") oder „kleinen Irritationen" des symbolischen Universums anstreben: eine gespenstische Entität zu berühren, die uns heimsucht; einen ausreichenden Grund unserer Existenz zu legen, der nie hinreichend sein kann.

So kann Jouissance jemanden, der ein glückliches Familienleben führt, der einen erfüllenden Beruf hat oder der auf allen Ebenen seines Schicksals scheinbar ein glücklicher Mensch ist, dazu drängen, alles für Nichts zu riskieren, ein Nichts, das als Loch in der Welt ein besonderes Stückchen Genuss beinhaltet. In solchen Situationen versucht das „Clinamen", die Abweichung/der Exzess, an das Verlorene und Verbotene anzuknüpfen. Ziel ist es, der kontingenten Wirklichkeit von einem deplazierten Ort aus, ohne den selbst die schönste Familienidylle als unerträgliche Hölle empfunden werden kann, Konsistenz zu verleihen. Aber diese Subjektivität muss bereit sein, alles für Nichts aufs Spiel zu setzen. Das gelingt nur, wenn das Verbotene scheinbar in die Reichweite des Subjekts rückt. Die Bildbotschaft ist gesendet, der Befehl zur Eroberung der von den Japanern eingenommenen Anhöhe ist gegeben. Abjektion ist vollbracht. In Handlungen wie diesen, die mit Jouissance aufgeladen sind, holt sich die Psyche einen Teil der disziplinarischen Kosten zurück, die ihr vom großen Anderen auferlegt wurden. Die Psyche versucht, den ihr auferlegten Kredit zurückzuholen, was nur möglich ist, wenn eine Kosten-Nutzen-Rechnung im symbolisch-libidinösen Haushalt des Individuums vollständig abgelehnt wird.

Denken Sie noch einmal an das Schicksal Weiners. Ich will nicht leugnen, dass eine pathologische Sucht nach sexueller Erregung den Mann angetrieben haben mag. Aber ich denke, dass Sexualität als Affekt nur eine von vielen Variablen in einer komplexen Gleichung sein kann, die starke ontologische Komponenten hat. Mit Jouissance und in der Ablehnung der symbolischen Ordnung durch eine obszöne und befreiende Geste des Exzesses kann ein unbewusster Akt der Freiheit verborgen sein. Einen solchen Akt der Freiheit sieht Lacan im Werk des Marquis de Sade. Dieser will keine Lust oder Erotik erzeugen, sondern, wie Lacan sagt, sich zusammen mit dem Leser „an ein glühendes Zentrum oder einen absoluten Nullpunkt" annähern, „der psychisch den Atem verschlägt." Sades Werk „gehört also in die Ordnung der experimentellen Literatur [...]. Das Kunstwerk zeigt sich hier als ein Experiment, das in seinem Verlauf das Subjekt aus seinen psychosozialen Vertäuungen reißt [...], aus jeder psychosozialen Wertung der Sublimierung" (Lacan 1986, 234).

Es spielt keine Rolle, ob wir dies gutheißen oder nicht. Für Lacan ist die Ethik der Psychoanalyse nicht mit dem „richtigen Begehren" innerhalb einer Vielzahl von Formen des „guten Lebens" verbunden. Mit dem Begriff der Jouissance haben wir es im Wesentlichen mit dem Subjekt als Grenze der Welt zu tun. Das Begehren der Jouissance ist ein Aufbegehren des Unbewussten gegen die Kosten der Unterwerfung in Signifikantenketten.

V

Terrence Malicks Filmtitel *The Thin Red Line* evoziert die Ambivalenz einer dünnen roten Linie. Letztere hat eine herausragende Eigenschaft, da sie nur dann zu sehen ist, wenn sie verletzt oder überschritten wurde. Die Linie trennt buchstäblich die menschliche Vernunft von Jouissance. Ihr

Bezug zum Lacan'schen „Ding" besteht nicht als Grenze zwischen Rationalität einerseits und Jouissance und Temperament andererseits. Vielmehr bedeutet der Hinweis auf die Dünnheit der Linie mehr: nämlich, dass wir sie nicht erkennen können. Sie wird erst im Rückblick sichtbar. Malick unterstreicht diese Erkenntnis in einer wichtigen Szene im letzten Teil des Films. Wir sehen Colonel Tall in einer sitzenden Haltung erschöpfter Kontemplation, die an Albrecht Dürers Engel in *Melencolia I* erinnert.

Die Schlacht ist erfolgreich verlaufen, wenn auch mit hohen Verlusten an amerikanischen Opfern. Leichen und Schlachttrümmer liegen wie Requisiten mit abgelaufenem Sinn herum. Musste Colonel Tall wirklich so weit gehen? Natürlich, denn die rote Linie kann, wie gesagt, nur im Rückblick bemessen werden. Tall musste eine inkonsistente Außenwelt mit Konsistenz ausstatten. Er musste sein Leben retten, indem er (zumindest aus seiner Sicht) alles für Nichts riskierte. Eine scheinbar kleine Abweichung in der Laufbahn eines Soldaten wurde zum Grund, Subjektivität und Objektivität in einem entscheidenden Moment zu verbinden. Alle Umstände sind irgendwie klar, jetzt, wo Jouissance sich verausgabt hat. Tall ist traurig, aber seelisch und körperlich befriedigt. Die Schlacht hat seinem unglücklichen Leben einen (scheinbar) ontologischen Kontakt mit etwas, das immer schon in einen vorontologischen Bereich abgedrängt worden ist, gegeben. Und dieser Kontakt rekonstituiert seine Wirklichkeit bzw. die Kohärenz seiner Erfahrung. Dies mag Lacans Einsicht unterstreichen, dass Subjektivität immer wieder die Erfahrung des Wahnsinns machen muss, um aus sich selbst heraus und neu in das Korsett seiner symbolischen Investitur zu treten. In der Tat ist Jouissance der schmerzhafte libidinöse Treibstoff, den der Geist braucht, um sich anzutreiben. Sie ist die einzige Substanz, von der die Psychoanalyse behauptet, dass sie existiert. Substanzen sind nach der klassischen Definition, so wie ich Lacan hier verstehe, unveränderliche Träger der Veränderung. Jouissance gehört zur Grundstruktur der Wirklichkeit, da sie in der Subjekt-Objekt Dichotomie in allen möglichen Welten das gleiche Grundmerkmal bleibt. Hegel hat uns eine geniale Formulierung dieser Macht der Jouissance als treibende Kraft der Negativität für den Geist gegeben, die keine Abhängigkeit vom Lustprinzip kennt. In der Vorrede zur Phänomenologie des Geistes schreibt er berühmt gewordene Sätze, die gut als Voice-over zu Oberst Talls kontemplativem Schweigen hätten zitiert werden können: „Der Tod, wenn wir jene Unwirklichkeit so nennen wollen, ist das Furchtbarste, und das Tote festzuhalten das, was die größte Kraft erfordert. [...] Aber nicht das Leben, das sich vor dem Tode scheut und von der Verwüstung rein bewahrt, sondern das ihn erträgt und in ihm sich erhält, ist das Leben des Geistes. Er gewinnt seine Wahrheit nur, indem er in der absoluten Zerrissenheit sich selbst findet. Diese Macht ist er nicht als das Positive, welches von dem Negativen wegsieht [...]: [...der Geist] ist diese Macht nur, indem er dem Negativen ins Angesicht schaut, bei ihm verweilt." (Hegel 1986, Bd. 3, 36).

Wir sollten Hegels Verständnis von Geist nicht als eine Instanz göttlicher Erhabenheit auffassen, sondern im Sinne Lacans als eine Kraftquelle rasender Jouissance, die die Grenze zwischen Rationalität, Affekt und Irrationalität verwischt und damit die Subjekt-Objekt Dichotomie *ad infinitum* destabilisiert. Tall wusste nicht, wo sich die rote Linie zwischen Jouissance und Vernunft verbarg. Er entdeckte sie als ein unbewusstes Verlangen, das zurückblickte, nachdem er versucht hatte, das Ding als hinreichende Ursache der Wirklichkeit zu berühren. Tall musste seine Tat vollziehen, weil die symbolische Ordnung in ihrem Kern selbst diese wahnsinnigen Begehren in sich trägt. Und Jouissance zieht uns immer wieder zu dieser Quelle einer erzwungenen Wahl zurück, die wir neu zu setzen haben. Die Schlacht ist eine Begegnung mit dem Realen, ohne dass Tall wissen muss, was das Reale im Sinne Lacans ist. In ähnlicher Weise kann für eine Politikerin, einen Priester oder einen Schauspieler ein Nacktfoto eines minderjährigen Mädchens oder Jungen eine solche Begegnung mit dem Realen sein. Die lustvolle reale Präsenz kann die symbolische Ordnung mit Gewalt auslöschen, weil sie in der Lage ist, die Welt kohärent zu machen. Mit anderen Worten: Wenn ich mit dieser lüsternen Präsenz konfrontiert werde, die meine eigene symbolische Rolle aufs Äußerste gefährdet, empfinde ich Genuss, weil ich den Sozialvertrag, der mir angetan wurde, (vermeintlich) neu begründen kann.

Abbildungen

— S. 103: Foto-Grafik I zum Spiegelstadium.
— S. 105: Foto-Grafik II zum Spiegelstadium.
— S. 111: Graph des Begehrens 1. Stufe, aus: Lacan 1991c, 179.
— S. 118: Graph des Begehrens 2. Stufe, aus: Lacan 1991c, 183.
— S. 119: Grafik-Montage mit einem Bild von Bruno Ganz in der Rolle Adolf Hitlers im Film *Der Untergang* (2004) von Oliver Hirschbiegel.
— S. 121: Grafik-Montage mit dem Graph des Begehrens 2. Stufe.
— S. 125: Graph des Begehrens 3. Stufe, aus Lacan 1991c, 191.
— S. 126: Die Abbildung stammt aus Jacques Cazottes *Le diable amoureux* von 1772, hier aus der englischen Ausgabe von 2011 herausgegeben von Dedalus European Classics.
— S. 127: Fotomontage mit der Abbildung einer Demonstration vom 11. Juni 2015. Die Abbildung entstammt folgender Internetseite: https://www.theguardian.com/world/2015/jan/11/paris-world-leaders-solidarity-rally-terror-attacks (zuletzt aufgerufen am 1. Januar 2021).
— S. 134: *Negative-Space* Skizze. https://layersmagazine.com/negative-space.html (zuletzt aufgerufen am 1. Januar 2022).
— S. 147: Grafik mit den drei Lacan'schen Registern des Symbolischen, Imaginären und Realen.
— S. 148: Grafik zu Russells Antinomie.
— S. 162: Ausschnitte aus dem Dokumentarfilm *Jonestown: The Life and Death of The People's Temple* von Stanley Nelson aus dem Jahr 2006.
— S. 171: Filmplakat der US-amerikanischen Hulu-Serie *The Path* (2016-2017).
— S. 176: Grafik zum lateinischen Begriff „clinamen“, mit dem der römische Philosoph Lukrez in seiner Verteidigung der atomistischen Lehre des antiken griechischen Philosophen Epikur den unvorhersehbaren Taumel kleinster materieller Teilchen bezeichnete. Die Grafik entstammt folgender Internetseite: https://thedailyomnivore.net/2012/04/06/clinamen/ (zuletzt aufgerufen am 2. Februar 2022).
— S. 183: Anthony Weiner, *Selfie* (Ausschnitt), *New York Post*, 12. Juni 2011.
— S. 188: Die Grafik ist dem Artikel von Frederiek Depoortere entlehnt: „The End of God's Transcendence? On Incarnation in the Work of Slavoj Žižek“, in: *Modern Theology* 23, no. 3 (2007), 497-523, hier: 508.
— S. 197: Filmausschnitt aus *The Thin Red Line* von Terrence Malick (1998); Albrecht Dürer, *Melencolia I* (Ausschnitt) (Quelle: Wikimedia Commons).

Literatur

Adorno, Theodor W. (1970). *Negative Dialektik*, Frankfurt am Main: Suhrkamp.

Allison, Henry (2004). *Kant's Transcendental Idealism*, New Haven/ London: Yale University Press.

Aristoteles (1985). *Nikomachische Ethik*, Hamburg: Felix Meiner Verlag.

Bahr, Petra (2004). *Darstellung des Undarstellbaren*, Tübingen: Mohr Siebeck.

Benjamin, Walter (1989). „Zur Kritik der Gewalt", in: *Gesammelte Schriften*, hrsg. von Rolf Tiedemann und Hermann Schweppenhäuser, Bd. 2.1.

Benjamin, Walter; Scholem, Gerschom (1980). *Briefwechsel 1933-1940*, Frankfurt am Main: Suhrkamp.

BonJour, Laurence (2010). „Externalism / Internalism", in: *A Companion to Epistemology*, Second Edition, edited by Jonathan Dancy, Ernest Sosa, Matthias Steup, Malden, MA: Wiley-Blackwell, 364-369.

Bourdieu, Pierre (1990). *Was heißt sprechen? Die Ökonomie des sprachlichen Tausches*, aus dem Französischen von Hella Beister, Wien 1990.

Brandom, Robert (1998). *Making it Explicit. Reason, Representing, and Discursive Commitment*, Cambridge, MA: Harvard University Press.

Brandom, Robert (2004). *Begründen und Begreifen. Eine Einführung in den Inferentialismus*, Berlin: Suhrkamp.

Braunstein, Nestor (2003). „Desire and Jouissance in the Teachings of Lacan", in: *The Cambridge Companion to Lacan*. Edited by Jean-Michel Rabaté, 102-115. Cambridge: Cambridge University Press.

Cantin, Lucie (1993). „Femininity: From Passion to an Ethics of the Impossible", in: *Topoy* 12, 127-136.

Castoriadis, Cornelius (1984). *Gesellschaft als imaginäre Institution*, Frankfurt am Main: Suhrkamp.

Castoriadis, Cornelius (1994). „Radical imagination and the social instituting imaginary", in: *Rethinking Imagination: Culture and Creativity*, London: Routledge.

Castoriadis, Cornelius (1997). „The state of the subject today“, in: *World in Fragments: Writings on Politics, Society, Psychoanalysis, and the Imagination*, Stanford: Stanford University Press.
Cassirer, Ernst (1996). *Versuch über den Menschen*, Hamburg: Meiner Verlag.
Chidester, David (1988). *Salvation and Suicide. Jim Jones, The People's Temple, and Jonestown*, Indianapolis: Indiana University Press, S. 138.
Chiesa, Lorenzo (2015). „The First Gram of Jouissance“, in: *The Comparatist* 39, 6-21.
Churchland, Paul (1995). *The Engine of Reason, the Seat of the Soul*, Cambridge, MA: MIT Press.
Dalzell, Thomas (2011). *Freud's Schreber Between Psychiatry and Psychoanalysis*, London: Karnac Books.
Davidson, Donald (1990). „Was ist eigentlich ein Begriffsschema“, in: *Wahrheit und Interpretation*, Frankfurt a.M.: Suhrkamp, 261-282.
Davidson, Donald (2004). „Eine Kohärenztheorie der Wahrheit und des Wissens“, in: *Subjektiv, intersubjektiv, objektiv*, Berlin: Suhrkamp, 167-185.
Davidson, Donald (2004a). „Der Mythos des Subjektiven“, in: *Subjektiv, intersubjektiv, objektiv*, Berlin: Suhrkamp, 79-101.
Davidson, Donald (2006). „Paradoxien der Irrationalität“, in: *Probleme der Rationalität*, Frankfurt am Main: Suhrkamp, 285-315.
Deacon, Terrence (1997). *The Symbolic Species. The Co-evolution of Language and the Brain*, New York: Norton & Norton Company.
Dennett, Daniel (1991). *Consciousness Explained*, New York: Little, Brown and Company.
Dennett, Daniel (2014). „Reflections on Free Will. A Review by Daniel C. Dennett“, online: https://www.samharris.org/blog/reflections-on-free-will (zuletzt aufgerufen am 3. Februar 2022).
Dennett, Daniel; Caruso, Gregg D. (2021). *Just Deserts. Debating Free Will*, Cambridge: Polity Press.
Derrida, Jacques (2003). *Die Stimme und das Phänomen*, Frankfurt am Main: Suhrkamp.
De Landa, Manuel (2017). *The Rise of Realism*, London: Polity.
Depoortere, Frederiek (2007). „The End of God's Transcendence? On Incarnation in the Work of Slavoj Žižek“, in: *Modern Theology* 23, no. 3, 497-523.

Dolar, Mladen (2014). *His Master's Voice. Eine Theorie der Stimme*, Berlin: Suhrkamp.

Esposito, Roberto (2010). *Communitas. The Origin and Destiny of Community*, Stanford: Stanford University Press.

Evans, Dylan (1999). „From Kantian ethics to mystical experience: An exploration of jouissance", in: *Key concepts of Lacanian Psychoanalysis*, edited by Dany Nobus, 1-28. New York, NY: Other Press.

Evans, Dylan (2005). „From Lacan to Darwin", in: Gottschall, Jonathan; Wilson, David S. (Hg.), *The Literary Animal: Evolution and the Nature of Narrative*, Evanston: Northwestern University Press, 38-55.

Finkelde, Dominik (2015). *Exzessive Subjektivität. Eine Theorie tathafter Neubegründung des Ethischen nach Kant, Hegel, Lacan*, Paderborn: Alber Verlag.

Finkelde, Dominik (2016). *Phantaschismus. Von der totalitären Versuchung unserer Demokratie*, Berlin: Vorwerk 8 Verlag.

Finkelde, Dominik (2018). „The ‚Secret Code' of Honour. On Political Enjoyment and the Excrescence of Fantasy", in: *Culture, Theory and Critique* 59, no. 3, 232-261.

Finkelde, Dominik (2020). „Non-Wakefulness. On the Parallax Between Dreaming and Awakening", in: *The Philosophical Journal of Conflict and Violence* 3, no. 2, 92-107.

Finkelde, Dominik (2020a). „Zur Notwendigkeit eines 'Ministeriums für kollektive Phantasiepflege und Transgression'", in: *Metodo. International Studies in Phenomenology and Philosophy (Special Issue: On Institutions)*, 8:1 (2020), 79-104.

Finkelde, Dominik (2021). „Introduction" in: *Parallax. The Dialectics of Mind and World*, hrsg. von Dominik Finkelde, Christoph Menke und Slavoj Žižek, London: Bloomsbury, 1-12.

Flisfeder, Matthew (2021). *Algorithmic Desire. Toward a New Structuralist Theory of Social Media*, Evanston: Northwestern University Press.

Frege, Gottlob (1986). „Der Gedanke", in: *Logische Untersuchungen*, Göttingen: Vandenhoeck & Ruprecht, 30-53.

Freud, Sigmund (1947). „Einleitung zur Psychoanalyse der Kriegsneurosen", in: *Gesammelte Werke*, Frankfurt am Main: Fischer, Bd. 12, 321-324.

Freud, Sigmund (1962a). „Entwurf einer Psychologie", in: *Aus den Anfängen der Psychoanalyse: Briefe an Wilhelm Fließ, Abhandlun-*

gen und Notizen aus den Jahren 1887-1902, Frankfurt am Main: Fischer Verlag, 305-385.

Freud, Sigmund (1962b). *Aus den Anfängen der Psychoanalyse: Briefe an Wilhelm Fließ, Abhandlungen und Notizen aus den Jahren 1887-1902*, Frankfurt am Main: Fischer Verlag.

Freud, Sigmund (1982, Bd. I). *Vorlesungen zur Einführung in die Psychoanalyse*, in: *Studienausgabe*, Bd. I, hrsg. von Alexander Mitscherlich, Angela Richards und James Strachey, Frankfurt am Main: Fischer Verlag, 34-445.

Freud, Sigmund (1982, Bd. II). *Die Traumdeutung*, in: *Studienausgabe*, Bd. II, hrsg. von Alexander Mitscherlich, Angela Richards und James Strachey, Frankfurt am Main: Fischer Verlag.

Freud, Sigmund (1982, Bd. III). *Jenseits des Lustprinzips*, in: *Studienausgabe*, Bd. III, hrsg. von Alexander Mitscherlich, Angela Richards und James Strachey, Frankfurt am Main: Fischer Verlag, 212-272.

Freud, Sigmund (1982, Bd. IX). *Der Mann Moses und die monotheistische Religion*, in: *Studienausgabe*, Bd. IX, hrsg. von Alexander Mitscherlich, Angela Richards und James Strachey, Frankfurt am Main: Fischer Verlag, 455-581.

Freud, Sigmund (1994). *Massenpsychologie und Ichanalyse*, in: *Gesammelte Werke*, Bd. 13, Frankfurt am Main: Fischer Verlag.

Gabriel, Markus (2016). *Sinn und Existenz*, Berlin: Suhrkamp.

Gamm, Gerhard (1997). *Der Deutsche Idealismus. Eine Einführung in die Philosophie von Fichte, Hegel und Schelling*, Stuttgart: Reclam.

Gramsci, Antonio (1977). *Quaderni del Carcere (Quaderni 1-5)*, Rom: Einaudi, hier: Quaderno 3 (XX).

Habermas, Jürgen (1990). „Grenzen des Neohistorismus", in: *Die nachholende Revolution*, 149-156, Frankfurt am Main: Suhrkamp.

Harman, Graham (2018). *Object-Oriented-Ontology. A New Theory of Everything*, London: Pelican.

Harris, Sam (2014). „The Marionett's Lament. A response to Daniel Dennett", online: https://www.samharris.org/blog/the-marionettes-lament (zuletzt aufgerufen am 21. Januar 2021).

Haute, Philipp van (2002). *Against Adaptation: Lacan's Subversion of the Subject*, New York: Other Press.

Hegel, G.W.F. (1986, Bd. 3). *Phänomenologie des Geistes*, in: *Werke in zwanzig Bänden*, Bd. 3, hrsg. von Eva Moldenhauer und Karl Markus Michel, Frankfurt am Main: Suhrkamp.

Hegel, G.W.F. (1986, Bd. 8). *Enzyklopädie der philosophischen Wissenschaften im Grundrisse 1830*, I, in: *Werke in zwanzig Bänden*, Bd. 8, hrsg. von Eva Moldenhauer und Karl Markus Michel, Frankfurt am Main: Suhrkamp.

Hegel, G.W.F. (1986, Bd. 20). *Vorlesungen über die Geschichte der Philosophie III*, in: *Werke in zwanzig Bänden*, Bd. 20, hrsg. von Eva Moldenhauer und Karl Markus Michel, Frankfurt am Main: Suhrkamp.

Hume, David (2007). *Eine Untersuchung über den menschlichen Verstand*, Berlin: Suhrkamp.

Jacobi, Friedrich Heinrich (2019). „Über den transcendentalen Idealismus (1788)", in: Friedrich Heinrich Jacobi, *David Hume über den Glauben oder Idealismus und Realismus, Jacobi an Fichte (1799)*, Meiner Verlag: Hamburg, 103-112.

Kant, Immanuel (1902, Bd. III). *Kritik der reinen Vernunft (2. Aufl. 1787)*, in: Akademieausgabe, Bd. III, Berlin: Akademie Verlag.

Kant, Immanuel (1902, Bd. IV). *Grundlegung zur Metaphysik der Sitten*, in: Akademieausgabe, Bd. IV, Berlin: Akademieverlag.

Kant, Immanuel (1902, Bd. V). *Kritik der praktischen Vernunft*, in: Akademieausgabe, Bd. V, Berlin: Akademieverlag.

Kant, Immanuel (1902, Bd. VI). *Die Religion innerhalb der Grenzen der bloßen Vernunft*, in: Akademieausgabe, Bd. VI, Berlin: Akademieverlag.

Kaulbach, Friedrich (1990), *Philosophie des Perspektivismus*, Bd. 1, Tübingen: Mohr Siebeck.

Koch, Anton Friedrich (2016), *Hermeneutischer Realismus*, Tübingen: Mohr Siebeck.

Kristeva, Julia (1982). *Powers of Horror. An Essay on Abjection,* New York: Columbia University Press.

Lacan, Jacques (1961-1962). *Le séminaire IX. L'identification*, auf der Grundlage der Version der École lacanienne de psychanalyse, URL: http://staferla.free.fr/S9/S9.htm (zuletzt aufgerufen am 1. November 2020).

Lacan, Jacques (1966-1967). *La logique du fantasme (Le séminaire, livre XIV)*, auf der Grundlage der Version der École lacanienne de psychanalyse; http://staferla.free.fr/S14/S14%20LOGIQUE.pdf (zuletzt aufgerufen am 1. November 2020).

Lacan, Jacques (1967). „Psychanalyse et médecine", in: *Lettres de l'école freudienne* 1 (1967), 34-61.

Lacan, Jacques (1986). *Die Ethik der Psychoanalyse. Das Seminar Buch VII*, Weinheim/Berlin: Quadriga Verlag.

Lacan, Jacques (1986b). *Encore. Das Seminar Buch XX*, Weinheim/Berlin: Quadriga Verlag.

Lacan, Jacques (1987). *Die vier Grundbegriffe der Psychoanalyse. Das Seminar Buch XI*, Weinheim/Berlin: Quadriga Verlag.

Lacan, Jacques (1990). *Freuds technische Schriften. Das Seminar Buch I*. Weinheim/Berlin: Quadriga Verlag.

Lacan, Jacques (1991a). „Das Spiegelstadium als Bildner der Ichfunktion", in: *Schriften I*, hrsg. von Norbert Haas, Weinheim/Berlin: Quadriga 1991, 61-70.

Lacan, Jacques (1991b), „Funktion und Feld des Sprechens und der Sprache in der Psychoanalyse" in: *Schriften I*, hrsg. von Norbert Haas, Weinheim/Berlin: Quadriga, 71-169.

Lacan, Jacques (1991c). „Subversion des Subjekts und Dialektik des Begehrens im Freud'schen Unbewussten", in: *Schriften II*, hrsg. von Norbert Haas, Weinheim/Berlin: Quadriga, 165-204.

Lacan, Jacques (1991d). *Das Ich in der Theorie Freuds und in der Technik der Psychoanalyse*, Weinheim/Berlin: Quadriga.

Lacan, Jacques (1991e). „Das Drängen des Buchstabens im Unbewussten oder die Vernunft seit Freud", in: *Schriften II*, hrsg. von Norbert Haas, Weinheim/Berlin: Quadriga, 15-55.

Lacan, Jacques (1994). „Die logische Zeit und die antizipierte Gewissheit. Ein neues Sophisma", in: *Schriften III*, Weinheim/Berlin: Quadriga, S. 101-122.

Lacan, Jacques (1997). Di*e Psychosen. Das Seminar Buch III*, Weinheim/Berlin: Quadriga Verlag.

Lacan, Jacques (2006), *Namen-des-Vaters*, Wien: Turia & Kant.

Lacan, Jacques (2007). *Seminar. Book XVII. The Other Side of Psychoanalysis*, New York: W. W. Norton & Company.

Lacan, Jacques (2015). „Über Struktur als ein Einmischen einer Andersheit als Voraussetzung eines Subjekts", in: *Struktur, Andersheit, Subjektkonstitution*, hrsg. v. Dominik Finkelde, Berlin: August Verlag, 11-31.

Lacan, Jacques (2016). „Die Aggressivität in der Psychoanalyse", in: *Schriften I*, Wien: Turia & Kant, 118-145.

Lacan, Jacques (2020). *Das Begehren und seine Deutung. Das Seminar VI*, Wien: Turia & Kant.

Laclau, Ernesto (2013). „Jenseits von Emanzipation“, in: *Emanzipation und Differenz*, Wien: Turia & Kant, 23-44.

Laclau, Ernesto (2013a). *Emanzipation und Differenz*, Wien: Turia & Kant.

Laplanche, Jean (1988). „Der Trieb und sein Quell-Objekt; sein Schicksal in der Übertragung“, in: *Die allgemeine Verführungstheorie und andere Aufsätze*, Tübingen: Edition Diskord Verlag, 121-148.

Laplanche, Jean (1993) „Kurze Abhandlung über das Unbewusste“, in: *Psyche* 53, Nr. 12: 1213-1246.

Laplanche, Jean (2003). *Die unvollendete kopernikanische Revolution in der Psychoanalyse*, Gießen: Psychosozial-Verlag.

Laplanche, Jean (2004). „Ausgehend von der anthropologischen Grundsituation...“, in: *Die unbewusste Botschaft der Verführung: interdisziplinäre Studien zur Verführungstheorie Jean Laplanches*, hrgs. v. Lothar Bayer und Ilka Quindeau, Gießen 2004, Psychosozial-Verlag, 17- 30.

Laplanche, Jean (2005). „Die unvollendete Kopernikanische Revolution in der Psychoanalyse“, in: *Die unvollendete Kopernikanische Revolution*, Gießen: Psychosozial-Verlag, 7-44.

Laplanche, Jean (2011). *Neue Grundlagen für die Psychoanalyse*, Gießen: Psychosozial-Verlag.

Lear, Jonathan (2000). *Happiness, Death, and the Remainder of Life, Cambridge*, MA: Harvard University Press.

Lefort, Claude (2022). *Die leere Mitte. Essays 1945-2000*, Berlin: Suhrkamp.

Locke, John (1997). *An Essay Concerning Human Understanding*, London: Penguin Books.

Lovecraft, H.P. (2020). *The Call of Cthulhu And Other Stories,* Oviedo: King Solomon.

Macey, David (1988). *Lacan in Contexts*, London: Verso.

Malabou, Catherine (2016). *Before Tomorrow. Epigenesis and Rationality*, Malden, MA: Polity Press.

Marchart, Oliver (2013). *Das unmögliche Objekt. Eine postfundamentalistische Theorie der Gesellschaft*, Berlin: Suhrkamp.

Marx, Karl (1962). *Das Kapital. Kritik der politischen Ökonomie*, in: Marx-Engels-Werke, Bd. 23 (Bd. 1), Berlin/DDR 1962.

McDowell, John (1994). *Mind and World*, Cambridge MA: Harvard University Press.

McGowan, Todd (2019). *Emancipation after Hegel. Achieving a Contradictory Revolution*, New York: Columbia University Press.

Metzinger, Thomas (2009). *Der Ego-Tunnel. Eine neue Philosophie des Selbst: Von der Hirnforschung zur Bewusstseinsethik*, Berlin: Berlin Verlag.

Miller, Jacques-Alain (2000), „Six Paradigms of Jouissance", in: *Lacanian Ink* 17, 8-47.

Millikan, Ruth G. (2019). *Beyond Concepts. Unicepts, Language, and Natural Information*, Oxford: Oxford University Press.

Morris, Benny (2004). „Survival of the Fittest", in: *Haaretz*, online: http://www.haaretz.com/survival-of-the-fittest-cont-1.61341 (zuletzt aufgerufen am 1. November 2020).

Mosès, Stéphane (2006). „Gershom Scholem", in: *Benjamin-Handbuch*, hrsg. v. Burkhardt Lindner, Stuttgart: Metzler Verlag.

Nicholls, Angus/Liebscher, Martin (2010). *Thinking the Unconscious. Nineteen-Century German Thought*, Cambridge University Press.

Nietzsche, Friedrich (1988). *Jenseits von Gut und Böse. Kritische Studienaugabe*, hrsg. G. Colli und M. Montinari. München: Deutscher Taschenbuch Verlag.

Putnam, Hilary (1975). „The Meaning of ‚Meaning'", in: *Language, Mind, and Knowledge. Minnesota Studies in the Philosophy of Science*, Volume 7 (1975), 131-193.

Putnam, Hilary (2012). *Philosophy in the Age of Science: Physics, Mathematics, and Skepticism*, Cambridge MA: Harvard University Press.

Quine, Willard V. O. (1986). *Wort und Gegenstand*, Stuttgart: Reclam.

Quine, Willard V. O. (1992). *Pursuit of Truth*, Cambridge, MA: Harvard University Press.

Quine, Willard V.O. (2003). *Ontologische Relativität und andere Schriften*, Frankfurt am Main: Klostermann.

Reckwitz, Andreas (2017). *Die Gesellschaft der Singularitäten. Zum Strukturwandel der Moderne*, Berlin: Suhrkamp.

Reiterman, Tom; Jacobs, John (1982). *Raven: The Untold Story of Rev. Jim Jones and His People*, London: Penguin.

Santner, Eric (2010). *Psychotheologie des Alltagslebens*, Zürich: Diaphanes.

Santner, Eric (2011). *The Royal Remains. The People's Two Bodies and the Endgames of Sovereignty*, Chicago: Chicago University Press.

Santner, Eric (2018). *Paranoia und Gesetz. Freud, Schreber und die Passionen der Psychoanalyse*, Berlin: August Verlag.

Sartre, Jean-Paul (1971). *Das Imaginäre. Phänomenologische Psychologie der Einbildungskraft*, Reinbek bei Hamburg: Rowohlt.

Scheier, Claus-Artur (2008). „Entzweiung als Zeitalter der Bildung. Hegel und Rousseau im kulturphilosophischen Kontext", in: *Zeitschrift für Kulturphilosophie* 2, 235-251.

Schreber, Daniel Paul (2003). *Aufzeichnungen eines Nervenkranken*, Berlin: Kulturverlag Kadmos.

Sharpe, Matthew (2004). *Slavoj Žižek. A Little Piece of the Real*, London: Ashgate.

Ver Eecke, Wilfried (2019). *Breaking Through Schizophrenia. Lacan and Hegel for Talk Therapy*, Lanham: Rowman & Littlefield.

Žižek, Slavoj (1989). *The Sublime Object of Ideology*, London/New York: Verso.

Žižek, Slavoj (1993). „Warum ist jeder Akt eine Wiederholung?", in: *Grimassen des Realen. Jacques Lacan oder die Monstrosität des Aktes*, Köln: Kiepenheuer & Witsch, 63-137.

Žižek, Slavoj (1994). *Denn sie wissen nicht, was sie tun. Genießen als ein politischer Faktor*, Wien: Passagen Verlag.

Žižek, Slavoj (1995). *Verweilen beim Negativen. Psychoanalyse und die Philosophie des deutschen Idealismus II*, Wien: Turia & Kant 1995.

Žižek, Slavoj (1997). *Die Pest der Phantasmen. Die Effizienz des Phantasmatischen in den neuen Medien*, Wien: Passagen Verlag.

Žižek, Slavoj (1997a). *The Plague of Fantasies*, London: Verso.

Žižek, Slavoj (2000a). *The Fragile Absolute. Why the Christian Legacy is Worth Fighting for*, London: Verso.

Žižek, Slavoj (2000b). *Mehr-Genießen*, Wien: Turia & Kant.

Žižek, Slavoj (2001). *Die Tücke des Subjekts*, Berlin: Suhrkamp.

Žižek, Slavoj (2006). *The Parallax View*, Cambridge, MA: MIT Press.

Žižek, Slavoj (2008). *Psychoanalyse und die Philosophie des deutschen Idealismus*, Wien: Turia & Kant.

Žižek, Slavoj (2015). „Slavoj Žižek über Charlie Hebdo", Interview in der *taz* vom 19.1.2015, online: https://taz.de/Slavoj-iek-ueber-Charlie-Hebdo/!5023334/ (zuletzt aufgerufen am 21. Januar 2022).

Zupančič, Alenka (2001). *Das Reale einer Illusion. Kant und Lacan*, Frankfurt am Main: Suhrkamp.